# HAITIAN CREOLE-
# ENGLISH-FRENCH
# DICTIONARY

PROJECT DIRECTOR

## ALBERT VALDMAN

EDITORIAL ASSISTANTS

SARAH YODER    CRAIGE ROBERTS
YVES JOSEPH

NATIVE CONSULTANTS

FRANCIA LABORDE JOSEPH

JOSIANE HUDICOURT

| RESEARCH ASSISTANTS | | CLERICAL ASSISTANTS |
|---|---|---|
| Claude Berrouet | Yanick Augustin | Linda Neagley |
| Michel Lange | Lydie Brissonnet | Lois Kuter |
| Micheline King | Margaret Bachman | |

BLOOMINGTON, IN.: INDIANA UNIVERSITY, CREOLE INSTITUTE, 1981

BLOOMINGTON, INDIANA:  INDIANA UNIVERSITY
CREOLE INSTITUTE

# ENGLISH-CREOLE
# INDEX

a, an yon, you, on.

abandon (v) abandonnen, bandonnen, kite, mete atè, nye; abandoned abandonnen, bandonnen, aladriv.

abc's abese.

abdomen bavant, anbativant, anbavant.

abduct lanse.

able (be able) kapab, kap, kab, ka, sa, andwa, fouti.

aboard abò, anbake.

abolish aboli.

abort jete pitit, avòte.

abortion dilatasyon; have an abortion jete pitit, avòte.

abound fè mikalaw.

about. about to prèt pou, pwèt pou.

above anlè; above all sitou.

abrasion kòche.

abroad laba, laba-a, lòtbò, lòtbò dlo.

abscess abse.

absent absan, apsan, manke.

absent-minded absan, apsan.

absinthe absent.

absolutely absoliman, apsoliman.

abstain asteni.

absurd blèm, blenm.

abundance bondans, abondans.

abuse (n) jouman.

abuse (v) (take advantage) abize; (physically) maspinen.

abyss labim.

accelerate, accelerated akselere.

accept asepte, aksepte.

accident aksidan.

accommodate akomode.

accompany akonpaye, bay wou lib.

accomplish akonpli, fè, reyalize, bay, ba, ban; accomplish nothing betize.

according to dapre, selon, suivan, swivan.

accordion akòdeyon.

account (n) (explanation) kont, katon; (reckoning) kont.

account (v) (account for) rann kont.

accountant kontab.

accusation akizasyon.

accuse akize.

accustom, accustomed abitwe, abitye.

ace (n) (cards) las; (expert) bolit, las.

acetone asetòn.

aching deranjman.

acid (n + adj) asid.

acidic (adj) asid.

acknowledge (as one's child) rekonèt, rekonnèt.

acknowledgement (of paternity)
batistè.

acolyte anfannkè.

acquaintance. make the acquaintance
of rekonèt, rekonnèt.

acrid rak, ak.

across (adv) anfas; (prep) lòtbò,
anfas.

act (n) ak, zak; daring act aksyon;
put on an act jwe lakomedi.

act (v) aji.

action ak, zak; take action pa chita
sou sa.

active aktif.

activities aktivite.

actor aktè.

actual reyèl, veritab.

adapt adapte.

add adisyonnen.

addition (sum) adisyon; in addition
an plis, plis.

additional an plis.

address (n) adrès; address book
kanè.

adhesive tape adezif.

adjust ajiste; (radio tuning,
television picture) fikse.

administer (manage) administre;
(give) pase.

admire admire.

adolescence grandèt.

adolescent grandèt.

adopt adopte, adokte.

adoptive adoptif, adoktif.

adoration adorasyon.

adore adore.

adult granmoun; young adult bring,
jennjan.

adultery adiltè.

advance (bring or move forward)
pwoche, vanse; advance tentatively
tatonnen.

advanced fò.

advantage avantay, avantaj, benn;
great advantage avantay bab e
moustach.

Adventist Advantis.

adventurer afedam.

advertising reklam.

advice konsèy, ansèyman.

advise avize, konseye.

adviser konseye.

affair koze; love affair renmen,
afè.

affect frape, fwape, touche.

affected (mannered) bwòdè.

affectedly bobis, bwòdè.

affection afeksyon.

affectionate karesan.

afflicted vant ba.

affliction lafliksyon, afliksyon.

affront (n) afwon, malonnèkte, malonnètte, malonnèt, mank dega.

afraid pè; afraid of the opposite sex kazwèl.

Africa Lafrik, Afrik.

afro afwo.

after (prep + adv) apre, aprè; (in pursuit of) dèyè; after all atò.

afterbirth delivrans.

afternoon apremidi; good afternoon bonswa, bonswè.

afterward apre, aprè, answit, lèfini.

again ankò.

against kont.

agave karata, pit.

age (n) laj; of age chape.

age (v) vyeyi, grizonnen, grizònen.

aged vye.

agency ajans.

agent (person) ajan.

aggressive agresif, aplim, apòy.

aggressiveness jèfò, jefò.

agile ajil.

agility ladrès, adrès.

ago. long ago lontan.

agree dakò; agree on pase kondisyon; we agree then... kòm nou dizon.

agreement akò, antant, dizon, aranjman; in agreement dakò.

agricultural agrikòl.

agriculture lakilti, kilti, agrikilti, lagrikilti.

agronomist agwonòm, agwonnòm.

aground. run aground echwe, chwe.

ah an!

aha anhan!, aha!

ahead devan, douvan, ann avan; straight ahead toudwat; ahead of devan, douvan.

ailing bibi, kagou.

aim (v) vize.

air lè; fresh air frechè; damp night air seren; go for a breath of air pran van.

airplane avyon.

airport ayewopò, avyasyon.

alarm clock revèy.

albino albinòs.

alcohol alkòl; rubbing alcohol alkòl.

alight (v) poze.

align aliyen.

alive vivan, la.

all (adj) tout; (adv) tou; at all ditou, menm, pyès.

alleluia alelouya.

alleviation alejman, souf.

alley koridò.

allow kite, te.

all right oke, antandi, dakò, kom nou
    dizon.

All Saints' Day Latousen.

All Souls' Day Fètdèmò.

allusion daki.

almond zanmann, zamann.

almost prèske, bata, manke, vanse.

aloe lalwa.

alone sèl, pou kont, pou kò;
    let alone bay van.

alphabet alfabet.

already deja, dija, gentan, ko, tou.

also tou; and also epi, enpi, anpi,
    epitou.

altar lotèl; (voodoo) twòn.

altercation altèkasyon, bank, kont,
    lòbèy, lobo, tapaj.

although atout, malgre.

aluminum aliminyòm.

always toujou.

a.m. dimaten.

ambassador anbasadè.

ambition anbisyon.

ambitious anbisye, anbisyèz.

ambulance anbilans.

ambush djètapan, gètapan.

amen amèn, ensiswatil, abobo,
    ayibobo, agogo.

American ameriken, meriken; (person)
    Ameriken, Meriken, Blan meriken.

amiable emab.

among pami, nan pami, sou.

amount kantite, valè; (large amount)
    pakèt, bann, dal, bitasyon, abitasyon,
    bokit, brigad, chay, dibita,
    digdal, divizyon, flo, foul,
    kantite, katafal, kolonn,
    lame, latriye, makòn, rado,
    rejiman, ta, tay, volim, voum;
    (small amount) enpe, gout, ti
    tout, gram, jan, ti jan, kal,
    krache, ti krache, kras, ti kras,
    lòstye, lòsye, pense, tak, ti
    tak, zing, ti zing, zong, zwing,
    zwit; (small amount of money)
    kraze; in small amounts an
    chikèt.

amulet gad.

ancestor zansèt, ansèt, ayèl; ancestors
    zansyen, ansyen.

ancestry ras, fanmi.

anchor lank.

anchovy janchwa.

and e, avèk, avè, ak, a, epi, enpi,
    anpi; (again and again) sou; and
    also epi, enpi, anpi, epitou;
    and more, and others etandòt;
    both...and ni...ni.

anemia anemi.

anemic anemi.

anesthetize andòmi.

angel zanj, anj; guardian angel
  lanj gadyen.

angelfish (Pomacanthus paru) magrit.

angelus lanjelis.

angle ang.

angry fache, anpote, eksite, èksite,
  move; get angry fache, fè move
  san, pran chenn.

aniline (powder used to make ink)
  alilin.

animal bèt, zannimo; (mythical
  animal) kalanderik.

anise anetwale; anise liqueur anizèt,
  annizèt.

ankle je pye.

annato (Bixa orellana) woukou.

announce anonse, annonse.

annoy anbete, agase, anmède,
  anmègde, nui, nwi.

annoying anbetan, anmèdan, anmègdan,
  nuizib, nwizib.

answer (n) repons.

answer (v) reponn.

ant foumi, fonmi, fwonmi; (type of
  ant) flanman.

anus tchou.

anvil anklim.

anxiety kè sou biskèt.

any (not any) okenn, ankenn.

anybody nenpòt, kikonk; (not
  anybody) pèsòn, pèsonn, pèkseswa.

anyone nenpòt, kikonk; (not
  anyone) pèsòn, pèsonn, pèkseswa.

anything (not anything) anyen, aryen,
  pèt, mwèk, blenndeng, pèpap.

anyway antouka, kèlkilanswa, kanmenm,
  kanmèm.

apart. coming apart (woven straw
  object) depaye.

aphtha chank lèt, chank.

apology padon.

apostle apòt.

appalling. it's appalling se laraj.

appeal (v) adrese.

appealing atiran.

appear parèt, parèt tèt; (seem)
  parèt.

appearance aparans, laparans, lè;
  (facial aspect) min; make an
  appearance parèt tèt.

appease apeze.

appendicitis apenndisit.

appendix (body) apendis.

appetite apeti; big appetite grangou
  long; whet the appetite file
  lang.

applaud bat men, bat bravo.

apple pòm, ponm; custard apple (Annona)
  kachiman; star apple (Chrysophyllum
  cainito) kayimit.

appointment randevou; make an appointment pase randevou.

apportion lote.

appreciate apresye, adopte, adokte.

apprehensive pa bay bouch.

apprentice (n) apranti.

approach (v) abòde, bòde, apwoche, pwoche, vanse.

approval konsantman, konsantiman, labenediksyon, benediksyon.

approve (v) apwouve.

approximately konsa, vè, apeprè.

April avril, davril.

apron tabilye, tabliye.

Aquin Aken.

Arab Awoutchapatcha, Arab, Siryen.

arbor tonnèl, tonèl.

Arcahaie Akayè.

archbishop monsiyè, monseyè.

arched bankal, kanbre.

architect enjényè, enjennyè, enjènyè.

archive achiv.

area kote; (measure of surface area --3.19 acres) kawo; in that area la-yo.

arena (cockfight) gagè, gadjè.

argue diskite; (a case) plede.

argument (quarrel) pledman, kilmik, kont.

arithmetic aritmetik, kalkil; arithmetic book aritmetik.

arm (limb) bra, bwa; (weapon) zam, lezam; up in arms an bandisyon.

arm, armed (v) ame; arm oneself with a stick dragonnen.

armband brasa.

armchair fotèy, fòtèy.

armlength (measure) bras, bwas.

armpit zesèl, anbabra.

army lame.

around toutotou; (approximately) apeprè, konsa, vè.

arrange, arranged ranje, regle.

arrest (v) arete, fouke.

arrive rive, parèt, pèse, pran, abouti, ateri, debake; (socially) pran elan.

arrogant awogan, angran.

arrowroot arawout, alawout.

artery venn.

artichoke aticho.

artisan atizan, bòs.

artist atis; (painter) pent.

as kòm, avèk, avè, ak, a; as for kanta; as if, as thought komsi, konsi, konmsi, kouwè, konwè, tankou, tank, kankou; as of apati, pran.

asafetida safetida.

Ascension (Feast) Asansyon.

ash. ashes sann.

ashamed wont.

ashtray sandriye.

ask mande; (a question) poze.

asleep nan dòmi.

ass (buttocks) bounda, bouda, bonda,
bouden, dengon, deng, latcha, tchou.

assassin ansasen, asasen.

assassinate ansasinen, sasinen.

assault (n) kadejak.

assault (v) asayi.

assemble monte.

assist (v) asiste.

assistance asistans, konkou, kout
men.

assistant (to the "ougan") laplas.

associate (n) asosye, asòs.

associate (with) asosye, siye, siyen,
sèvi, mele.

assort, assorted asòti.

assume. let's assume that ... admeton
ke...

Assumption (Feast) Asonpsyon.

assurance asirans.

assure asire, garanti.

asthma las, opresyon.

astonished sezi.

astray. lead astray detounen.

asylum. obtain diplomatic asylum
pran anbasad.

at a, nan, lan.

atmosphere anbyans.

attach, attached tache, plake, mare;
(sewing) monte.

attachment atachman.

attack (n) atak, va, vap.

attack (v) atake, fonse sou, vare
sou.

attempt (n) demach, esè, atak.

attempt (v) eseye, seye, tache,
tante, chache, chèche.

attend asiste.

attention (precaution) atansyon,
antansyon; (care) swen; pay
attention to okipe, fè ka, pran
ka.

attentive alekout.

attic galta, galata, grénye.

attorney avoka, mèt; prosecuting
attorney (for the State) konmisè.

attract atire.

attractive bèl.

audacious dechennen, debòde.

audience asistans.

August out, daou, dawou.

aunt matant, tant, tantin.

auscultate sonde.

austere sinik.

authority (power) otorite, lobedyans;
  (right) dwa; (expert) tòp;
  authorities (government) leta.

authorization otorizasyon.

authorize, authorized mandate.

automobile otomobil, oto, machin,
  vwati.

autopsy topsi; do an autopsy topsi.

avenge vanje.

avenue avni.

average (n) mwayenn, mwayèn; (adj)
  mwayen.

aviator avyatè.

avocado zaboka, zabèlbòk.

avoid envite, evite, dezenvite.

avowal (of love) deklarasyon.

awake reveye, je klè.

awaken reveye.

award. award a metal medaye.

away. how far away nan ki lye;
  keep away asteni, egzante; take
  away anpote.

awkward maladwat, malagòch, agòch,
  gòch, goch, kòkòb, mazèt, mal.

axe rach.

babble (v) radada.

baby tibebe, titit; (attractive woman) bebe.

bachelor apartment chanm gason.

back (n) do; (far end) fon; (of chair, etc) dosye; (rear) aryè; (adv) ann aryè, ann eryè; move back fe bak, tchoule, kyoule; in the back ann aryè, ann eryè; in back of dèyè.

back (v)(support) apiye; back up (move back) fè bak, tchoule, kyoule.

backbite fè langèz.

backbiting langèz, langè, malpalan.

backbone (spine) rèl do, chinin-do; (courage) kran.

backing (support) dèyè.

backward pa bak, dwategòch.

backwoods bwa.

bad (n) mal, mechanste; (adj) move, mechan, michan; too bad donmaj!, domaj!, tanpi!

badly mal; rather badly malman; badly made maltaye, malouk; badly resolved maltaye.

badmouth (v) bwode sou.

badness mechanste.

bad-tempered akaryat.

bag sak; book bag brisak, valiz; burlap bag sak kòlèt; money bag sakit; paper bag sache, sachè; straw bag alfò, ralfò, dyakout, djakout, makout.

baggy flòk.

bait (v) (harrass) bay chenn.

bake anfounen.

baker boulanje.

bakery boulanje.

balcony (of house) balkon.

bald chòv; (cock) pela; bald person tèt chòv; bald spot (from bad haircut) chemen rat.

bale bal, balo.

ball (sphere) boul; (toy) boul; (sports) balon; (of string, etc), plòt; (meatball, fishball, etc) boulèt.

balloon balon, blad.

ballyhou (Hemirhamphus brasiliensis) balawou, belewou.

balm (plant) melis.

bamboo banbou; (musical instrument) banbou.

banana fig.

banana fish bannann.

band (strip) bann; dance band djaz, dyaz; brass band fanfa.

bandage (n) pansman, banday.

bandage (v) bande, panse.

bandit malandren.

bang taw!

bangs (hair) danfans.

banjo bandjo.

bank (financial institution) bank,
labank; (fund of gambling game)
bank; savings bank kès depany;
savings and loan bank kès popilè.

bankrupt. go bankrupt fè fayit.

banner bandwòl, labànyè.

banns ban maryaj.

banquet festen.

banter (n) odyans.

baptism batèm, batenm.

Baptist batis.

baptize batize, wete chwal.

bar (n) (long piece) ba; (at at
dance) bivèt.

bareback apwal.

barefoot pye atè.

bargain (n) piyay, afè, avantay bab
e moustach.

bargain (v) machande, fè pri, fè jis
pri.

barge bak.

bark (n) (of tree) ekòs; banana bark
vandrès, vantrès.

bark (v) jape.

barracuda (Sphyroena barracuda) bekin.

barrel barik.

barren (animals) branrany.

barrette barèt.

barrier bare, baryè; (gate, etc) pòtay.

bartender bamann.

barter (n) boukantay, twòk.

base (adj) base behavior salopri.

base (v) baze.

bash (party) banbòch, briganday, banbilay.

basic fondalnatal.

basil bazilik.

basin kivèt; wooden basin ganmèl,
gamèl.

basis baz.

basket pànye, panyen; basket maker
vànye.

basketball baskètbòl.

bass (instrument) bas.

bass drum kès.

baste (sewing) fofile.

bat (mammal) chat-sourit, chosourit,
chovsourit, chouchwòl, chouchourit,
chòt-chòt, chòfsourit, chochourit.

bath beny; herbal bath beny vapè,
beny pòt.

bathe benyen.

bathing suit mayodeben, kostimdeben.

bathroom saldeben, ka Madan Viktò,
komòd, twalèt; go to the bathroom
ale, fè bezwen, soti deyò, watè.

baton (of drum major, etc) jon.

batter (v) defonse; (a person)
demanbre; battered defonse, kòlbòso,
kalbose, kabose.

battery batri, pil; (car) batri.

battle batay.

bayonet bayonnèt.

bay window bèvitre.

bazaar (fair) kèmès.

be se, ye; there is, there are
genyen, gen; there is none, there
are no..., there is no... nanpwen;
here is, there is men; that's not
it ou poko la; if it isn't...!
apa...!

beach bitch, bich.

beak bèk.

beam (wood) madriye.

bean pwa; (kind of bean) pwa
tikatrin; lima bean, butter bean
pwa souch, pwa chouch; red bean
pwa wouj; green bean pwa tann.

beanpole (tall, thin person) krabye.

bear (v) (put up with) sipòte, soufri.

beard bab.

beast (person) annimal, zannimo,
chwal angle, chwal.

beat (n) (rhythm) konpa.

beat (v) (strike) bat; (the rhythm)
make; (in a game) genyen, bat,
kòche; beat up bat, bay baton, benn,
bèn, bimen, kraze eskanp, kale,
ouvè, ouvri, we, wonpi, wonfle,
wouze; beat it (run away) mete
deyò, sove, chape poul, chape kò,
vole, flay, bat zèl, vire do;
beat it! eskize ou la-a!, efase
ou la-a!, bat zèl-ou!, alevouzan!,
vouzan!

beautification anbelisman.

beautiful bèl; grow more beautiful
anbeli.

beautify anbeli.

beauty bèlte.

beauty mark siy, sin.

because paske, pase, poutèt,
daprezavwa, davwa, dèske; because
of afòs, poutèt, dapre, parapò,
parapò a.

become tounen, soti, sòti, sot, sòt,
vin.

bed kabann; go to bed kouche.

bedbug pinèz.

bedridden kouche, malad kouche.

bedspread kouvreli, lenn, lèn.

bedspring somyè, somye.

bed wetter pisannit.

bee myèl.

beef (cheap cuts) bif.

beer byè.

beet. red beet bètwouj, bètrav.

beetle (insect) vonvon, vouvou;
(tool) danm.

before (prep) devan, douvan, avan;
(conj) avan, anvan.

beg chyente.

beggar mandyan.

begin, begun kòmanse, konmanse, koumanse, amòse; begin to kòmanse, konmanse, koumanse, mete, pran, tanmen, tonbe; (fight, etc) leve, pete; to begin with anpatan; begin again rekòmanse, rekoumanse.

beginner preliminè.

beginning kòmansman, amòs; in the beginning anlagan.

behave konpòte.

behavior fason, istwa.

behead sote tèt.

behind dèyè, ann aryè, ann eryè.

beige bèj.

being. human being moun, vivan, kretyen vivan; celestial beings (voodoo) envizib.

belch (n) rapò.

belch (v) degobe, degobye, wote, ote, rann gaz.

belfry klòche.

believe kwè, panse, konprann; (believe firmly) konnen, konn.

believer fidèl.

bell klòch; (small bell) sonèt, sonnèt; bell tower klòche.

bell-bottom (trousers) pat elefan, palaso.

bellow (v) begle.

belly vant, pans, bouden, fòlman; (big belly) vant dwogidwogan.

bellyache (v) wouspete, babye.

belongings afè, zafè, efè.

below anba.

belt (n)(woman's) senti; (man's) sentiwon; (of machine) kouwa; (whack) tap; belt loop pasan.

bench ban.

bend (v) koube, pliye, ploye, plwaye, benn, bèn; (give way) flechi.

benediction labenediksyon, benediksyon.

benefit (n) unofficial fringe benefit gen.

benefit (v) benefisye, pwofite, geri bosko.

bequeath pase papye.

beside kote, kot.

besides (moreover) dabò.

besique bezik, bezig.

best pi bon; best man (at wedding) parenn; serve as best man at a wedding batize.

bet (n) pari, paryay, paryaj; place a bet kare lajan.

bet (v) parye, paye; you bet! pozitif!, pòzitif!

betray trayi, vann, bay, ba, ban.

better pi bon, mye, miyò.

between ant.

beverage bwason; alcoholic beverage breson, bweson, gwòg; (kind of alcoholic beverage) mabi; (made with milk) kremas.

bewildered gaye.

bewitch chame, pran nanm, fè mal, djoke.

beyond. go beyond depase.

bias. bias tape, bias strip bye; on the bias an bye, an byè.

bib bavèt; (of overalls, etc) fal.

Bible Bib, Labib.

biblical biblik.

bicarbonate of soda bikabonnak, bikabonnat.

biceps bisèp, bibi.

bickering zizani.

bicycle bisiklèt, bekàn, bekann.

big gwo; (older) gran; big shot (VIP) zotobre, gwo zotobre, gran nèg, gwo nèg, gwo popo, gwo bwa, gwo zouzoun.

bike bekàn, bekann, bisiklèt.

bile bil, fyèl.

bill (money) papye; (invoice) bòdo, bòdwo.

billards biya.

binoculars lonnvi.

birch. West Indian birch tree gonmye.

bird zwazo, zwezo; (Crotophaga ani) boustabak; (Coereba flaveola) kit; (Ploceus cucullatus) madansara; (Tyrannus dominicensis) pipirit; (Columbina passerina) zòtolan; (Dulus dominicus) zwazo palmis;

(game bird) kwakdlo; (wading bird) krabye, grankola; (known for its thinness) tako. See also names of birds.

birth nesans; give birth akouche, delivre, anfante, mete atè, mete ba, fè.

birth certificate kadas, batistè.

birthday fèt, anivèsè.

birthmark anvi.

bishop evèk.

bishopric (residence) leveche.

bit (bridle) mò; (of drill) mèch; (piece) kal, ti kal, bout; (small amount) enpe, gout, ti gout, gram, jan, ti jan, krache, ti krache, kras, ti kras, lòstye, lòsye, tak, ti tak, zing, ti zing, zong, zwing, zwit; bit by bit lit-lit, an ti pislin, pezape.

bite (n) kout dan.

bite, bitten (v) mòde.

bitter anmè, rak, ak.

bizarre biza, dwòl.

blabber rablabla, ablabla.

blabbering radotay, koulibèt.

blabbermouth tòlòkòtò.

black nwa, nwè; (man) nèg; (woman) nègès.

blackbird mèl.

blackboard tablo.

blacken, blackened nwasi.

blackeyed peas pwa enkoni.

blackout (electrical) blakawout.

blacksmith fòjon, fòjwon, machòkèt.

blacktop (n) goudwon.

blacktop (v) asfalte.

bladder (of animals) blad pise;
  (of a ball) vesi.

blade (knife, etc) lanm; (of grass)
  fèy; razor blade jilèt.

blame (v) blanmen, blenmen, blame.

blatherer radotè.

bleach (n) klowòks, klowòs.

bleach (v) blanchi.

bleat (goat's cry) bè.

bleed senyen.

blend (n) melanj.

blend (v) melanje, mele.

bless, blessed beni, benni.

blessing benediksyon, labenediksyon;
  (of house or church) batèm, batenm.

blind (adj) avèg; blind person avèg,
  jepete.

blind (v) vegle, avegle.

blister (n) zanpoul, zanpoud,
  glòb, bousòl.

bloat gonfle; bloated balonnen,
  gonfle, bonbonfle; bloated
  stomach balonman.

block (n) blòk.

block (v) bloke, fèmen, bare;
  blocked bare, bloke, mare.

blood san; draw blood senyen.

bloodsucker sansi.

bloodthirsty sanginè.

bloom (v) fleri.

blouse kòsaj, kòsay.

blow (n) kou, kout, bòt; low
  blow kout fouk; final blow
  bòt salye.

blow (v) soufle, vante; blow one's
  nose mouche; blow it (fail)
  kaka, kiki; blow up (inflate)
  gonfle; blow up (get angry)
  grandi sou.

blue ble.

blue jeans abako.

blueprint plan.

bluff (n) blòf.

bluff (v) blofe.

blunder (v) jebede.

blunt depwente.

blurry twoub.

blush (v) wouji.

boar (male swine) koure.

board (n) planch; ironing board
  planchèt.

boarding an korespondan; boarding
  house pansyon.

boast (v) chante gam, fè gam.

boastful farandòlè, lwanjè.

boat batiman, bato; (small boat) koralen.

bobbin (of sewing machine) navèt; (spindle) tounikèt, tonnikèt.

bobeche (disk to catch drippings of candle) bobèch.

body kò.

boil (n) (boiling) bouyi; (on the skin) klou.

boil (v) bouyi.

Bois Caiman (historical place) Bwa Kayiman.

bold aplim, apòy, frekan.

boldness degenn.

bolero (dance, rhythm) bolewo.

bolt (n) boulon, chevi; (of door) takèt.

bolt (v) (fasten) boulonnen, take.

bomb bonm.

bombard (with insults, etc) bonbade, detaye, detike, lave.

bone zo; bones (skeleton) zosman.

boneset (Eupatorium odoratum) langlichat, langchat.

bonfire boukandife, boukan, dife bwa.

bonnet bone, bonne, bonnèt; baby bonnet tetyè.

bonus gratifikasyon.

book liv; book which gives lottery numbers corresponding to dreams tchala.

bookstore libreri.

boom (nautical) gi; boom! boum!

boor annimal, nèg fèy.

boorish iyoran.

boost (n) bourad.

boost (v) remonte.

boot bòt.

booties (baby) choson.

booty biten.

border (of a country) fontyè, fwontyè; (trimming) aranjman; put a border on bòde.

boring raz.

born fèt, ne.

borrow prete.

boss (n) bòs, patwon, chèf, kòmandè, konmandè.

botch, botched bakle, rabache, mitije, tyòka.

both...and ni...ni.

bother (v) annwiye, annuiye, jennen.

bottle boutèy; baby bottle bibon, bibwon.

bottom fon, bounda, bouboun; (of a container) dèyè, bounda; (buttocks) dèyè, bounda.

bougainvillea bougenvil,
   bougenvilye.

boulevard boulva.

bounce (v) mate, rebondi.

bound (n) (jump) elan; out of
   bounds an touch.

boundary limit, lemit, lizyè;
   boundary marker bòn; mark the
   boundary bòne, bònen.

bounded bòne, bònen.

bouquet bouke.

bourgeois boujwa.


bourgeoisie (cultivated,
   traditionally well-to-do people)
   boujwazi.

boutique boutik, chòp.

bow (n) (in a child's hair) kokad.

bow (v) fè lakoubèt, bese tèt.

bowed (arched) kanbre, tòtòy.

bower tonnèl, tonèl.

bowl (dish) bòl; calabash bowl
   kwi.

bowlegged kanbral.

bowling pin kiy.

box (n) bwat, bwèt, brèt, fado.

box (v) bokse.

boxer boksè.

boxing bòks.

boy gason, tigason, bway, bray.

boyfriend mennaj.

boy scout eskout.

bra soutyen.

brace (of brace and bit) vilbreken.

bracelet braslè; (chain) goumèt.

braggart djòlè, dyòlè, farandolè,
   granchire, grandizè, gran van
   ti lapli.

braid (n) très.

braid, braided (v) trese.

brain sèvèl, sèvo, brenn, bwenn.

braise, braised toufe.

brake (v) frennen.

brakes (n) fren.

branch (of tree) branch bwa, branch;
   forked branch kwòk.

brand (n) (trademark) mak.

brand, branded (v) tanpe.

brand-new nyouwann.

brass knuckles fo pwen.

brat loray kale, maymay, kakatwè.

brave brav, michan; brave man
   gason kanson, gason.

brawl (quarrel) altèkasyon, bank, lòbèy,
   lobo, tapaj, akwochay, kabouya,
   kabouyay.

brawn gwo zo.

brazier recho; brazier maker
  recholye.

bread pen; (roll) biswit, biskwit,
  bisuit; (small roll) djak;
  (artichoke-shaped) aticho; (large
  bun) kabich; flat bread pan
  plato; soft part of bread mit,
  mich; quick bread pen.

breadfruit lamveritab, lam, veritab;
  seedy breadfruit (Artocarpus
  incisa) labapen; mashed bread-
  fruit and plantain tonmtonm.

break (n) (to go somewhere) chap,
  vire, fòlòp.

break (v) kase, kraze; (a bill,
  money) kase; break a bill (to
  get change) degrennen; break down
  (batter) defonse, anfonse; (engine,
  etc) pran pàn; break in (a
  horse) bosale; break into kase;
  break up (relationship) kase,
  depati avèk; break the will of
  dejwe; break water kase lèzo;
  broken kase, kraze; (spirit)
  dejwe; broken down anpàn, varye;
  broken up (relationship) kase.

breakdown pàn.

breakfast dejnen, manje maten;
  eat breakfast dejnen.

breast tete, sen.

breath alèn, souf; under one's
  breath nan dan, anba dan; catch
  one's breath rekonèt, rekonnèt.

breathe respire.

breeze kourandè, van.

brick brik.

bride lamarye.

bridge (n) pon.

bridle (n) brid, bosal; makeshift
  bridle baboukèt, babòkèt.

bridle (v) (a horse) bride.

briefcase valiz.

briefs (underwear) kalson.

brigade brigad.

bright klè.

brightness klète, klate.

brillant person bon, flanm.

brim bòday; to the brim ra bòday.

bring pote, pot, pote vini, mennen
  vini; bring bad luck giyonnen;
  bring luck bay chans; bring up
  elve, edike, endike.

broadbill swordfish (Xiphias gladius)
  espadon.

broil, broiled griye.

broke (without money) razè, bare,
  anbarase, nan degraba, sou mank.

broker koutye.

bronchial tube bwonch.

bronchitis bwonchit, bwonch.

brooch bwòch.

brood (ponder) egzaminen, egzamine;
  (hatch) kouve.

broom bale, bale dibout.

broth. bean broth dlo pwa; herb
  broth for cooking fish koubouyon.

brothel bòdèl, bidjonnèl, bidjònèl,
  kafe, makrèl.

brother frè; (in a religious order) frè; (used between father and godfather of a child) konpè, monkonpè; (considered a brother because of shared experience) frè bra.

brother-in-law bòfrè.

brown (adj) mawon, chokola.

brown (v) (cooking) dore.

brown sugar (hardened) rapadou.

bruise (v) mètri; bruised mètri; (psychologically) chode.

brush (n) bwòs; shaving brush blewo.

brush (v) bwose, bwòse.

brutal brital.

bucket bokit, so, syo, siyo.

buckle (n) bouk.

buckle (v) boukle.

bud (n) boujon, bouton.

bud (v) boujonnen, boutonnen; (banana, plantain plant) jete.

buddleia (Bauhinia monandra) karaktè, karaktè dezòm.

buddy kamarad, kanmarad, flannè, konpè, monkonpè, lamitye.

budge (v) bouje, brannen, briding, brideng, bridenm, degouspa.

budget (n) bidje.

buffet (furniture) bifèt, pàntyè; (at a party) kanbiz.

bug tibèt.

buggy bogi.

bugle klewon.

build bati, monte.

building bilding.

bulge (n) bòs.

bull (animal) towo, towo bèf.

bulldozer bouldòzè.

bullet bal, plon.

bump (n) douk, bòs; head bump konkonm, kokonm.

bump (v) frape, fwape; bump into teke.

bumper (of car) defans.

bun (hairdo) chou.

bundle (n) pakèt, pake.

bungler machòkèt.

bunion zòbòy.

buoy bwe.

burden (n) fado, chay, chaj.

burial finiray, antèman, lantèman.

burn, burned (v) boule, brile.

burp (n) rapò.

burp (v) degobe, degobye, wote, ote, rann gaz.

burst (n) ekla.

burst (v) eklate, pete; burst (adj)
   kreve, pete.

bury antere, tere.

bus (interurban) otobis.

bush (Latana oculeate) bonbonyen;
   (Bauhinia monandra) karaktè,
   karaktè dezòm.

bushy toufi.

business (affair) afè, zafè, koze;
   shady business biznis, djenn.

businessman biznismann.

bustle about bese-leve.

busy okipe; keep busy bat zèl.

busybody atoupwèt, kontwolè,
   fouyadò, fouyapòt, friyapòt,
   tchòtchòwè.

but men.

butch (crewcut) alabwòs.

butcher (n) bouche.

butcher, butchered (v) kòche.

butter (n) bè; peanut butter manba.

butter, buttered (v) bere.

butterfingers (clumsy) mare.

butterfly papiyon.

butterfly bush (Bauhinia monandra)
   karaktè, karaktè dezòm.

buttock fès, dèyè, bounda, bouda,
   bonda, bouden, dengon, deng, latcha,
   tchou.

button (n) bouton.

button (v) boutonnen; button up
   kòlte.

buttonhole boutonnyè.

buy, bought achte; buy a pig in
   a poke achte chat nan makout,
   achte chat nan sak.

buyer achtè.

buzz (v) (insects) boudonnen;
   (ears) kònen.

by pa.

cabbage chou.

cabinet (consulting body) kabinè.

cabinetmaker ebenis, ebennis.

cabinetmaking ebenis, ebennis.

cacique (indian chief) kasik.

cackle (v) kakaye, kòdase.

cactus chandelye; (Opuntia antillana) rakèt.

cadaver kadav, mò.

cadence kadans.

cafeteria kantin.

cage kalòj, kalòch.

cajole andyoze.

cake gato, pen; (thin crisp cake) lang bèf.

calabash kalbas; (small edible calabash) kalbasi, kabasik; calabash bowl kwi.

calculate kalkile.

caldron digdal.

calendar almanak.

calf (animal) vo, ti towo, bouva, ti bouva; (muscle) jarèt, jare, mòlèt; (large calf muscle) kokoye nan pye.

call (v) (summon) rele; (several times) wouke; (name) rele; call on (visit) vizite, rann vizit.

calm kal, kalma, dousman, frèt, pèzib, trankil, tenpla; calm down kalme, kalma, mete alatranp, mouri poul, mouri kò, poze san, trankilize, tenpla.

Calvary Kalvè.

camel chamo.

camera kodak.

camp (n) kan.

camphor kanf.

camphorated kanfre.

can (n) tin can fèblan, mamit, kanistè, kannistè.

can (v) kapab, kap, kab, ka, sa, andwa, fouti.

canal kanal, kannal.

cancel annile.

candelabra chandelye.

candidate kandida.

candle bouji, chandèl, balenn, balèn, syèj.

candy fridòdòy; (imported) draje; (long and chewy) tito; hard candy sirèt.

cane (n) (walking stick) badin, baton.

cane (v) (a chair) anpaye.

cannon kanno, pyès kanno.

cannonball boulèt.

canoe boumba.

canopy de.

cantaloupe kantaloup.

cap (n) kaskèt.

caper (v) karakole.

Cap-Haïtien Okap.

capital (city) kapital, lakapital;
 (money) kapital.

caprice fantezi.

capricious act kapris.

captain kapitenn, kapitèn, kaptenn,
 kaptèn.

capture (v) kenbe.

car machin, vwati, vwèti, vweti,
 otomobil, oto.

carafe poban.

carburator kabiratè.

carcass kakas.

card kat; (comic, entertaining
 person) joujou; playing card
 zèl kat; playing cards kat; low
 cards po kat, po, bas, bason;
 highest cards in besique bris;
 read cards bat kat, fè kout kat;
 I.D. card kat-didantite; report
 card kanè.

cardboard katon.

care (attention) swen; good care
 swenyay; take care of okipe, gade,
 swen; in the care of sou kont.

carefree byennere.

careful. be careful veye, veye kò,
 fètatansyon, fè atansyon.

caress (n) karès.

caress (v) karese, miyonnen.

caressing karesan.

caretaker jeran, gadyen.

cargo chay, chaj, chajman.

carouse banbile, banboche.

carouser banbochè.

carousing briganday.

carpenter chapant, mènwizye.

carpet tapi.

carriage (buggy) bòs.

carrion chawony.

carrot kawòt.

carry pote, pot, bwote.

car seat kousen machin.

cart kabwèt, kabrèt; man who pulls
 carts bouretye.

carton (of cigarettes, matches)
 kilo.

carve (meat) dekape.

case (instance) ka; (lawsuit) ka,
 kòz; (receptacle) kès, fado, fouwo;
 in case sizoka, sizanka, sioka;
 in any case antouka, kèlkilanswa,
 kanmenm, kanmèm, wè pa wè.

cash (n) kach; (with cash) kontan.

cash (v) (a check) chanje chèk.

cashew nwa.

cashmere kazimi.

cash register kès.

casino kazino.

cassava manyòk; cassava bread kasav,
 kasab; thick cassava cake
 bobori.

cassia (Cassia fistula) kas.

castanets kaskayèt.

castor-oil plant maskriti, maskreti.

castrate, castrated chatre.

cat chat; (male) matou.

catalog katalòg.

catch (v) atrape, atrap, trape, pare, ankese, pran; catch in the act siprann, bare.

catching atrapan.

caterpillar (insect) cheni, chini, mawoka.

cathedral katedral.

Catholic katolik.

cat-o'-nine-tails matinèt.

catsup sòs tomat.

cattail (Typha domingensis) jon.

Caucasian Blan.

caul kwaf.

cauliflower chouflè.

cause (n) kòz, lakòz; (good reason) dekwa; (person at fault) lotè, lòtè.

cause (v) fè.

cave (n) tou wòch.

cave in vide.

cayman kayiman.

ceiba (Ceiba pentandra) mapou.

ceiling plafon; construct a ceiling plafonnen.

celebrate fete, selebre.

celery seleri.

cell. prison cell kacho.

cellophane tape tep.

cement (n) siman; cement area (for sun drying) glasi; pour cement koule beton.

cement (v) simante.

cemetery simityè.

cent (Haitian currency) santim, kòb; (American currency) santim ò.

center (middle) mitan; (of soccer field) sant; (institution) sant; center of activity wonn; community center konminote, kominote; day care center krèch.

centipede milpat, milpye, annipye, anmipye, anmilpye.

century syèk.

ceramic seramik.

ceremony seremoni; (voodoo ceremony) sèvis.

cero (Scombero morus regalis) taza.

certain (sure) sèten, si, asire; a certain tèl.

certificate ak, papye; birth certificate kadas, batistè.

chaff pay.

chain chenn, chèn.

chair chèz, chèy; rocking chair dodin.

chaise longue donmèz, dòmèz.

chalk lakre, lakrè.

challenge (n) defi.

chamber pot vaz.

chambray chanbre.

chameleon aganman, agranman, zandolit.

chamomile (Anthenis nobilis) kamonin, kamomin.

champagne chanpay.

champion (winner) chanpyon.

championship chanpyonna.

chance (n) (fortune) aza; (risk) chans; (possibility) jwen; by chance pa aksidan; game of chance aza, daza; give a chance to bay chans.

chancre chank.

change (n) (difference) chanjman; (money) monnen, mounen; change of scenery chanjman dè.

change (v) (make or become different) chanje; change into tounen; change clothes chanje; change one's mind chanje lide; change one's status janbe; change one's story vire lang.

changeable. changeable person flè sezon.

channel (way) filyè.

chaos djanmankankan.

chapel chapèl.

chapiter chapit.

char, charred kankannen.

character (nature) bout; (eccentric) evènman, evelman, evènman, nimewo, eleman.

charcoal chabon; (good quality) chabon gayak; (inferior quality) chabon tibwa.

charcoal burner recho; maker of charcoal burners recholye.

charge (v) (ask as payment) mande, (attack) chaje.

charitable charitab.

charity charite, charit, lacharite, lacharit.

charlatan chalatan, saltenbank.

charm (n) (spell) cham, badji, wanga.

charm (v) (bewitch) chame, pran nanm.

charming karesan.

chase (v) pousuiv, pousiv, rapousuiv; chase away pouse; chase after someone who is never available fè tolalito.

chat (n) koze, kozman, fraz.

chat (v) koze.

chatter (n) palab.

chatter (v) chante bòt, djòle, dyòle.

chatterbox djòl alèlè, palabrè.

chauffeur chofè; tourist chauffeur chofè-gid.

cheap. cheaply made clothing pakoti.

cheat (v) bwè, pete, pran bèt, pran poul.

cheater visye, bakoulou.

cheating bakoulou.

check (n) (verification) kontwòl, tchèk; (drawn on a bank) chèk; bad check chèk san pwovizyon.

check (v) (verify) tcheke, kontwole; check off tcheke; check out...! gade lè...!

checkbook kanè chèk.

checkers (game) damye, dam, danmye, danm.

cheek to cheek (dancing) tèt kole.

cheeky dechennen, frekan.

cheer (v) (acclaim) rele viv; (gladden) rejwi.

cheese fwomaj, fwonmaj.

chemistry chimi.

chenile plant (Acalypha hispidata) kechat.

cherry seriz.

chest (body) lestomak, lestonmak, pwatrin, fal, kòlèt.

chestnut (horse) alzan.

chevron galon.

chew (v) mache, kraze; (tobacco) chike; chew out defripe.

chewing gum chiklèt.

chickadee mezanj.

chicken (fowl) poul; (kinds of chickens) basèt; poul bòl; (coward) bòbòy, kapon, lach.

chigger chik; person infested with chiggers chikata.

child timoun; (son, daughter) pitit; (abandoned child) pitimi san gadò; (illegitimate child) pitit deyò; (precocious child) ti granmoun; (child born after twins) dosou, dosa; my child (daughter) mafi; my child (son) monfi.

childbirth akouchman.

childish anfantiyay.

childishness anfantiyay.

chill (n) (ague) cho-frèt, fredi, panm, refwadisman; catch a chill pran lè.

chill (v) glase.

chime (v) karyonnen.

chin manton; double chin babin.

china closet veselye.

Chinese chinwa.

chip (n) kal, moso; resinous wooden chip digèt bwa chandèl.

chip (v) kase; chip off dekale.

chitchat (n) fraz, kozman, koze.

chitchat (v) djòle, dyòle, chante bòt.

chitterlings andwi, andui, andi.

chives (Allium schoenoprasum)
siv.

chocolate chokola; unsweetened
chocolate chokola gra.

choir kè, koral.

choirmaster (voodoo) andjennikon,
ongènikon.

choke sivoke.

choose chwazi.

chop (v) rache, tchake.

Christian kretyen.

Christmas Nwèl.

chunk blòk, bich.

church legliz.

cicada lasigal.

cigar siga.

cigarette sigarèt; cigarette butt
pòy; cigarette lighter brikè.

cinch sang.

cinder block blòk.

cinema sinema, silema.

cinnamon kannèl, kanèl.

circle (n) sèk, wonn; (act of going
around something) viwonn, tou;
(circle of friends) sèk.

circle (v) viwonnen, viwònen.

circumstance sikonstans.

cistern sitèn.

Citadel Sitadèl.

citation (summons) sitasyon.

cite (mention) site; (a name)
nonmen, lonmen.

citronella (Cymbopogon nardus)
sitwonnèl, sitwonèl.

civic group konminote, kominote.

civil (law etc) sivil.

civilian sivil.

clack tèk!

claim (n) reklamasyon.

claim (v) (demand) reklame; (maintain)
pretann.

clairvoyance konnesans, konesans.

clamp (n) près.

clamp (v) brade; clamp down on
sere boulon.

clap (v) bat men, bat bravo.

clarify eklèsi, klèsi.

clarinet klarinèt.

class klas; singing class chan.

classical klasik.

clatter (n) bim-banm.

claw (n) grif, dan.

claw (v) grifonnen, grifònen,
grife.

clean (adj) pwòp, nèt.

clean, cleaned (v) netwaye, netye,
pwòpte; clean out (take everything)
over a period of time dechèpiye.

cleaning pwòpte.

cleanliness pwòpte.

clear (adj) (evident) avidèy.

clear (v) (remove obstacles) debare;
(the table) desèvi; (prepare for
planting) balize; clear out
(leave) chape poul, chape kò,
sove, bat zèl, flay, vole, vire
do, mete deyò; clear up (weather)
anbeli, dekouvri, eklèsi, klèsi.

clearing (preparation for planting)
balizay.

clearly klèman.

cleat kranpon; put cleats on shoes
fere.

clerk. sales clerk komi.

clever madre, fentè, fò, entelijan,
mètdam.

client kliyan.

climb (v) grenpe, monte, moute;
(socially) pran fil.

clip (v) tonn.

clip-clop (horse trot) plòkòtòp.

clippers tondèz.

clitoris krèk, klitoris, langèt.

clock (n) lè, pandil; alarm clock
revèy.

clodhoppers bekanbòl.

clog (footwear) sabo.

close, closed (v) fèmen.

closet amwa, lamwa.

clot, clotted (v) kaye.

cloth twal, twèl; (dishcloth, rag)
tòchon.

clothe (provide clothing) abiye,
biye.

clothes rad; dress clothes abiman;
second-hand clothes kenedi,
kennedi.

clothes hanger sèso.

clothing rad; (old clothing) dibreyis,
dekovil, ranyon; baggy clothing,
old-fashioned clothing dinaza.

cloud (n) nway.

clout (blow) mayèt.

clove (of garlic) gous; cloves (spice)
jiwòf, tèt jiwòf, klou jiwòf.

clover trèf.

clown (n) grimasye, madigra.

clown (v) fè makak, fè lamayòt.

club (n) (weapon) makak, kokomakak,
kokonmakak, chaplèt; (in cards)
trèf; night club nayklèb.

club (v) bay chaplèt, chaplete.

clump touf.

clumsy mare, maladwat, malagòch,
gòch, agòch, goch, kòkòb,
mazèt, mal.

cluster (n) grap.

clutch (auto) klòtch.

coachman bòsmann, koche.

coals chabon dife.

coarse (vulgar) gwosye, bawòk, òdinè, demeplè, enferyè, enfèyè.

coast (n) coastal area (usually in the South of Haiti) lakòt.

coast (v) (downhill) fè wou lib.

coast guard gadkòt.

coasting (downhill) an wou lib.

coat (n) (coating) randui; suit coat vès, levit, palto; coat with dolman sleeves dòlmann, dòlmàn; lab coat blouz.

coat, coated (v) randui.

coating randuisay.

cobbler kòdonnye, kòdónye.

cock (n) kòk; fighting cock annega, bendezwèl, benezwèl.

cock (v) (a gun) baskile.

cockfight dezafi.

cockroach ravèt.

cockscomb krèt; (flower) krètkòk.

cocktail kòktèl.

cocoa kakawo, kakao; (powder) chokola an poud.

coconut kokoye, kòk; coconut bread konparèt.

cocoon koko, kokon.

cod lanmori, mori.

coddle (pamper) dolote, dòlote, miyonnen, bere, gate, menaje.

coffee kafe; light coffee color brin.

coffeepot kafetyè, kaftyè.

coffin sèkèy.

coil (of a still) koulèv; induction coil bobinay.

coin pyès.

cola (soft drink) kola; fruit cola chanpay.

colander paswa.

cold (adj) frèt, glase.

cold (n) (coldness) fredi; (illness) grip, rim; suffering from a cold gripe, anrimen.

colic kolik.

collaborate fè konpany.

collapse (v) anfale, kofre, vide; collapse someone's chest kofre.

collar (n) kòl, kole, kòlèt; wide wooden collar for animals kwòk.

collarbone salyè.

collateral garanti.

collection (of money) resèt, kotizasyon, kèt, lakèt.

cologne odè, pafen, losyon.

colonel kolonèl.

colony koloni.

color koulè.

column kolonn.

comb (n) peny; cut off the comb of a rooster dekreta.

comb (v) penyen.

combat (n) konba; engage in combat konbat.

come vini, vin; (reach orgasm) vini, jwi; come back rantre; come from (originate) soti, sòti, sot, sòt; come from (be caused by) prevyen; come in! respè!; come on! annou!; come what may wè pa wè.

comedian kòmedyen, konmedyen.

comedy (event) kòmedi, konmedi.

comfort (n) konfò.

comfortable alèz.

comical komik, rizib.

comings and goings vatevyen, aledvini, alevini, monte-desann.

command (n) zòd.

commander kòmandan, konmandan.

commentary kòmantè.

commerce konmès, kòmès.

commission (n) (on sales) komisyon.

commission (v) anchaje.

commit (sin, error) konmèt, kòmèt; (oneself) angaje.

committee komite, konmite.

common (cheap, inferior) òdinè.

common jack (Caranx hippos) karang.

common law marriage plasay, plasaj.

common sense bonsans, bonnanj, bònanj, konnesans, konesans.

commotion bengbang, bingbang, bowou, bowoum, kabal, eskandal, bri, eskonbrit, woy-woy.

commune (administrative district) komin.

communication konminikasyon.

communion (sacrament) kominyon, konminyon; Holy Communion lasentsèn; receive communion kominyen.

communiqué konminike, kominike, avi.

compact (cosmetic) poudriye.

companion konpayon, konpayèl, konpay; companions lantouraj, lantouray, antouray.

company konpayi.

compare (v) konpare, mete avèk.

compass konpa, bousòl.

compete fè konkirans.

competent fere, fò.

competition pledman.

complain plenyen, wouspete, babye.

complainer plenyadò, babyadò.

complaint plent; (formal) deklarasyon.

complete (v) fini.

completed fèt, fini.

completely toutafè, tou, nèt.

completion finisman.

complicate, complicated mangonmen, mongonmen.

compliment konpliman.

component grenn.

compound (residences) lakou.

compress (n) konprès.

compromising antravan.

comrade kamarad, kanmarad, flannè, konpè.

con (v) pran nan fil.

conceal (v) bare, kache.

conceit ògèy, potokòl.

conceited aristokrat, odsid, odsi, dikdògòdò.

concern (n) (affair) koze.

concern (v) gade, regade.

conch lanbi; conch shell kòn lanbi.

conclude (that) twouve, touve.

concrete (cement) beton, breton; reinforced concrete beton ame; concrete block blòk.

condemn, condemned kondane.

condemnation kondanasyon.

condition (restriction) kondisyon; (state) kondisyon, eta; physical condition fizik.

condolence mèkondoleyans.

condom kapòt.

conductor (of orchestra) mayestwo.

cone (ice cream) kòne.

confess (one's sins) konfese.

confession (church) konfesyon.

confidence konfyans; have confidence in fye; destroy the confidence of vapore.

confine (v) fèmen.

conform (to the rules) konfòme.

confront koresponn.

confuse bwouye.

confusion debanday, telele.

congratulations konpliman.

conjugate konjige.

conjunctivitis malozye.

connecting-rod (car) byèl.

connections (pull) fil, piston, atou, relasyon.

conscience nanm.

consciousness. lose consciousness pèdi konnesans; regain consciousness revni, revini.

consent (n) konsantman, konsantiman.

consent (v) konsanti, mache.

consequence konsekans.

consequently ositou, ki fè.

consider (regard) konsidere; (reflect on) etidye.

console (v) konsole.

consomme konsonmen.

conspiracy konplo, konplotaj, feso.

conspire konplote.

constipated konstipe.

constipation konstipasyon.

construct, constructed (v) konstwi.

construction konstriksyon; (action) batisman; construction site chantye.

consult konsilte; consult a voodoo priest fè yon chandèl, limen balenn, mete pye nan dlo.

consultation room kabinè.

consumptive pwatrinè.

contact kontak.

contagious atrapan.

contain kenbe.

contaminate, contaminated kontamine.

contempt mepriz.

content (happy) kontan.

contentment kontantman.

contest (n) konkou.

continue kontinye, kontinwe, chita (ap).

contract (n) kontra.

contractions (labor contractions) tranche.

contradict kontredi, demanti, dedi; contradict oneself depale.

contradiction kontradiksyon.

contrary lekontrè; on the contrary okontrè, toutokontrè.

contredanse kontredans.

control (n) kontwòl.

control (v) kontwole, kòmande, konmande, koumande.

controversy polemik.

convert, converted konvèti, janbe nan.

convict, convicted (v) kondane.

convulse (in a trance) djayi, djay.

cook (n) kizinyè, kizinyèz, krizinyèz.

cook, cooked (v) kuit, kwit.

cookie bonbon; coconut cookie kokonèt, konkonnèt.

cool (adj) fre, refwadi, rafredi.

cool (v) refwadi, rafredi; cool off (calm down) kalme, kalma, mouri poul, mete alatranp, pran san, poze san, tenpla.

coot (bird) poul dlo.

cope defann, debouye, debwouye, degaje, boule.

copiously agogo.

copper kwiv, kuiv.

copy (v) kopye; copy from kopye sou, gade sou; (cheat) pran bèt, pran poul, kopye sou, gade sou.

copying exercise kopi.

coral koray.

cord kòd; umbilical cord kòd
lonbrit, lonbrit, lonbrik,
nonbrit.

core (n) mwèl, nannan.

cork (n) (material) lyèj; (stopper)
bouchon.

cork (v) bouche.

corn mayi; (grains) mayi an grenn,
mayi grennen; roasted corn mayi
griye, mayi boukannen.

corncob bougon mayi.

corner (n) kwen.

corner (v) fèmen, jennen, sentre,
anfeje; cornered antrave, sentre,
fin bout.

cornflour farin mayi.

cornmeal mayi moulen; cornmeal
pudding (sweet) doukounou.

corporal kaporal.

corpse mò.

correct (adj) kòrèk, danble.

correct (v) korije.

correctly kòrèktemen, kòrèk, byen
pwòp, legal, nan rasin.

correspond (to) koresponn, reponn.

corrugated iron tòl.

corrupt (v + adj) kowonpi, pouri.

cost (n) pri.

cost (v) koute.

costly chè.

cotton koton.

couch divan.

couch grass chendan.

cough (n) tous, latous; (whooping
cough) koklich.

cough (v) touse; cough up (give back)
kare.

count (v) konte, regle; (be
important) konte, pale; count
on konte sou.

counter (of shoe, boot) ranfò.

country peyi.

countryside andeyò, andèwò, pwovens.

couple (adj) detwa.

couple (v) akouple, kwaze, kouvri.

coupon (worth 1/10 of a lottery
ticket) koupon.

courage kè, kouray, kran, nannan.

courageous brav, michan, vanyan; act
courageously mete nanm sou, mete
gason sou, mete fanm sou.

course (class) kou; of course men wi!

court (n) (legal) tribinal.

court (v) file, fè jako pye vèt,
tchoule, kyoule.

courteous galan, byennelve.

courtesy lisay, lisaj.

couscous kouchkouch.

cousin (male) kouzen; (female) kouzin;
second cousin kouzen jèmen.

couth mannyè.

cover (n) kouvèti; book cover po
liv; take cover pare.

cover (v) kouvri.

covering kal, po; (dried
covering of the palm heart) tach.

cow vach.

coward bòbòy, kapon, fenyan,
kazwèl, lach, poul mouye, salòp.

cowardly kapon, fenyan, lach, kazwèl.

cowboy kòbòy.

crab krab; saltwater crab sirik.

crab louse mòpyon.

crack (n) jwen, fant, fann;
(between the buttocks) kanal dèyè,
fant dèyè.

crack (v) krake, fele, fann, pete;
cracked krake, fele, pete.

cradle bèso.

cradle robber kannay, selina.

crafty (cunning) rize, rizèz, dare,
entelijan, mètdam.

cram (stuff) boure, chaje; crammed
(full) chaje, bonde.

cramp (n) lakranp, kranp; abdominal
cramps kolik.

crank-case kwachaf.

crankshaft chaf, vilbreken.

cranky chimerik.

cranny rakwen.

crash (v) kraze; (crash a party)
pran daso; crash! bow!

crawl rale.

crayfish kribich.

crazy fou, fòl, distrè, distre,
loke, manke fèy, toke, tòktòk,
vire; drive crazy rann fou,
vire lòlòj.

cream krèm.

crease (n) (of trousers) eskanp;
put a crease in eskanpe.

create kreye.

creature kreyati.

crèche krèch.

credit (n) kredi; on credit kredi.

credulous egare; credulous person
boubou.

Creole kreyòl.

crewcut alabwòs.

cricket (insect) krikèt.

crime krim, zak.

criminal kriminèl.

cripple (n) kokobe.

cripple (v) kokobe, donmaje, domaje;
crippled enfim, estwopye, kokobe.

crisis (emotional crisis) kriz.

critical (grave) grav.

criticize kritike, dedi.

croak (frog sound) kwòt-kwòt.

crocodile kokodil.

crooked (bent) kwochi; (teeth) doukla.

crookedly kwochi.

crop kilti; (of bird) fal.

cross (n) kwa; the cross (religious) lakwa.

cross (v) travèse, janbe, kwaze; cross out bife, bifte.

crossbar travès.

cross-eyed je vewon.

crossing (trip) travès.

crosspiece travès.

crosswise antravè.

crotch fouk; tear the crotch, torn at the crotch defouke.

crouch (v) bese, akoupi, koupi.

crow (n) kaou, kaw, gragra.

crowd (n) (throng) ankonbreman; (circle of friends) sèk.

crowd (v) ankonbre; crowd around konble; crowded ankonbre.

crown (n) kouwòn; (of the head) krantèt, kranntèt; partial crown (tooth) eklis.

crucifix krisifi.

crude (unrefined) gwosomodo, gwòsomodo, mastòk; (vulgar) bawòk, gwosye, enferyè, enfèyè, demeplè, brit; crude person gwo soulye, gwo sowe.

cruet poban.

cruise (girl watch) tcheke grenn.

crumb (tiny piece) myèt, miyèt, kal, ti kal.

crupper koupye.

crush (v) pile; (a person) maspinen.

crust (crusty layer) graton.

crutch beki.

cry (n) rèl; (cry of sexual pleasure) alsiyis.

cry (v) kriye, rele.

cub scout louvto.

cuckold (v) bay zoklo; cuckolded pran zoklo.

cucumber konkonm, kokonm.

cudgel makak, kokomakak, kokonmakak.

cudweed (Gnaphalium viscosum) komomin peyi.

cuff (n) manchèt.

cultivated person boujwa.

culture eklerasyon, eklarasyon.

cultured eklere, eklère.

cunning entelijan, mètdam, dare, fentè, malen, rize, rizèz; cunning woman manman chat, manman penba.

cup tas, koup, gode, gòdè, gòdèt, tenbal.

cupboard gadmanje.

cupcake ponmkèt.

cupping-glass vantouz.

curdle, curdled kaye.

cure (v) geri.

curious kirye, kiryèz.

curl up akokiye, rakokiye.

current (electricity) kouran;
   (water) kouran.

curse (n) madichon.

curse, cursed (v) modi, madichonnen;
   (swear) joure, di mo.

curtain rido, drapri.

curve (n) (in road) koub.

curved bankal.

cushion (n) kousen.

cuss di mo; cuss out joure, lave.

custard apple kachiman.

custom koutim; custom (habits) mès;
   (agency) ladwann.

customer kliyan; regular customer
   pratik.

cut (n) koup; make a curved cut
   chankre.

cut (adj) koupe; (wounded) kòche;
   cut off (isolated) dekonnekte;
   cut up dekatiye.

cut (v) koupe, taye; (dilute) koupe;
   (card game) koupe; cut hair taye
   tèt, fè tèt; cut oneself kòche;
   cut off twonse; (isolate) dekonnekte;
   (interrupt) koupe, dekoupe, tranche;
   cut out dekoupe; cut up dekatiye,
   dekatya, rache, tchake, dekoupe,
   depatya, depatcha, detaye, tranche.

cutter (one who cuts) koupè.

cutting (from a plant) bouti, plan.

cyclist siklis.

cyclone siklòn.

cynical tchak.

cyst kis.

dagger ponya, fwenn, frenn, katchapika.

dally (v) mize, ranse.

dam (n) dam, danm, bakad, barikad.

damage (n) dega.

damage (v) degrade; damaged (hair) rabonnen.

damn it fout!, frenk!, fwenk!, tonnè!

damp imid.

dampen mouye; (with sponge cloth) tanponnen.

dance (n) dans, bal, won; (bygone dances) cheche, kalinda; (contemporary dances) afwo, bolewo, kare, kata, mereng, palaso, patchatcha; (voodoo dances) kongo, ibo, petwo, rada, yanvalou.

dance (v) danse; (dance tightly inter-twined) ploge.

dancer dansè, dansèz.

dandruff kap, kal.

danger danje; out of danger (child) chape.

dangerous danjere.

dangle pandye.

dare (v) azade, pèmèt.

dark nwa, nwè; (color) fonse.

darkness nwa, nwè, fènwè, fènwa.

darling chè, cheri, chou, choupèt, chouboulout, ti chat, kòkòt, koukout, toutou.

dash (n) (punctuation) tirè.

dash (v) kouri, fann, file.

dashing (elegant) fre, banda, chèlbè.

date (n) dat; up to date ajou.

datebook kanè.

daub (with mud) bouziye.

daughter pitit-fi.

daughter-in-law bèlfi.

dawdle mize, chita.

dawn bajoukase; before dawn avanjou; at dawn granmaten.

day jou, jounen; all day long toutlasentjounen; day's work jounen; from day to day de jou an jou; next day demen, denmen, landmen, landemen, nandemen; the other day lòtre jou, lotre jou; these days sèjousi.

daybreak jou kase, bajoukase; at daybreak granmaten; before daybreak devanjou, douvanjou.

day care center krèch.

daydreaming nan lalin.

daylight. in broad daylight gwo lajounen.

day off chonmay, konje.

daytime lajounen.

daze (n) egareman.

daze, dazed (v) toudi.

D.D.T. dedete.

dead mouri, mò; dead person mò; the dead lemò.

deaf soud; deaf person soudè.

deal (n) good deal avantay bab e moustach; bad deal move kout kat.

deal (v) (cards) file.

dealings afè; zafè; shady dealings biznis.

dean dweyen, dwayen.

dear (adj) chè; dear (sweetheart) chè, cheri, chou, choupèt, ti chat, chouboulout, kòkòt, koukout, toutou; my dear (male) monchè; (female) machè.

dearly (a high price) chè.

death lamò, lanmò; (an instance of death) mòtalite; death throes lagonni.

debase avili.

debasement avilisman.

debauch (v) deboche.

deboned dechose.

debt dèt.

decade (of rosary) dizèn.

decamp dekanpe.

decay (v) dekonpoze; decayed (teeth) pike.

deceased defen.

deceit doub, twonpri.

deceive twonpe, dòmi sou, pete, vire, woule, bafwe, betize, blende; deceived pran kout ba.

December desanm, desam.

decide, decided deside.

deciliter glòs.

decipher dechifre.

decision desizyon.

declaration deklarasyon.

declare deklare.

decline (go to ruin) dekline, deklinen, deperi; declined defèt.

decorate, decorated dekore; (mil.) galonnen.

decoration bèbèl.

dedicate dedye, dedje.

deed, good deed zèv.

deep fon.

defame detripe.

defeat (v) venk, genyen, bat; admit defeat bat ba.

defecate poupou, kaka, tata, chye.

defect (n) defo.

defend defann.

defendant akize.

defense defans.

deficit defisi.

definitively vre, tout bon.

deflate, deflated degonfle.

deflect pare.

deflower, deflowered kreve.

deform defòme; deformed (misshapen) defòme; (defective) difòm; (leg) kounan.

defy pini.

degrade avili.

degree. to give the second degree fouye.

deity. voodoo deity lwa; (protector of agriculture) Zaka, Azaka; (goddess of love) Ezili; (associated with war and iron) Ogoun; (of death) Gede; (associated with cemeteries) Bawon; (associated with children, esp. twins) Marasa; (fertility, symbolized by serpent) Danbala-Wèdo, Danbala; (wife of Danbala-Wèdo) Ayida-Wèdo; (sovereign of the sea) Agwe; (ruler of markets) Ayizan; (ruler of rivers, springs) Simbi; (mediator) Legba; (group of voodoo deities) Ibo; (category of voodoo deities) Petwo, Rada.

dejected delage, kagou, ba.

delay (n) reta.

delegation delegasyon.

deliberation kalkil, etid.

delicate delika.

delicious koupe dwèt.

delighted rejwi.

deliver remèt, renmèt, delivre, livre; (a blow) tire, fout, flanke, flank; (a baby) akouche, delivre, mete atè, mete ba, fè.

deliverance ladelivrans, delivrans.

delude (oneself) tchanse.

delusion foli.

demand (n) egzijans.

demand (v) mande.

demanding egzijan.

demijohn danmijann, damijàn.

demitasse demitas.

demolish, demolished dechalbore, defalke, dekonstonbre, demantibile, kraze.

demolition demolisyon.

demon denmon, dyab, satan; (small demon) baka.

demonstration demonstrasyon.

demote degrade.

denim gwo ble.

denounce denonse, bay, ba, ban.

dense (thick) founi.

dent, dented (v) kòlbòsò, kalbose, kabose.

dentist dantis.

deny nye, demanti, diskite.

depart pati, vire do, vire, vole, flay.

depend (on) depan, depann; depending on selon, suivan, swivan.

depict depenn.

deposit (n) (of ore, minerals) min.

deposit (v) depoze.

deposition (testimony) depozisyon.

depot (storehouse) depo, ral.

depraved deprave.

depressed afese, kagou, delage, ba.

depth fondè.

deputy sheriff soukèt lawouze, choukèt lawouze.

derail deraye.

derailment derayman.

descend desann, disann.

descendent desandans.

descent desant, ladesant.

desert (v) lage, abandonnen.

deserve merite.

design (symbolizing a "lwa") vèvè.

desire (n) dezi, volonte.

desire (v) anvi, dezire.

desist deziste.

desk biwo.

desolate dezole.

despair (n) dezespwa.

despicable vye, degoutan.

despise (scorn) meprize.

dessert desè.

destiny desten, destine, avni, lavni.

destroy detwi, detui, depatya, depatcha.

destructive ravajè; destructive person (especially children) brisfè.

detach, detached detache.

detergent fab.

deteriorate deteryore.

detest deteste.

detour (n) detou, deviray.

devastate devaste.

devastation (ravage) devas.

develop (grow) devlope.

development (physical) fizik.

device aparèy; makeshift device konbèlann.

devil dyab, djab, dyablès, djablès, jerenòs, jonnons.

devious entrigan.

devote (oneself to) lage kò nan, adonnen, tonbe nan; devoted devwe.

devour devore; (food) boufe, bafle, bafre, gobe, gòbe.

devout relijye, devwe.

dew lawouze.

diabolic anjandre.

diamond (cards) kawo.

diaper kouchèt.

diarrhea dyare, kakarèl, tchouloulout,
vant kouri, vant mennen, vant,
vant pase.

dice (n) zo.

dictate dikte.

dictation dikte.

dictionary diksyonnè.

die (v) mouri, trepase; be dying
lagonni, agonni, bat lakanpany.

diesel dizèl; diesel fuel gazòy.

diet (n) rejim, dyèt.

difference diferans.

different diferan.

differently diferantman, diferaman.

difficult difisil; (advanced) fò;
find it difficult to mal pou.

difficulty difikilte, boulvès, dan,
resif; financial difficulties
anbarasman, anpechman.

dig (v) fouye; dig up detere, fouye,
rache.

digest (v) dijere.

dignitary notab.

dignity diyite.

diligence delijans.

dilute deleye, koupe.

dimple tou bote.

dimwit bègwè, bèkèkè.

dine (v) manje.

ding dong pim, beny, beng.

dingy rabi.

dining hall kantin.

dining room salamanje.

diphtheria difteri.

diploma diplòm; (primary school)
sètifika.

diplomat diplomat.

direct (v) dirije.

direction direksyon; in all
directions adwat agòch; directions
(instructions) enstriksyon,
esplikasyon, eksplikasyon.

directly dirèk, dirèkteman, toubònman.

director direktè, dirèk.

dirt salte, kras.

dirtiness salte.

dirty (adj) sal; dirty and wrinkled
tòchonnen.

dirty (v) sal, salope, tòchonnen.

disadvantage enkonvényan, enkonveyan.

disagreeable dezagreyab, dezoblijan.

disagreement dezakò.

disappear disparèt, fonn.

disappearance. brief disappearance
chap, vire, fòlòp.

disappointment kontraryete,
kontraryezon.

disciple disip.

discipline (n) disiplin, lòd.

discomposed dekontwole, defèt.

disconcert defèt; disconcerted
dekontwole, twouble, touble.

disconnect dekonnekte.

discotheque diskotèk.

discount. give a discount price
(when one buys a number of items)
fè pri.

discourage, discouraged dekouraje,
dekonpoze.

discourse (n) diskou.

discover dekouvri, jwenn, twouve,
touve, dechouke, dejouke.

discredit vèni.

discuss diskite.

discussion diskisyon, pledman.

disdain. make a disdainful noise
with the mouth tuipe, kuipe;
stare disdainfully twaze.

disease maladi; (skin disease
resembling leprosy) pyan; (kind
of tree disease) pichon. See
also names of diseases.

disembark debake.

disembowel devantre.

disentangle demakònen, demele.

disguise, disguised (v) degize.

disgust (n) degou, degoutans.

disgust (v) degoute.

disgusting vye, degoutan.

dish (n) asyèt, plat; (food) pla;
dishes vesèl, vèsèl.

dish (v) (dish out food) drese,
separe.

dishcloth tòchon.

disheveled (oblivious of one's
personal appearance) sankoutcha.

dishonest malonnèt.

dishonor (n) dezonnè, dezonè.

dislocate dejwente; dislocated
dekloke, dejwente.

dismiss (send away) voye ale, ranvwaye,
ranvoye.

disobedience dezobeyisans.

disobedient dezobeyisan.

disobey dezobeyi.

disorder dezòd, briganday, debanday,
lekòl lage, laparad lage, telele.

disown dekonnèt.

disparage denigre, devore.

disparaging malpalan, langèz,
langè.

dispensary dispansè.

dispense (exempt) dispanse.

disperse simen, gaye, simaye.

display (v) layite, etale.

displease deplezi.

disposed (inclined) dispoze.

disposition (temperament) dispozisyon.

dispute (n) akwochay, eskonbrit, lobo,
joure, deblozay.

disrespect (v) manke dega, derespekte.

disrespectful derespektan; be disrespectful derespekte.

dissatisfaction mekontantman.

dissension dezinyon, zizani.

dissident kamoken.

dissolute. lead a dissolute life lage, woule.

dissolve deleye.

distance distans, trajè.

distant lwen.

distend, distended bonbe.

distillery gildiv.

distinguish distenge.

distinguished (esteemed) distenge.

distracted distrè, distre.

distraction distraksyon.

distress (n) detrès.

district kanton.

disturb deranje, boulvèse, toumante; disturbed boulvèse, toumante.

ditch dig, kanal, kannal.

divan divan.

diver koulè.

divide, divided divize; divide up lote, separe; (a hand of bananas) depate.

division divizyon; (group of teams) poul.

divorce (n) divòs.

divorce, divorced (v) divòse.

divulge divilge, devilge.

dizziness vètij, tèt vire, toudisman.

do fè; do shockingly kraze; do in pete fyèl; done fèt, fini; done in delage, about; get one's hair done fè tèt; don't (warning) piga!, penga!

docile dou.

dock (n) dòk.

dock (v) bòde, akoste.

doctor dòktè, dòk, doktè.

document (n) dokiman, papye.

dodder (Cuscuta americana) lamitye, lametye, lanmitye.

dodge (n) (quick turn) chiray.

dodge (v) eskive, kabre.

dog chen, chyen, toutou, toutous.

dog-eat-dog chen manje chen.

dog house nich.

doily napwon.

doings trafik.

doll (n) pope; doll up biske.

dollar dola, grinbak.

dolly (cart) bourèt.

domestic (servant) domestik, bòn.

dominate domine.

Dominican Republic Sendonmeng; Dominican citizen Dominiken, Dominikenn, Panyòl.

dominos (game) domino.

Don Juan (ladies's man) matcho.

donkey bourik.

doodle (n) majigridi.

door pòt; sliding door pòtakoulis.

doorstep papòt.

dosage dòz.

dose dòz.

doubloon (gold piece) doublon.

doubt (n) dout, doutans.

doubt (v) doute.

doubting Thomas dirakwa, Sen Toma.

dough (pastry) pat.

down (n) (feathers) divè.

down (adv) ba; go down (descend) desann, disann; go down (swelling) dezanfle; down with ...! aba!

downtown lavil.

doze kabicha, asoupi.

dozen douzenn, douzèn.

draft (n) (breeze) kourandè.

drag (v) trennen.

dragonfly demwazèl, demrazèl.

drain (n) rego, egou, rigòl.

drain (v) degoute.

drained (tired) about, bouke.

drainpipe dal.

drapes (curtains) drapri.

draw (v) (a card) pike; (water, etc) tire; (sketch) fè desen.

drawer tiwa.

drawing (sketch) desen; (of lottery number) tiraj, tiray.

drawn (face) rale.

drawstring koulis.

dream (n) rèv.

dream (v) reve.

dress (n) wòb; peasant dress (style) kazak.

dress (v) abiye, biye; (an animal) dekape; dressed abiye, biye; dressed too warmly boure; badly dressed malfouti; dressed up bòzò, bwòdè, fen, gante; dressed to kill (dolled up) anplimdezwa.

dresser bifèt.

dressing (surgical) pansman.

dressing table kwafèz, poudriye.

dressmaker koutiryè, koutiryèz, koutriyè, koutriyèz.

drift (wander aimlessly) drive, drivaye.

drifter drivayè, drivayèz.

drifting (idle) aladriv.

drill (n) mèch, dril.

drink (beverage) bwason; (made of fermented pineapple skins) godrin, goudrin; (alcoholic) breson, bweson, gwòg; soft drink kola.

drink (v) bwè, brè.

drip (n) gout, degout.

drive (n) (outing) vire, soti, sòti.

drive (v) (a vehicle) kondi,
kondui, mennen; drive around
woule; drive in, driven in anfonse,
fonse.

drivel koulibèt.

driveler radotè.

driver chofè; bad driver tèt mato.

drizzle (n) farinay, farinaj.

drizzle (v) farinen.

drool (v) bave.

drop (n) gout, degout.

drop (v) lage; (socially) mete
atè; drop (someone) off lage.

drought sechrès, sèchrès.

drown neye.

drug (n) dwòg.

drum (instrument) tanbou; (voodoo
drums) kata; asòtò; boula; bass
drum kès; (barrel) doum, dwoum,
bidon, fèblan.

drum major majò jon.

drummer tanbouyè; second drummer
segondye.

drumstick agida.

drunk sou, gri, an brennzeng.

drunkard soula, tafyatè, bresonyè,
bwèsonyè.

dry (adj) chèch, sèch; dry
season lesèk.

dry (v) cheche, seche, siye; (in
the sun) vante; dry your eyes
(accept the situation) fè je-ou
chèch.

dry cleaning dray.

duck kanna.

duffer (person) mazèt, masèl
kòkòb, kòkòb.

dull (adj) (blunt) depwente,
defile; (boring) raz.

dull (v) depwente, defile.

dumbfounded egare.

dumpling doumbrèy, doumbòy.

dunce kreten.

dupe (n) tèt chòv.

dupe (v) fente, dòmi sou.

durable dirab.

duration dire.

during diran, pandan, pannan.

dusk labrin, labrenn, bren, brenn,
brin, gwo brin.

dust (n) pousyè.

duty (service) sèvis; on duty
desèvis.

dwarf (n) nen.

dwelling. voodoo dwelling left by
the ancestors demanbre.

dye (for leather) merès.

<u>dynamic</u> dinamik.

<u>dynamite</u> (n) dilamit, dinamit.

<u>dysentery</u> kolerin, kolorin.

each chak.

ear zòrèy; (cob) zepi; outer ear
fèy zòrèy; by ear pa woutin; ear
wax kaka zòrèy.

early bònè, bonnè, bonè; early
morning bònè, bonnè, bonè,
bonmaten.

early-rising matinal.

earn genyen, touche.

earnings gen, resèt.

earring zanno.

earth latè.

earthenware fayans.

earthquake tranbleman tè.

earthworm vètè.

ease (n) fasilite.

easily alèz, fasil.

east lès.

Easter Pak.

easy fasil.

easygoing fasil.

eat, eaten manje; eat copiously
dekoupe.

eater manjè.

eavestrough goutyè, dal.

eccentric person evènman, evelman,
evénman, eleman, nimewo.

economize ekonomize.

eczema egzema, dat.

edge (n) rebò, bòday, kan.

educated enstwi, enstrwi, eklere,
eklère.

education etid; (culture)
eklerasyon, eklarasyon.

eel kong, zangi.

effect (n) efè.

effective (medicine) souvren.

effigy jwif.

effort jèfò, jefò, efò, deba;
make an effort bat kò, fòse.

effrontery radiyès.

egg ze.

eggplant berejenn.

egoism egois.

egoist egois.

eight uit, ui, wit, wi.

eighteen dizuit.

eighteenth dizuityèm.

eighth uityèm; eighth grade
senkyèm.

eightieth katreventyèm.

eighty katreven.

either swa; either...or swa...swa;
not either nonplis, nitou.

ejaculate dechaje, voye, vini,
ejakile.

elastic (n) elastik, lastik.

elbow koud.

elder (adj) gran.

elderly granmoun, aje; elderly
  woman lamè.

election eleksyon.

electric elektrik, lektrik.

electrical elektrik, lektrik.

electrician elektrisyen.

electricity elektrik, lektrik;
  illegally tapped electricity
  konbèlann.

elegance gangans, finès.

elegant elegan, fre, banda.

elementary preliminè.

elephant elefan.

elevated (price) monte, moute.

eleven onz.

eleventh onzyèm; eleventh grade
  segond, segonn.

elite lelit; elite corps (army) leopa.

ell (45 inches) lonn, ôn.

emaciate dechose, dezose, dechte,
  defini; emaciated dechose,
  dezose, dekrenmen, griyen.

embark, embarked anbake.

embarrass, embarrassed anbarase,
  mele.

embassy anbasad.

embers chabon dife.

embrace (v) anbrase.

embroider, embroidered bwode.

emery board lim.

emperor lanpèrè, lanperè.

employ, employed anplwaye.

employee anplwaye, travayè.

empower, empowered (legally)
  mandate.

empty (adj) vid.

empty (v) vide, devide; (an area)
  bay, ban, ba.

enamel emaye.

encircle, encircled sèke.

encore bis.

encounter (n) rankont.

encounter (v) kontre, rankontre,
  jwenn, twouve, touve.

encourage, encouraged ankouraje.

encouragement ankourajman,
  antrénman.

end (n) (ending) fen, lafen,
  finisman; (extremity) bout;
  (purpose) bi; far end, deep end
  bafon; year's end (between Christmas
  and New Year's) fendane; end
  up echwe, chwe.

end (v) fini.

endorse, endorsed andose.

endurance andirans, lasnal,
  rezistans, fyèl.

endure (v) kenbe, atrap, ankese,
  soufri.

enema lavman; enema bag bòk.

enemy lénmi, lèlmi, lennmi.

engine motè.

engineer enjényè, enjennyè, enjènyè.

English angle, anglè.

engrave grave.

enjoy jwi.

enjoyment jwisans.

enlarge grandi, laji.

enlighten eklere, eklère.

enormous pyès, tay, kokenn,
  kokennchenn.

enough (adj) ase, dekwa; (adv) ase,
  kont.

enraged anraje, dechennen, bande
  alaryè, mande anraje.

enrich, enriched anrichi.

enroll enskri.

enter antre.

enterprise. small enterprise koutay.

enterprising antreprenan, agresif,
  michan.

entertain anmize.

entertaining person odyansè.

entertainment anmizman.

enthusiast anmatè, amatè, fanatik.

enticement (unattainable) filalang.

entire ankè, antye, ann antye,
  tout.

entirely nèt, toutafè, tou.

entourage lantouraj, lantouray,
  antouray.

entrails zantray.

entrance antre.

envelope anvlòp.

environment anbyans.

envisage anvizaje.

epaulet zepolèt.

epidemic epidemi.

epilepsy malkadi.

Epiphany Lèwa, Lewa.

epoch epòk, lepòk.

epoxy kòlfòt.

equal (adj) egal, egalego; (n)
  pòy.

equal (v) vo.

equally menmman parèyman.

erase efase, bife, bifte.

eraser efas, gonm, gòm.

erection (hard-on) bann; have an
  erection bande.

err twonpe.

errand devire, komisyon.

error erè, lerè, fòt, foub,
  twonpri; spelling error fot.

escapade pachat.

escape (v) chape, sove.

especially espesyalman; (above all)
sitou.

essence nannan.

estate (land) bitasyon, abitasyon.

esteem (v) estime.

estimate (n) devi.

etc. eksetera.

eternally vitametènam.

evacuate evakwe, evakue.

evade mawon.

evaporate vante, evapore.

eve lavèy.

even (adj) (level) daplon; (quits)
pat; get even vanje, regle.

even (adv) menm, ata.

even (v) egalize, galize, aplani,
plani, planni, plati.

evening aswè, swa; good evening
bonswa!, bonswè!

evenly (equally) ren pou ren,
egalego.

event evénman, evelman, evènman.

ever janm, janmè, janmen.

every chak, tou le, dènye, dennye,
dènyè; (habitual) le, lè.

everyday (clothing) fantezi.

everywhere patou, toupatou.

evident avidèy.

evil mal, mechanste; evil spell
maldjòk, espedisyon, ekspedisyon.

exactly jis, ojis, won.

exam egzamen; (medical) konsiltasyon;
final exams konpozisyon;
comprehensive final exam of
elementary school sètifika;
comprehensive final exam of
secondary school bakaloreya; take
an exam konpoze; get an exam
(medical) konsilte.

examine egzaminen, egzamine; (a
patient) konsilte.

example egzanp, ezanp; for example
pa egzanp; set an example trase
egzanp.

exceed depase.

excell pote labànyè, vannen.

excellent fopaplis, total.

except eksepte, esepte, sòf.

exception eksepsyon; without
exception nèt.

exceptional michan; (fine) total,
fopaplis.

excess eksè.

excessively twòp, twò, two.

exchange (v) chanje.

excite eksite, èksite, awoutcha,
bay lafyèv.

excited cho, antyoutyout, antyoupwèt,
eksite, èksite; get excited pran
chenn.

excrement kaka, kabine, matyè fekal, matyè, poupou, tata.

excuse (v) eskize; excuse me eskize m.

exempt dispanse.

. exercise egzèsis, espò.

exhaust (v) (tire) epize; exhausted (tired) ayik, bouke, epize, demrele, delala.

exhausting pete fyèl.

exhaustion kòkraz.

exist egziste.

exorcise espedye, ekspedye.

expedite (finish quickly) espedye, ekspedye.

expenditure depans.

expenses frè.

expensive chè.

experience (n) esperyans, eksperyans.

experience (v) sibi.

expert banj, bolit, las.

explain esplike, eksplike, rann kont.

explanation esplikasyon, eksplikasyon, kont; demand an explanation fè esplikasyon.

exploit eksplwate.

expressly espre.

extension debòdman, ralonj.

exterminate ekstèminen.

extinguish etenn, tenyen, touye, tiye, tye.

extra an plis; bit extra degi, barad.

extract (n) (vanilla, etc) esans.

extraordinary estwòdinè, sèl, efrayik, frayik, enfrayik; (capable of anything) pyès.

extremely gentan, a mò.

exuberant debòde, antyoutyout, antyoupwèt.

eye je, zye; beady eyes je pichpich; big eyes je bourik; slanted eyes je chire; one-eyed person bòy; keep an eye on siveye, voye je.

eyebrow sousi.

eyelashes pwal je.

eyelet zeye.

eyelid pòpyè, po je.

eyetooth dan chen, kwòk dan.

fabric (cloth) twal, twèl;
  (good quality) gwo po.

face (n) figi; (surface) fas;
  face to face fas a fas, je pou
  je, bab pou bab; put face to face
  kare; make faces fè tenten.

face (v) bay tèt.

facing anfas; facing each other
  (cards) byeze.

fact fè, fèt.

factory faktori, fabrik, izin,
  lizin.

fade fennen; faded blaze, fennen.

faggot (wood) fachin bwa.

fail pap sis, kaka, kiki.

faint (v) endispoze, dekonpoze,
  pèdi konnesans.

fainthearted sannanm.

fainting spell endispozisyon,
  dekonpozisyon.

fair (just) jis.

faith kwayans, lafwa.

faithful fidèl.

faithless pèfid.

fake (n) (in sports) kab.

fake (v) (sports) kabre.

fall (n) so.

fall (v) tonbe; (from) soti tonbe;
  fall for (fall in love with)
  tonbe pou; fall to (set about)
  adonnen, tonbe nan, lage kò nan.

false fo.

falsehood manti, mantò, twonpri.

faltering an bès.

familiar. become too familiar antre.

family lafanmi, lafami, fanmi.

famine grangou kanpe, dizèt.

fan (n) evantay, vantay; (enthusiastic)
  fanatik, anmatè, amatè.

fan (v) vante, fè van.

fancy (adj) bòzò, fen.

far lwen; by far lontan; far away lwen;
  far end fon, bafon.

farm (n) fèm.

farmer kiltivatè, kiltivlatè, abitan.

fart (n) pete.

fart (v) pete, fè van, vèkse.

farter (one who farts) petadò.

fascinating ante.

fashion (n) lamòd.

fashionable alamòd, difisil.

fast (adj) rapid; (adv) vit, rapidman,
  an vitès; fast moving person djèt.

fasten tache, plake.

fat (adj) gra; (n) grès; remove fat
  degrese.

fate sò, devni, desten, destine.

father papa; (priest) pè.

father-in-law bòpè.

fatigue (n) fatig.

fatiguing fatigan.

fatso patat si.

fatten angrese.

fault (n) fòt.

faultlessly fen.

favor (n) benn; curry favor flate, achte dèyè, achte figi, lanbe.

favor (v) avantaje.

favoritism paspouki.

fawn (v) chyente, fè chen, flate, lanbe, achte figi, achte dèyè.

fawning flatè.

fear (n) lapè, pèrèz.

fear (v) pè.

feast (banquet) festen, babako; feast day fèt.

feather (n) plim.

February fevriye.

feces kabine, poupou, kaka, tata.

feel (v) (touch) manyen, tate; (experience) santi; feel like (want) anvi.

feeling santiman.

feint (n) kab.

fellow (n) tonton, bonnonm, bonòm; big fellow granbrenn, granbreng, gwobrenn.

fellowman sanblab.

felon (inflammation of finger, toe) pannari.

female femèl, fèmèl, fenmèl, manman.

fence (n) kloti, bare, baryè, lantiray, lantouray, antouray.

fence, fenced (v) (in) bare.

fend (off) pare.

fender zèl.

ferment (v) fèmante, travay.

fertilizer angrè.

festival fèt; (in honor of the patron saint of a town) fèt patwonal.

fetch ale chèche, ale dèyè.

fetish wanga.

fetishist (person who uses "wanga" continually) wangatè, wangatèz.

feud (n) ying-yang.

fever lafyèv, lafyèb; (accompanied by chills) lafyèv frison; yellow fever lafyèv jòn, lajonis, lajonnis.

few kèk, de twa, dezoutwa.

fiancé fiyanse.

fiber fil.

fickle anlè, cho; fickle person flè sezon.

fidget graje, pyafe, vire.

field chan, teren, jaden; (specialty) branch.

fifteen kenz.

fifteenth kenzyèm.

fifth senkyèm; fifth grade mwayen en.

fiftieth senkantyèm.

fifty senkant, senkann.

fig fig frans; fig tree figye.

fight (n) batay, akwochay, eskonbrit; pick a fight chache kont.

fight (v) batay, goumen, lite, bat, twoke kòn; fight like cats and dogs chen ak chat.

file (n) (nail file) lim.

file (v) (fingernails) limen.

fill (n) (one's fill) kont kò.

fill (v) plen, foul, ranpli; (a tooth) plonbe; fill up konble.

fillet (meat) filè.

filly (horse) poulich.

film fim.

filter (n) filt; coffee filter (cloth) grèp.

filter (v) koule.

filth malpwòpte, kras.

filthy. filthy person sangwen.

finalize kase.

finally anfen, finalman, resi.

financial situation aktivite.

find (v) jwenn, twouve, touve; find out aprann.

fine (n) amann.

fine (well) byen, ben.

finger (n) dwèt; (unit of measure) dwa; sticky fingers (thieving tendencies) dwèt long.

finger (v) tripote.

fingernail zong; fingernail polish kitès, kitèks.

finish, finished (v) fin, fini, kaba.

fire (n) dife, founo; unharmed by fire kanzo.

fire (v) (a gun) tire; (from a job) revoke, kase, mete atè; get someone fired dechouke.

firecraker peta.

firefly koukouy, koukwi.

fireman ponpye.

firm (solid) fèm.

firmness fèmte.

first (adj) premye, premyè, prenmye, prenmyè; (adv) an premye; first grade preparatwa en; first of all dabò.

first-rate fopaplis, total.

fish (n) pwason, prason; (kinds of fish) boutou; begoun; dòktè; pèwokèt; piskèt; yaya; (Acanthorybium solandri) bekin; (Balistas vetula) bous; (Anisotremus virginicus) djòlpave; (Coryphaena hippurus) dorad; (Trichiurius lepturus) manchèt; (Aulostomus maculatus) twonpèt. See also names of fish.

fish (v) peche.

fishbone arèt.

fisherman pechè.

fishhook zen.

fishing pèch, lapèch.

fist pwen, pren.

fistfight bim-banm, batay, goumen.

fit (correspond to) reponn; fit closely (clothes) sentre, moule.

fitter (technician) montè.

fitting (adj) daplon.

five senk, senn; have a sequence of five (cards) kente.

fix (n) (predicament) tchouboum; in a fix nan boumba.

fix (v) (repair) ranje.

fixed (repaired) ranje; (permanent) fiks.

flabbergasted rete bèkèkè, bouch be.

flag (n) drapo.

flamboyant (royal ponciana) flanbwayan.

flame (n) flanm.

flamingo flanman.

flash attachment flach.

flash bulb flach.

flashlight flach.

flat (adj) plat.

flatiron kawo.

flatten, flattened plati.

flatter lanbe.

flatterer lanbè, sousou.

flavor (n) gou.

flawlessly do pou do.

flea pis; poultry flea poulpoul.

flee chata, bwaze, sove, pran rak, kraze rak; (flee from battle) vole gadyè.

flesh (n) chè, vyann; (of fruit) vyann, nannan.

flexible (supple) lyann, soup, likid.

flight (airplane) vòl.

fling (v) frenk, fwenk, pimpe; fling oneself antre.

flint pyè.

flirt (v) koze, fè flè, damou, danmou.

float (v) plane, plannen.

flood (n) inondasyon.

flood (v) inonde; flooded inonde; (car) anvayi.

floodgate vàn, vann.

floor (n) (wooden) planche; (tile) kawo; second floor chanmòt; remove the floor boards deplancheye.

flounce (n) volan.

flour farin; manioc flour lanmidon, lamidon; plantain flour bannanna; wheat flour farin frans.

flourish (v) fleri.

flow (v) kouri, koule.

flower (n) flè.

flower (v) fleri.

fluid (adj) likid.

flunk, flunked koule.

flunky chawa.

flush with ra.

fluster dekontwole; flustered twouble, touble, dekontwole.

flute flit.

fly (n) (insect) mouch; (of trousers) bragèt, bwagèt.

fly (v) vole; (in airplane) flay.

foal (n) poulen.

foam (n) (froth) kim; foam rubber eponj.

foam (v) kimen, tchimen.

fog bwouya.

fold (n) pli.

fold (v) pliye, ploye, plwaye, vlope.

folder katab.

folk character (fool) Bouki; (known for his cleverness) Ti Malis; (witch) Fiyèt Lalo; (bogeyman) Tonton-Makout.

follow suiv, swiv.

folly foli.

food manje, nouriti, lanouriti, danre; junk food zagribay; unappetizing food tchanpan, tyanpan, tchaw; badly cooked food bouyi-vide; push food around on one's plate tchake.

foodstuff danre.

food tote kantin.

fool (n) bay-bwè, bosko, bèkèkè, bòbòy, enbesil, gaga, ebete, enbete, jebede, sòt, tèt kale.

fool (v) vire, woule, betize, bwè, twonpe, pete; fool around (play) brigande.

foolish ensiyifyan, ensinifyan.

foolishness sotiz, egareman, simagri, simagre, grimas.

foot pye, zago; (measurement) pye; on foot apye; on one's feet debout, doubout; get off on the wrong foot file move fil, file move koton; never again set foot (somewhere) koupe pye.

for ba, pou.

forbid enpoze, defann.

force (n) (strength) fòs, kouray.

force (v) fòse.

forefathers zansyen, ansyen.

forehead fon, fwon.

foreign (unknown) etranj; (imported) etranje.

foreigner etranje, blan.

foreman kontremèt.

foresee prevwa, anvizaje.

foreskin kach.

forest forè, bwa.

forge (n) fòj.

forget bliye, blie; forget it siye bèk atè.

forgetful. forgetful person bliyadò.

forgive padone, padonnen, fè gras, grasye.

forgiveness padon.

fork fouchèt.

form (n) fòm.

form (v) (organize) fòme.

former ansyen.

formerly lontan.

formidable. formidable person towo.

fort fò.

fortieth karantyèm.

fortitide andirans, lasnal.

fortnight kenzèn, kenzenn.

fortunate erèz..

fortunately erezman.

fortune (wealth) fòtin, avwa; (chance) aza; change of fortune revè; make a fortune fè chita; tell fortunes (with cards) bat kat, fè kout kat.

fortuneteller chapitè.

forty karant, karann.

forward (n) (soccer) avan; center forward avannsant; (bold) delire, sou moun.

foundation (of house, etc) fondasyon, solay.

fountain fontenn.

fountain pen plim a rezèvwa.

four kat, katr.

four-o'clock (flower) bèldénwi.

fourteen katòz.

fourteenth katòzyèm.

fourth (in order) katriyèm; (quarter) ka; fourth grade elemantè de.

fowl bèt volay.

fragile frajil.

fragments (tiny pieces) myèt moso.

frail (sickly) enfim; frail woman fanmòt.

frame (n) ankadreman; (of door, window) chanbrann; (of craftsman) chevalèt; (of eyeglasses) bwa linèt.

frame (v) ankadre.

framework amati, chapant.

framing (for concrete work) kofray.

France Frans, Lafrans.

frank fran, kare.

frankly an verite.

freckle takte.

freckled takte.

free lib; (gratis) gratis.

freemason mason.

freemasonry mason.

freeze (v) (become incapable of acting) fri.

freezer. ice cream freezer soptyè.

French franse.

frequent (v) frekante.

frequently souvan.

fresh fre; fresh air frechè.

freshman (in college) filozòf; freshman class (high school) katriyèm; freshman year of college filo.

fret (v) bat kò.

Friday vandredi; man Friday, girl Friday komi; Good Friday vandredisen.

friend zanmi, kamarad, kanmarad, lamitye; close friend entim, zantray; best friends Kòkòt ak Figawo; my friend! (male) monchè!, konpè!, monkonpè!, (female) machè!; friends frekantasyon.

friendly emab.

friendship zanmitay.

frigate bird (Fregata magnificens) sizo.

frigate mackerel (Auxis thazard) bonnit.

frighten, frightened fawouche.

frightful efreyan.

fringe franj; fringe benefit (unofficial) gen; (percentage of income received as end-of-year bonus) bonnis, bonis.

frisk fouye.

fritter benyen; (spicy) akra, marinad.

frivolous. frivolous person ransè.

frog gounouy, grenouy, krapo.

frolic (v) fè kalinda, karakole.

from nan, lan; (beginning with) apati, pran.

front (adj) avan; (n) devan, douvan; in fro ann avan, devan, douvan; in front of devan, douvan.

frost, frosted (v) (cake) dore.

froth (n) kim.

froth (v) kimen.

frown (v) mare min.

fruit fwi, grenn bwa; (Mammea americana) abriko, zabriko; (Melicocca bijuga) kenèp, kennep. See also names of fruits.

fry, fried fri; fried foods (plantain, meat, etc) fritay.

fuck (v) konyen, kwoke, koke, plimen; fuck off! vouzan!, fuck your mother! langèt manman-ou!

fudge (n) dous.

fuel gazolin, gazòlin, gaz; diesel fuel gazòy.

full plen, ranpli, foul; (sails) anboulin.

fullback aryè.

full-bodied fò.

fume (v) tanpete.

fumigate flite.

fun plezi, anmizman; make fun of
  bay chalè, bay chenn, moke, pase
  nan betiz, mete nan betiz, pase
  nan jwèt, pase nan tenten.

function (v) mache.

fundamental fondalnatal.

funeral finiray, antèman, lantèman.

funnel (n) antónwa, anténwa.

funny komik, rizib.

fur plim.

furious awoyo, debòde, dechennen,
  bande alaryè, mande anraje.

furnish meble.

furniture (piece of furniture)
  mèb.

fury kòlè.

fussy (irritable) rechiyan.

future avni, lavni, devni.

gaiety gete.

gain. double gain (in a game) dekabès.

gait mach.

gal dyal, djal.

gallbladder fyèl.

gallinule (bird) poul dlo.

gallon galon.

gallop (v) galope.

gambler azaris, azaryen, dazadè, dazamann, jwè, jwa.

gambling aza, daza.

game (animal, bird) jibye; (amusement) jwèt; (round) pati, dekout, dekou; (children's games) bakala, bourik, laviwonn dede, pench tolalito; game of chance aza, daza; (games of chance) bòlèt, lewouj. See also names of games.

ganglion (tumor) glann.

gap (n) fant, fann; (between teeth) baryè, chenèt, chennèt, dan rachòt.

garage garaj, remiz.

garden jaden.

gargle (v) gagari.

gargling (n) gagari.

garlic lay.

garnet (color) grenna, grena.

garter djèt.

gas gaz; put gas in a car fè gaz.

gash (n) antay.

gasoline gazolin, gazòlin, gaz.

gas station ponp gazolin, estasyon gazolin.

gastropod mollusk brigo.

gate bayè, baryè, pòtay.

gate-crasher dasomann.

gather (together) sanble; (material) griji.

gaudy (multicolored) djandjan, dyandyan.

gauze twal gaz.

gay (happy) ge, kontan.

gearshift chanjman vitès, levye.

general (army) jeneral, jenneral, jal.

generally an jeneral.

generosity kè nan men.

generous jenere, laj, donan, donnab, donnan.

genitals afè, bagay, baay, ti devan; (male) aparèy, bayonèt, diyite, kòk, pati, pipit, piston, yoyo, zozo, zouti; (of a small boy) pijon, ti pijon, ti bezwen; (female) anba, bòbòt, bobo, bouboun, chat, koko, komisyon; (of a small girl) boyo.

gentle dou.

gentleman msye, misye; gentlemen mesye; ladies and gentlemen mesyedam.

germ jèm, mikwòb.

German alman.

germinate jèmen.

gesture (n) jès, siy, sin;
nice gesture prevnans.

get pran; (receive) genyen, gen,
resevwa, resevra; (catch) atrape,
trape, atrap, pran; (arrive) rive,
pran; (find) twouve, touve;
(become) tounen, vin, soti, sòti,
sot, sòt; (understand) konprann;
get along antann; (manage) demele,
boule, debouye, debwouye, degaje,
defann; get angry fache, fè move
san, pran chenn; get back tounen,
rantre; get down desann, disann;
get in rantre; get out soti, sòti,
sot, sòt; get up leve; get a load
of gade lè...!

ghost zonbi.

gift kado; New Year gifts zetrenn,
zetrèn.

gigolo tchoul.

gilded dore.

ginger jenjanm.

gingerbread jenjanbrèt.

girdle genn, gèn; (ecclesiastic)
kòdwon, kòdon.

girl tifi, madmwazèl, kòmè, konmè;
precocious little girl ti grann;
girls ti medam.

girlfriend mennaj, boubout.

girth (v) sangle.

give bay, ba, ban, sede; (give a
lot) plen bòl; (give one's arm to)
bay lebra; (give out of charity)
charite; (give a daughter to some-
one in common-law marriage) plase;
(give a prize) bay brevè; (give
oneself up to) adonnen, tonbe nan,
lage kò nan; give back rann, remèt,
renmèt, kare; give off rann,

bay, ba, ban; give up bay legen,
bwè pwa, bwè, bat ba.

gizzard zizye.

glance (n) koudèy, apèsi, jòf.

gland. swollen glands venn foule.

glass (substance) vè; (for drinking)
vè, tenbal; broken glass
zenglen; glass cabinet vitrin.

glasses (eyeglasses) vè, linèt.

glazier vitrye.

gleam (n) klète, klate.

glimpse (n) jòf, apèsi, koudèy.

glove gan.

glue (n) gonm, gòm, lakòl; epoxy glue
kòlfòt.

glue, glued (v) kole.

glutton aloufa, saf, gouman,
visye, voras, grangozye.

gluttonous afre, gouman, saf.

gluttony saf, safte, afreman.

gnat bigay.

gnaw wonyen.

go ale, al; going to (near future)
apral, prale, pral, pray; go after
(amorously) file; go away kite,
pati; go back rantre, tounen,
retounen; (back up) fè bak; go
back and forth monte-desann, alevini,
vire-tounen; go by pase; go down
desann, disann, bese; go fast
kouri; go in antre; go out soti,
sòti, sot, sòt, pran lari; go up
monte.

goad (n) digèt, djigèt.

goad (v) digonnen, dige, djige.

goal (sports) gòl, bi; goal area (soccer) kan; reach one's goal fin bout.

goalie gòlkipè, gadyennbi.

goat kabrit; billy goat bouk kabrit, bouk.

goatee bab kabrit, babich.

goatfish babaren.

gobble (eat) gobe, bafle, bafre.

God Bondye, Granmèt, Letènèl; thanks be to God! apredje!; God willing si Dye vle.

godchild fiyòl, fiyèl.

goddaughter fiyòl, fiyèl.

godfather parenn.

godmother marenn, nennenn.

godson fiyòl, fiyèl.

gold ò, lò.

golden dore.

goldsmith òfèv.

Gonaïves Gonayiv.

gonorrhea grannchalè, grantchalè, ekoulman.

good bon; (welfare) byennèt.

good-by orevwa!, babay!, tchaw!

good-for-nothing voryen, sanzave, kòk savann, epav, enpav, dekwoke.

goodness bonte.

goof off titile.

goose zwa.

gore (clothing) lèz.

gospel levanjil.

gossip (n) tripotay, tripotaj, tripòt, zen; (person) makòmè, jouda, jida, tripòt; tendency to gossip lang long.

gossipy tripòt, jouda, jida.

gourd kalbas.

govern gouvènen.

government gouvèman, gouvènman; government representative depite, debite.

grab kenbe.

grade (evaluation) nòt.

grader. road grader gredè.

graduate (of secondary school) filozòf.

graft (n) grèf.

gram gram.

grammar (book) gramè.

granadilla (Passiflora quadrangularis) grenadin, grennadin.

grandchild pitit-pitit.

grandeur grandè.

grandfather granpapa, granpè.

grandmother grann, granmè; great grandmother gran grann, gran granmè.

grandparent ayèl; great grandparent
bizawèl, bizayèl.

grape rezen.

grapefruit chadèk, chadèt.

grapevine (gossip) teledyòl.

grasp (v) ponyen.

grass zèb, fèy.

grasshopper chwal bwa, chwal bondye.

grate, grated graje, rache.

grater graj.

gratis gratis.

gratuity (bonus) gratifikasyon.

grave (n) fòs, tonm, kav, kavo;
  beyond the grave nan lye verite.

grave (adj) grav.

grave-digger foseyè.

gravel krabinay; (coarse) gravwa;
  (fine) gravye.

gray gri.

grease (n) grès.

grease, greased (v) grese, grèse.

great (wonderful) awo.

greedy visye, gwo je, ava, akrèk.

green vèt; (unripe) vèt, wòwòt;
  greens (vegetables) feyaj.

green bean pwa tann.

greet salye, rele.

greetings bonjou!, bonswa!

grenade grenad, grennad.

griddle platin.

grief. good grief! mezanmi!,
  tonmat vèt!

grill (n) gri.

grimace (n) grimas.

grind (v) pile, moulen; grind one's
  teeth manje dan.

grinding (of hips) gouyad.

grindstone mèl.

groan (v) plenn.

grooming (dressing, etc) twalèt.

grotto gwòt.

grouchy brak.

ground (n) atè, tè.

group (n) gwoup, bank, eskwad,
  nasyon; (pile, portion) lo;
  musical group ansanm.

grow grandi, pouse; (sprout)
  leve.

growl (v) gwonde, gonde.

grudge rankin.

grumble (v) bougonnen, babye,
  wouspete.

guarantee (n) garanti.

guarantee (v) garanti, asire.

guard (n) gad; coast guard gadkòt;
  presidential guard lagad; on
  one's guard sou piga.

guava gwayav, gouyav.

guerilla fighters (of the North of Haiti) kako.

guess (v) devine.

guest vizit, vizitè, etranje.

guide (n) gid; tourist guide tchoul, chofè-gid.

guide (v) kondi, kondui.

guilty koupab, antò.

guilty-looking sispèk.

guinea fowl pentad.

guinea pig kochondenn.

guitar gita.

gulp down gobe, gòbe, boufe, bafle, bafre.

gum (anat.) jansiv; chewing gum chiklèt.

gummy (eyelids) drandran.

gun fizi.

gunpowder klorat.

gurgle (sound) glòt.

gut (v) detripe.

guts trip; (courage) kran.

gutter dal, goutyè, kanivo, kannivo.

guy flannè, boug.

gyrate brase.

habit abitid, mòd, metye, sistèm; bad habit mani; habits mès; in the habit of konn.

hail (ice) lagrèl.

hair (of head) cheve, chive; (on body) pwal, pwèl, prèl, plim; kinky hair cheve grenn; silky straight hair cheve siwo, cheve swa, cheve luil; thin short hair tèt bòchèt, tèt bòbèch, tèt gridap, tèt grenn, tèt graton, tèt kwòt; woman with naturally very short hair ayida.

hairband bando.

hairbrush bwòs tèt.

haircut koup; get a haircut fè tèt.

hairdo kout peny; hairdo tufted in front (male) kapòt.

hairdresser kwafè.

hairline. well-defined hairline chankre.

hair set bigoudi.

Haiti Ayiti.

Haitian ayisyen.

Haiti-Thomas (old name of Haiti) Ayititoma.

half (adj) demi, dmi; (n) mwatye; (playing period) mitan; half bottle of rum demi.

halfback (soccer) demi.

half boot demibòt.

half-dressed toutouni, touni.

half-time mitan.

hallelujah alelouya!

ham janbon.

hammer mato.

hammock ramak, ranmak, anmak, amak.

hand (n) men; (assistance) kout men; (of plantains, of bananas) pat; live from hand to mouth dangoye, dole, pyange.

hand (v) hand over livre, bay, ba, ban; hand it to (give credit) bay legen.

handcuff, handcuffed (v) minote, menote.

handcuffs (n) minòt, menòt.

handbag valiz, bous, sak.

handful ponyen, men.

handicap (sports) gabèl.

handkerchief mouchwa.

handle lans, manch; put a handle on manche; remove the handle demanche.

handlebars gidon.

handle-less demanche.

handsaw legoin, goin, goyin.

handshake lanmen; hearty handshake ponyen men.

handwriting ekriti.

hang pandye, jouke; (a person) pann; hang out flannen, pandye; hang up kwoke, koke, pann; hanging around (to get something) anba djòl, anba dan.

hanger (clothes hanger) sèso.

hangover mal makak.

happen rive, pase, fèt; it sometimes
happens konn; what's happening?
ki nyouz?, ki nouvèl? ban-m
boula-ou; happen upon bite sou,
tonbe sou, bare avè, banke sou,
pantan sou.

happy kontan, erèz.

harangue (v) rele abò, rele dèyè.

harass bay chenn, nan dengon,
nan deng, rann san souf,
talonnen; (with questions)
fouye.

hard (not soft) di; (severe) di,
rèd; (adv) di.

hardhat kas.

hardly apenn.

hard-on (erection) bann.

hardship peripesi.

hard working travayan, laboryèz,
vanyan.

harm (v) mal.

harm (v) (by slander, supernatural
forces) manyen.

harmonica amonika.

harmonium amónyòm, amonnyòm.

harmonize asòti.

harness (n) lekipay.

harp (on) chante.

harsh mabyal.

harvest (n) rekòlt, rekòt,
donezon.

harvest (v) rekòlte, kase, keyi,
degrape.

harvestfish (Peprilus paru)
kanna.

hasard aza, chans.

haste (n) anpresman, dilijans.

hat chapo; derby hat konma, kòma;
straw hat panama.

hatch (v) kale.

hate (v) rayi, pa vle wè.

hateful rayisab.

haughtily angranman.

haughty angran, aristokrat,
odsid, odsi.

haunted ante.

have genyen, gen, gan; have to
dwe, dwè, do, gen pou; be had
pran kout ba.

hawk malfini, grigri.

he, him, his li, l.

head (n) tèt, kabòch, kabès;
large head tèt bika; unusual
head tèt kokolo.

head (v) (towards) bay tèt.

headache tèt fè mal, mal tèt;
(fig) salmanaza.

headscarf mouchwa.

headstart gabèl.

headstrong tèt di, rèd, enkoutan, volontè, enkoutab.

heal geri.

health sante, lasante.

healthy an sante, gaya, vanyan.

hear tande; hear again retande.

heart kè, lestomak, lestonmak; (cards) kè; heavy heart kè grenn, gwo kè; kind heart bonkè; palm heart chou palmis.

heartburn zegrè, zègrè.

hearth founo, fouye, fwaye, foye.

hearthstones wòch dife.

heat (n) chalè; in heat an chalè.

heat (v) chofe.

heave ho hepla!

heaven syèl.

heavy lou.

hedonist dejwe, dejwa.

heel (n) talon; high heels talon kitkit.

hefty potorik, manbre; hefty man barak.

heifer gazèl.

height otè, wotè, tay.

heir eritye.

helicopter elikoptè, likoptè.

hell lanfè.

hello bonjou!, bonswa!, bonswè!, alò!

helm ba.

helmet kas.

help (n) èd, lèd, konkou, sekou; help! anmwe!, anmwèsekou!, anmre!

help (v) ede, ende, ride, sekoure, sekouri.

helper èd, lèd, sekretè, segretè.

helpless. make helpless annile.

hem (n) woulèt, oulèt.

hem (v) (hem in) kwense, sènen.

hemstitch jou.

henceforth alèkile, atòkile, apatandojodi.

henhouse depo poul.

her li, manmzèl.

herb fèy; (medicinal herb) bab panyòl; (Momordica charantia) asowosi, asosi, sowosi; (Ocimum gratissimum) atiyayo; (Petiviera alliacia) ave; herb doctor dòktè fèy.

herdsman gadò, gadè, mawoule.

here isit, isi, la, la-a; here and there pasipala; here below (on earth) sou latè beni.

hernia èni; strangulated hernia èni trangle.

herring aran; red herring aransò.

herself li-menm, menm.

hesitant anbalan.

hesitate tatonnen.

hey ey!, hey!, heny!, hany!

hibiscus choublak.

hiccough (n) òkèt, wòkèt.

hick abitan, nèg mòn, awouya;
  pretentious hick abitan dekore.

hide (v) kache, bare, sere; (in
  order to spy) biske; go into
  hiding bwaze, kraze rak, pran rak.

hide-and-seek kachkach, lago kache,
  lago; (in the water) kachkach liben.

high wo, ho, anlè, apik; up high
  anlè.

high-priced (who charges a lot)
  cheran.

high school (public) lise; (private)
  kolèj, kòlèj.

hill (n) mòn.

hill (v) (plants) debite.

hillbilly nèg mòn.

hillock bit.

him li, l.

himself li-menm, menm.

hinder kontrarye, mare pye, mete
  abò.

hinge (n) gon; strap hinge panti.

hint. drop nasty hints voye pwent.

hip ranch; (up to date) kopen.

hire, hired anplwaye.

his li, l.

Hispanic area panyòl.

Hispaniola Sendonmeng.

history istwa, listwa.

hit (n) frap, tap; (in marbles)
  tèk.

hit (v) frape, fwape, tape, teke;
  (game of marbles) teke; hit
  someone for money at an inopportune
  moment sele.

hoarse anwe.

hobble rale, dangoye; (fetter)
  jouke.

hobbling gouyang-gouyang.

hock (n) jarèt, jare.

hoe (n) wou, hou.

hogfish (Lachnolaimus maximus)
  kaptenn.

hoist (v) ise.

hold (n) (of boat) anbalakal.

hold (v) kenbe; hold in place
  kore; hold one's own boule,
  debouye, debwouye, degaje,
  defann; hold out lonje.

hole tou, twou, ouvèti; (in roof)
  goutyè.

holiday fèt; (day off) chonmay, konje.

Holy Spirit Sentespri.

home lakay; at the home of kay, ka;
  anybody home? onè!, onnè!

homework devwa.

homosexual desiskole, masisi,
  madoda, nan metye.

homosexuality desiskole.

honest onèt, onnèt, debyen.

honey siwo myèl; (sweetheart) ti
chat, chou, chè, cheri, choupèt,
chouboulout, kòkòt, koukout,
toutou.

honeycomb gato myèl.

honk (v) klaksonnen.

honor (n) onè, lonnè.

hood (over the face) kagoul; (car)
kapo motè.

hoof zago.

hook (n) (of door) kwochèt, kochèt.

hook (v) kwoke, koke, kochte,
kwochte.

hook-and-eye agraf.

hooky. play hooky fè woul.

hoop sèk.

hop (v) vòltije, ponpe.

hope (n) espwa, èspwa, esperans.

hope (v) espere.

hopscotch marèl.

horn kòn, konn; (of vehicle) klaksonn;
blow a horn kònen.

horse chwal, cheval, chival; come
down off one's high horse desann,
disann.

horseman kavalye.

horsewhip fwèt kach, fwèt pit,
fwèt taye, rigwaz, rigwèz.

hose awozwa; (stockings) ba.

hospital lopital.

hospitalize, hospitalized entène
lopital.

host (Eucharist) losti.

hot (temperature) cho, boule;
(seasoning) pike.

hotel otèl, lotèl.

hound (v) nan dengon, nan deng.

hour lè, è.

house kay; (dilapidated house)
barak; (two-story house)
kay chanmòt, chanmòt; (tin roofed
house) kay tòl.

House of Representatives lachanm.

housework mennaj, menaj.

housing development site.

how ki jan, kouman, konman,
kòman; how are you? ban m
nouvèl-ou, ki jan ou ye?;
how come ki fè...; how far
away nan ki lye; how many konben,
konbyen.

however poutan.

hubbub bouyay.

hubcap kapo wou.

hug (v) anbrase, kwoke, koke.

huge kokenn, kokennchenn, pyès,
papa, manman, mons, tay.

huh en?, hen?; hey!, he!

human being moun, vivan, kretyen
vivan.

humid imid.

humidity imidite.

hummingbird zwazo mouch, wanga-
   nègès.

humor (mood) imè.

humorous komik, rizib.

hump bòs, douk.

hunchback do chamo, bosko, bosi.

hunchbacked bosko, bosi.

hundred san, sant; (approximately 100)
   santèn.

hundredth santyèm.

hunger grangou.

hungry grangou.

hunt (n) lachas.

hunt (v) chase, al lachas.

hunter chasè.

hurl frape, fwape; hurl down
   fese atè.

hurry. in a hurry prese.

hurry (v) fè vit, depeche, degaje,
   kouri, leve pye, prese;
   hurrying to and fro laviwonn.

hurt (adj) blese, bobo.

hurt (v) blese, fè mal.

husband (n) mari, nonm, mouche.

husband (v) menaje.

husk (v) degouse.

hussy larèn, larenn, rèn, renn.

hut joupa, ajoupa.

hydrocele (med) maklouklou,
   madougoun.

hydrogen peroxide dlo oksijene.

hygiene ijyèn, ijyenn, lijyèn.

hymn kantik.

hyphen tirè.

hypocrisy maskarad.

hypocrite ipokrit, ipòkrit, farizyen,
   mòdesoufle, kouto de bò,
   kouto fanmasi.

hypocritically andefas.

hsyteria kriz.

I mwen, m.

ibis ibis.

ice (n) glas.

ice, iced (v) (cake) **dore**.

ice cream krèm; ice cream freezer
soptyè.

ice cube glason.

icepick pik.

icy glase.

I.D. card kat-didantite.

idea lide, ide.

identify idantifye.

identity idantite.

idiot annannant, kannannant, baba,
bèkèkè, enbesil, gaga, kouyon,
kreten, sòt.

idle dezevre, envalib, wazif; sit
idle chita.

idler aladen, aryennafè, zwav.

idol zidòl, idòl.

if si.

ignorance iyorans, liyorans, inorans,
inyorans, fènwè, fènwa.

ignorant iyoran, nan bren; ignorant
of iyore.

ignore vag.

iguana igwann, igwàn.

ill malad; severely ill byen mal.

ill at ease jennen.

ill-bred maledve, malelve, mal
leve, bourik, iyoran.

illiterate pa wè.

ill-mannered maledve, malelve, mal
leve, bourik.

illness maladi.

ill-tempered move.

illustration imaj.

imagine imajinen; imagine...!
ala...!, apa...!

imbecile enbesil, djèdjè, bosko,
joko.

imitate imite, kopye, suiv, swiv.

immature ole, vèt.

immediately an vitès, tousuit,
touswit.

immodest endesan.

immoral. immoral person salòp.

immorality imoralite, limoralite.

impasse. reach an impasse mare
baka.

impatient gen san cho.

impeccable fen, anfòm.

imperiously angranman.

impertinent frekan, radi.

implicate antrave, mete atè.

import (v) enpòte; imported etranje,
enpòte.

importance enpòtans, konsekans.

important enpòtan, konsekan.

impossible enposib.

impoverished pòv, mizerab.

impregnate gwòs, ansent.

impression enpresyon, lenpresyon, efè.

imprison fèmen, anprizonnen.

improve (feel better) reprann.

improvement alemye.

imprudence enpridans.

imprudent enpridan.

impudence radiyès.

impudent angran, anpil, fwonte, radi.

in nan, lan, an, ann, a, dan; in it ladan, ladann.

inasmuch as tank, tan.

incense (n) lansan.

incense (v) (burn incense before) ansanse.

incessantly plede, pede.

inch (n) pous.

incisor dan devan.

incite pouse; (someone against someone) chaje.

inclined (disposed) dispoze.

include. everything included (materials and labor) fèt-e-founi.

inclusively alawonnbadè.

incoherent dekoud.

incompetent enkapab.

inconspicuous fè kò piti.

incorrigible. incorrigible person zo bouke chen.

increase (v) grandi, ranje.

incredulous (sceptical) enkredil.

incriminate enkriminen.

independence endepandans, lendepandans.

independent endepandan; (child) chape.

index finger dwèt jouda.

indian endyen.

indicate endike.

indifferent kè pòpòz.

indigent malere, pòv; indigent person endijan.

indigestible endijès.

indigestion gonfleman, endijesyon.

indignant endiye.

indigo digo.

individual (n) dividi, endividi.

indolent anpetre.

induction coil bobinay.

industry endistri.

inebriated sou, gri, an brennzeng.

inexpensive bonmache.

inexperienced wòwòt, jenn, jèn.

infect, infected enfèkte, enfekte.

infection enfeksyon.

inferior enferyè, enfèyè.

inflammation anflamasyon, enflamasyon,
  iritasyon.

inflate, inflated gonfle.

influential. influential person
  mèt peyi.

inform enfòme, avize; inform on
  denonse; informed okouran, enfòme.

information enfòmasyon, ansèyman,
  ranseyman, ransèyman; (usually
  exchanged in cheating) poul.

infusion (of herbs) te, tizann,
  tizàn.

ingenuous inosan.

inherit eritye, erite.

inheritance eritay, leritay.

initial (letter) inisyal.

initiate. voodoo initiate who is
  frequently possessed chwal;
  initiated by fire (voodoo) kanzo.

initiation ceremony of voodoo boule
  zen.

injection (med) piki.

injure blese, estwopye.

injury malad; injury affecting the
  sternum biskèt tonbe.

injustice abi.

ink (n) lank.

inkwell ankriye.

innertube chanm.

innocent inosan; (uninvolved)
  pa nan be pa nan se.

insane fou.

insect tibèt; (flying insect)
  sizo; (poisonous insect)
  venkatrè; (small insect)
  kokorat; (tiny insect) zege.
  See also names of insects.

inside (n) andedan; (adv + prep)
  andedan, anndan, andidan; put
  inside antre; inside out lanvè;
  (thoroughly) sou de ti chèz,
  kou dlo.

insincerity movèz fwa.

insist (on) reklame.

insole premye, premyè, prenmye,
  prenmyè.

insolence ensolans, radiyès.

insolent ensolan, derespektan,
  odasye, radi, frekan.

inspect enspekte, kontwole.

inspection enspeksyon.

inspector enspektè, kontwolè,
  kontwòl.

install enstale.

installation estalasyon, enstalasyon.

installment (payment) vèsman.

instance fwa.

instantaneously frèt.

instantly rèd.

instead depreferans; instead of angiz,
  olye, pase, tan pou, depreferans.

instep wòs.

instruct enstwi, enstrwi.

instruction enstriksyon,
anseyman.

instrument enstriman, aparèy;
musical instrument (with raspy
sound) graj; (old fashioned)
manniboula; (made of bamboo)
vaksin; (voodoo rhythm instrument)
ogan.

insult (n) malonnèt.

insult (v) joure, lave, sale,
drive.

insurance asirans.

insure, insured asire.

intellectual (n) entelektyèl,
entelektyèl.

intelligence lespri, entelijans,
brenn, bwenn, atansyon,
antansyon.

intelligent lespri, entelijan,
fò; intelligent person bon.

intend vin pou, soti pou,
deyò pou.

intention entansyon; good intentions
bònfwa.

interest (n) enterè; at interest
alenterè.

interested enterese, sou bò, sou.

interesting enteresan.

interfere mele, mete bouch nan.

interference (static) bouyay.

interrogation (the third degree)
sere.

interrupt dekoupe.

intersection kafou, kalfou.

interviewer (research project) anketè.

intestines boyo, trip, afiba,
afliba; intestinal disorder
deranjman.

intimate (adj) entim, byen, ben.

intimidate kaponnen, kraponnen,
wete nanm; (by posing as a
government official) fè chèf.

intimidation kaponnay, kraponnay,
kaponnaj, kraponnaj.

intrigue gagòt.

introductory formula (folk stories,
riddles) krik! krak!

invade anvayi.

invalid (sick person) maladi, malad.

invasion envazyon.

invent envante.

invention envansyon.

inverse (lottery number) revè.

invest envesti.

investigation ankèt.

investigator anketè.

invisible envizib.

invite envite.

involved mele; involved ann
afè, mele.

irascible chimerik.

iron (n) (Fe) fè; (clothes) fè;
scrap iron feray.

iron (v) pase; (hair) repase.

ironing board planchèt.

ironing woman repasèz.

irregularity defòmasyon.

irresponsible lenkonduit;
  irresponsible person tchansè,
  dejwe.

irritable rechiyan, an denmon,
  chimerik.

irritate irite, agase, nève, enève,
  nui, nwi, anmède, anmègde;
  irritated eksite, èksite, irite,
  myèl, nève, enève; I get
  irritated... san-m manje m.

irritating anmèdan, anmègdan,
  enèvan, nèvan, agasan.

irritation iritasyon.

island il, lil, zil, zile.

isolated izole, dekonnekte.

issue (bring out) mete deyò.

it, its li, l.

itch (n) demanjezon, gratèl,
  pikotman.

itself li-menm, menm.

jab (that a rooster gives with its spur in a cockfight) swèl.

jabber (n) palab.

jack (n) (cards) valèt, vale, djak; (tool) djak; jacks (played with small bones) oslè; turn jacks bat oslè.

jack (v) (jack up a car, etc) djake.

jacket. suit jacket vès, levit, palto; long jacket touyelanp.

jackpot gwo lo, djapòt, dyapòt.

Jacmel Jakmèl.

jail (n) prizon.

jail (v) anprizonnen.

jalopy bogòta, gwagwa, bogi.

jam (preserves) konfiti; get out of a jam degaje, depetre.

January janvye.

jar (n) bokal; (earthenware) ja, dja, kannari, kanari.

jasmine jasmendenwi.

jaundice lajonis, lajonnis.

jaunt (stroll, drive) vire.

jaw machwè, machwa.

jawbreaker (candy) boulsenlo.

jealous jalou.

jealousy jalouzi.

jeans abako.

jeep djip, dilijans, karyòl.

jelly jele.

jellyfish lagratèl, gratèl.

Jérémie Jeremi.

jerk (n) sakad, chikin.

jerk (v) (someone off the ground by the seat of his pants) djake.

jersey mayo.

jest (n) jwèt; in jest an jwèt.

Jesus Jezi, Jezikri.

jet (airplane) djèt.

Jew jwif.

jewelry bijou.

jib djip.

jiffy de tan twa mouvaman; in a jiffy an sis kat de.

jiggle (n) chikin, sakad.

jiggle (v) chikin.

jigsaw (v) chantonnen.

jinx (n) giyon, pichon.

jinx (v) limen chandèl dèyè.

job travay, djòb, dyòb, plas; temporary job debouyay, djòb, dyòb; do a bad job bay bouden.

jobber (someone who works by the job) djòbè.

joggle (v) chikin.

join jwenn.

joint (plumbing) jwen, rakò, akò.

joke (n) blag, rans, fab, jwèt,
plezantri; (trifling matter)
blag; jokes odyans.

joke (v) blage, plezante, betize,
ranse.

joker (one who likes to joke)
blagè; (frivolous person) ransè,
majigridi.

jolt (v) sakade.

journey (n) vwayaj, trajè, wout,
travès.

joy jwa, lajwa.

judge (n) jij.

judge (v) jije.

judgement jijman.

jug dalmari, danmari, damari.

juice ji, dlo; soursop juice bouboul,
boulboul, boubouy; sugar cane juice
diven kann.

juke box bidjonnèl, bidjònèl.

July jiye, jiyè.

jumbled mongonmen.

jump (n) elan.

jump (v) sote, vòltije; jump on a
moving vehicule fè esprès; jump rope
sote kòd.

June jen.

junior year (high school) segond,
segonn.

junk (n) debri, tchanpan, tyanpan;
junk food zagribay; junk shop
melimelo.

just (fair) jis; (right) jitim,
lejitim; (barely) apenn;
to have just fèk, sot, sòt,
annik, nik; just like kouwè,
konwè.

justice jistis.

karate karate.

keel ki, dèsten.

keep gade, kenbe; keep away asteni,
egzante; keep on chita, kontinye,
kontinwe; kept man tchoul.

kepi (military cap) kepi.

kerosene gaz.

kettle bonm, digdal.

key kle.

keyhole seri.

khaki kaki.

kick (n) kout pye.

kick (v) voye pye, tire pye; kick
out mete deyò; kick the bucket
(die) ale bwachat, voye chapo anlè
galta, voye chapo.

kid (n) (child) babouzi, katkat,
ti katkat, santi-pise.

kid (v) plezante; no kidding! pa di
sa!

kidney ren.

kill touye, tiye, tye, tchwe, fè
disparèt, voye nan peyi san chapo;
(by magical means) pike.

killing (exhausting) pete fyèl.

kimono kimono.

kind (type) jan, espès, kalite,
kalte; (adj) janti; be kind
fè bèl.

kindergarten anfanten (en, de),
anfantin (en, de).

kindness jantiyès, bonte.

king wa; king of the barnyard
sèl kòk chante.

kinky (hair) kwòt.

kiosk kyòs.

kipper aranbarik, aransèl.

kiss (n) bo, bobo.

kiss (v) bo.

kitchen kizin, lakizin.

kite kap.

kitten tichat.

knapsack brisak.

knead petri.

knee jenou, jounou, jennou, kakòn
jenou.

kneel (v) mete ajenou.

kneeling ajenou.

knife kouto; knife grinder (person)
filè kouto.

knitting triko.

knock (v) frape, fwape; knock clean
(a pipe) deboure; knock down fese
atè; knock out degrennen, blayi.

knocking frapman.

knot (n) ne.

know konnen, konn; (be acquainted)
rekonèt, rekonnèt, konnen, konn;
not to know iyore.

know-it-all granfòma, granpanpan.

knowledge konesans, konnesans, bèt;
deepen one's knowledge pran bèt.

lab laboratwa; lab coat blouz.

label (n) etikèt, letikèt.

laboratory laboratwa.

laborer (unskilled) mannèv.

lace (n) dantèl.

lace (v) lase.

lack (n) mank, rate.

lack (v) manke, anpàn.

lackey (sycophant) souflantchou.

lacking manke.

ladder nechèl, nèchèl.

lady madanm, dam, danm, mis; (social position) gran dam; young lady demwazèl, demrazèl; ladies medam; young ladies ti medam; ladies and gentlemen mesyedam.

La Gonave (island) Lagonav.

lake lak.

lame (hand) pòk.

lamp lanp; oil lamp (made with a tin can) lanp tèt gridap, lanp bòbèch, lanp tèt bòbèch.

lampshade abajou.

land (n) tè.

land (v) ateri.

landholding (of family) bitasyon, abitasyon.

landlady (of boarding house for students) korespondan.

landowner (big landowner) bacha, pacha, don, dony, dwany.

language lang; mystical language (voodoo) langay, langaj.

languid mou.

languorous mouran.

lantern fannal, fanal.

lap (v) niche.

lard la, mantèg.

large gwo; grow larger gwosi.

Lascahobas Laskaobas.

last (adj + n) dènye, dennye; (week, year etc) pase; (adv) an dènyè; last time lafwa pase, lafwa dènye; at last anfen, resi; last-born child kras vant.

last (v) dire.

latch, latched (v) take.

late ta, anreta; stay late mize.

later pita.

latrine latrin, watè; latrine cleaner bayakou.

laugh (n) eklari.

laugh (v) ri, griyen dan, griyen; (laugh excessively) rikannen; (double up laughing) mete vant atè pou ri; laugh at ri, bay chalè, bay chenn, moke, pase nan betiz, mete nan betiz, pase nan jwèt, pase nan tenten.

laughter eklari.

launch (n) (boat) chaloup.

launch (v) (someone on an endeavor) bay fil.

laundress lavandyèz, lesivyè.

laundry (dirty clothes) lesiv;
  (establishment) blanchisri,
  blanchisi.

law lwa, lalwa; (subject of study)
  dwa; Law lajistis; Law school dwa.

lawn gazon.

lawsuit pwose, ka.

lawyer avoka, mèt.

lay (an egg) ponn.

layer kouch.

layette leyèt.

laziness parès.

lazy parese.

lead (Pb) plon; (position) devan,
  douvan; (of pencil) min.

lead mennen, kondi, kondui.

leader, born leader chèf kanbiz.

leaf fèy.

leaflet trak.

leaky koule.

lean (v) (slant) devye,
  lean on panche sou, apiye sou;
  lean back kage; stop leaning
  dezapiye.

leap (n) va, vap.

leap (v) sote.

learn aprann.

lease (n) fèm.

lease (v) anfèmen.

least mwenn; at least
  manyè, menyè, mèyè, omwen,
  omwens.

leather kui, kwi, tchwi, po.

leave (v) kite, ale, pati, flay,
  vire do, vire, vole, mete deyò,
  sove, bat zèl, chape poul, chape
  kò, derape; (under pressure)
  anbake; (hurriedly) deboulinen
  soti.

leaven (n) leven.

lecture (n) konferans.

leech (n) sansi.

leek powo.

left (direction) agoch, agòch;
  left and right (in all directions)
  adwat agòch.

left-handed goche, gòche.

leftovers rès, lasibab.

leg janm; (of lamb, goat) jigo.

legitimate lejitim, jitim, jis.

leisurely kè pòpòz.

lemonade limonad, limonnad.

lend prete, sede.

length longè.

lengthen lonje, alonje, ralonje.

Lent karèm.

Léogâne Leogàn, Leyogàn, Leogann,
  Leyogann.

leprosy lèp.

lesbian madivinèz, madivin.

Les Cayes Okay.

lessen bese.

lesson leson.

let (permit) kite, te, pèmèt,
admèt; let go lage; let out
lage.

lethargic anpetre, manfouben,
mòlòkòy, mòyckòy; lethargic
person kòkraz, manfouben.

letter lèt.

lettuce leti.

level (adj) onivo, nivo; (tool)
nivo.

level (v) aplani, plani, planni.

levelheadedness lòlòj, lòlòy.

lewd endesan.

liar mantè.

Libera (funeral responsory) Libera.

liberty libète; take liberties
pèmèt, antre sou.

library biblyotèk, bibliyotèk.

license (n) lisans, patant.

lick (v) lanbe, niche.

licorice legliz.

lid kouvèti.

lie (n) (falsehood) manti, mantò.

lie (v) (tell lies) manti; make
someone lie fè bouch; lie down
kouche.

lieutenant lyetnan.

life lavi, vi; for life avi.

lifeless mò.

lift (n) (free ride) wou lib.

lift (v) leve.

light (adj) (weight) lejè; light
as a feather pay, fay; (bright)
klere, get light klere; (color)
klè.

light (n) limyè.

light (v) limen, ouvè; (light a
fire) sanble dife; (light a
candle and pray) liminen; light
up klere.

light bulb anpoul, limyè.

lighter (cigarette lighter) brikè.

lighthearted anpenpan.

lightning zeklè, zèklè.

lightning bug koukouy, koukwi.

like (prep) kou, kon, kouwè,
konwè, tankou, tank, kankou,
parèy; like that konsa.

like (v) renmen, ancheri; like it
or not vle pa vle, ve pa ve,
ve ou pa.

likeable emab, fasil.

likely to san lè.

lima bean pwa souch, pwa chouch.

limb (arm, leg) manm.

lime (Citrus aurantifolia) sitwon;
(calcium oxide) lacho.

limeade sitwonad, sitwonnad.

limit (n) limit, lemit.

limit (v) bòne, bònen.

limp (v) bwete, bwate, brete, gondole.

limping gouyang-gouyang.

line (n) liy; starting line opa.

line (v) (a garment) double; line up (align) aliyen.

linen. fine linens finès.

linguistics lengwistik.

lining doubli, doub.

lion lyon.

lips po bouch.

liqueur likè; (kind of native liqueur) sele-bride.

liquid dlo.

lisp (v) pale sou lang.

list (n) lis.

listen (to) koute, tande.

listless molas.

liter lit.

litter (n) (of animals) pòte.

little ti, piti; a little (some) enpe; a little (adv) manyè, menyè, mèyè; little by little pezape, lit-lit, an ti pislin; little at a time an ti pislin, lit-lit.

live (v) (exist) viv; (inhabit) rete, ret, abite; (live far away) rete wo; live from hand to mouth dole, dangoye, pyange; live together (common-law marriage) plase, etabli, akonpli.

livelihood lavi.

lively cho, djanm, eksite, èksite, egzat, mouvmante, vivan.

liver (organ) fwa; (of animal) fwa di, fresi.

living (alive) vivan; (livelihood) lavi; make a living chache lavi.

living room salon, lasal.

lizard mabouya, soud.

load (n) chay, chaj, chajman; (transported in one trip) vwayaj.

load (v) chaje; loaded blende, chaje.

loaf (v) flannen, kalewès, valkande, valkanse, valkannen.

loafer (person) drivayè, drivayèz, flannè, yenyen, nyennyen.

loan (n) (at exorbitantly high interest) ponya.

lobster wonma, woma.

lock (v) klete.

locust tree tchatcha.

loft grénye, galta, galata.

logwood (tree) kanpèch.

long long; long time dat; as long as tout tan, toutan; a long time ago se jodi, se dat, kijodi, bèl driv; for a long time lontan, se jodi, se dat.

longstanding ansyen, vye.

look (v) gade, gad; look and see gade pou wè; look for chache, chèche, bouske, boske.

loony loke.

loop-the-loop loupin.

loose lach, detache; (fluid, flexible) likid; (morally) lib; loose woman awona, bouzen, epav, manman kòdenn, rat, akreke, vakabòn, vagabòn.

loosen lage, desere.

loot (v) debalize.

looter piyajè.

Lord have mercy gras lamizèrikòd!

lose pèdi; lose out bwè luil; lose with good cards bourik ak kat las.

loser lepèdan.

loss pèt, pèd.

lost pèdi, anfouye; get lost (leave) efase, bat zèl, bay lè, bay talon, òltègèt; get lost! eskize ou la-a!, efase ou la-a!

lot. a lot (adv) anpil, di; (a lot of) anpil, bonkou, yon pakèt, yon bann, yon dal, yon bokit, yon bitasyon, yon abitasyon, yon brigad, yon chay, yon dibita, yon digdal, yon flo, yon divizyon, yon foul, yon ta, yon kantite, yon katafal, yon kolonn, yon latriye, yon makòn, yon rado, yon tay, yon rejiman, yon volim, yon voum.

lotion krèm; (foul smelling lotion used to keep people away) kanpelwen.

lottery lotri; (privately owned) bòlèt; lottery number bi; lottery ticket seller biyetèl, biyetè; place lottery tickets are sold bank bolèt.

loud fò, eskandalè, eskandalèz.

loudly fò.

loudmouth palabrè.

loudspeaker opalè.

louse (lice) pou, karang.

love (n) lanmou; in love with damou pou, renmen avèk; fall in love with tonbe pou; make love fè bagay, fè, koupe, taye; my love badyo.

love (v) renmen, damou, danmou.

lover (male) anmore, amoure, nonm; (female) anmorèz, amourèz; (illicit) amannkè, amandkè, sou-kote.

lovesickness mal damou.

low ba.

lower (v) desann, disann, bese.

Lucifer Lisifè.

luck (good luck) chans; bad luck malchans, devenn, giyon, pichon; bring luck bay chans; bring bad luck giyonnen; try one's luck once more fè yon bèk.

lucky chanse, gen chans, fèt ak kwaf.

luggage. luggage rack platfòm.

lukewarm tyèd; become lukewarm tyedi; make lukewarm detyedi, tyedi.

lull (n) kalmi, akalmi.

lump (n) boul.

lumpy grennen.

lungs (of animal) fwa mou.

lurk alawonyay.

lush (drinker) tafyatè, bresonyè,
bwèsonyè, bwasonyè, gwògmann,
gwògmàn.

ma'am madanm, mis, dam, danm.

machete manchèt, fèman, koulin.

machine machin, aparèy; slot machine djapòt, dyapòt.

machine gun mitrayèz, mitrayèt.

macho matcho, kòk lakou.

madness foli.

maestro mayestwo.

magic (n) maji; (adj) monte, moute; adept in magic pwofonde.

magical monte, moute; magical procedure fetich; endowed with magical power monte, moute.

magistrate majistra.

magnet leman, lèman.

Magnificat Manyifika.

magnifying glass loup.

mahogany kajou, akajou.

maid (servant) bòn; old maid vyèy fi; coquettish old maid darati kon sye, darati; maid of honor marenn, marenn nòs; (used only by the best man) makòmè, kòmè; serve as maid of honor at a wedding batize.

mail (n) lapòs.

mail (v) poste.

mailman faktè.

mainstay (chief support) poto mitan.

maize mayi.

major (commissioned officer) majò.

majority majorite.

make fè; make up (become reconciled) rekonsilye; made fèt.

make-believe an jwèt.

malaise deranjman.

malanga fritter akra.

malaria malarya, lafyèv frison, palidis.

male mal; (man, boy) gason.

malevolent malvèyan.

malicious pès; malicious person sèpida.

mallet mayèt.

man nonm, òm, zòm, msye, misye, mouche, gason, nèg; (mankind) lòm; (husband) nonm; (in checkers) pyon; men mesye; young man ti nèg, jennjan; young men ti mesye; old man tonton; ladies' man kòk lakou, matcho; best man (at wedding) parenn; serve as best man at a wedding batize.

manage (direct) administre; (cope) defann, boule, degaje, debouye, debwouye, beke, bege.

manager bòs, patwon, chèf.

maneuver mannèv.

manger scene krèch.

mango mango, mang; rotten mango mango merilan.

manioc manyòk.

mankind lòm, lèzòm, lezòm.

manner mòd, jan; manners mannyè, lizay, lizaj; good manners edikasyon, ledikasyon, endikasyon; forget one's manners bliye kò.

mannerism (put-on mannerisms of boasters) gran devire.

mansion batisman, chato.

manure fimye.

many anpil, bonkou, yon pakèt, yon bann, yon dal, yon bitasyon, yon abitasyon, yon bokit, yon brigad, yon chay, yon dibita, yon digdal, yon divizyon, yon flo, yon foul, yon kantite, yon katafal, yon kolonn, yon lame, yon latriye, yon makòn, yon rado, yon rejiman, yon ta, yon tay, yon volim, yon voum; as many mezi; how many konben, konbyen; so many konben, konbyen.

map (n) kat; (of landholdings) kadas.

maquis rak, mawon.

maraca tchatcha.

marble (limestone) mab; (toy) mab, biy; marbles (game) mab; ace marble player maton.

March mas.

march (v) defile.

Mardi Gras kanaval, madigra; rural Mardi Gras rara; Mardi Gras characters chaloska, bonmas, lamayòt, madigra; Mardi Gras band bann; Mardi Gras float cha madigra, cha; (wild dancing in the street at the end of Mardi Gras) koudyay.

mare jiman.

marinate marinen, tranpe.

marine (sailor) maren.

mark (n) mak; beauty mark siy, sin.

mark, marked (v) make.

market (n) mache.

marmelade konfiti.

marriage maryaj, maryay; common law marriage plasay, plasaj.

marrow mwèl.

marry marye, akonpli; married marye; get married to marye avèk; get married (civil ceremony) pase papye, marye sivil.

marsh. salt marsh salin.

marshmallow plant (Althoea officinalis) gilmov, gimòv.

martyr (v) (torture) matirize.

martyrdom (suffering) mati.

mask (n) mas.

mask, masked (v) maske, degize.

mason (n) mason.

mason, masoned (v) masonnen.

mass mès, lamès, lanmès.

massacre, massacred (v) masakre.

massage (n) masaj, masay.

massage (v) rale, friksyonnen.

massive masif.

mast ma.

masturbate bat laponyèt.

masturbation dyesèlmevwa.

mat (n) nat; straw mat atèmiyò.

match (game) match; matches
   alimèt, zalimèt.

match (v) marye, koresponn, kadre,
   asòti.

mate (v) akouple, kwaze, kouvri.

materials (for construction)
   materyo; (wattle construction
   material) klisay.

mathematics matematik.

matinee matine.

matter (n) matyè.

mattress matla; (rags used as
   mattress) kòt; mattress maker
   matlasye.

maturity matirite.

mausoleum mozole.

May me.

may (permission) mèt, andwa.

maybe petèt, pètèt.

me mwen, m.

meal (repast) repa.

mean (adj) mechan, michan; be mean
   to chawonyen.

mean (v) vle di; I didn't mean to
   do it se pa fòt-mwen.

meander valkande, valkanse, valkannen,
   drive, drivaye.

means (n) mwayen, fakilte, fason,
   dekwa.

meanwhile etan la, antretan,
   annatandan.

measles lawoujòl, saranpyon.

measure (n) mezi; tape measure mèt
   à koulis, dekamèt.

measure, measured (v) mezire; (in
   45" lengths) lonnen.

measurement mezi.

meat vyann, chè; stew meat dòb;
   dried meat (seasoned and grilled)
   taso.

mechanic (n) mekansiyen.

mechanics mekanik.

medal meday; award a medal medaye.

meddle mete bouch nan.

meddler kontwolè.

medicine medikaman, medsin; medicine
   to prevent swelling bouldimas.

meet (make the acquaintance of)
   rekonèt, rekonnèt; (encounter)
   kontre, rankontre, jwenn; (by
   chance) bite sou, tonbe sou, bare
   avè, banke sou, pantan sou.

meeting randevou, reyinyon, mitin,
   miting, rankont.

melancholy sonm.

melody lè.

melon melon; (yellow variety)
   melon frans.

melt, melted fonn.

member manm; (member of the military)
   militè; (member of "bizango" group)
   bizango.

membrane (of meat) vlen.

memory memwa, menmwa, souvni.

menstruation règ, peryòd, mwa,
  kwasans, ti wòz.

meow myaw.

merchandise machandiz.

merchant konmèsan, kòmèsan.

merciless pwenn fè pa.

mercilessly pwenn fè pa.

mercy mizèrikòd; Lord, have mercy!
  gras lamizèrikòd!

meringue (rhythm, dance) mereng.

mess (n) (disorder) melimelo,
  dezòd, gagòt; (difficulty)
  difikilte, boulvès, resif,
  tyouboum; make a mess of
  tchaktchak, pachiman.

mess (v) mess up degaye.

message mesaj, komisyon.

messenger komisyonnè, konmisyonnè.

Messrs. mesye.

messy degaye, malpwòp.

metal (n) metal; (adj) metal, metalik;
  (cheap gold colored metal) krizokal,
  krizo.

metallic metalik.

meter (n) (measure) mèt; meter stick
  mèt.

middle mitan.

middle-aged andezay, antdezay.

middleman koutye.

midnight minwi, minwit, minui,
  minuit.

midwife fanmsay, sajfam.

migraine mal tèt, tèt fè mal.

mildewed kanni.

military. military headquarters
  kazèn.

militiaman milisyen.

milk (n) lèt.

milk (v) tire.

milk of magnesia manyezi.

mill (n) moulen.

millet pitimi; millet candy
  bougonnen.

mind. make up one's mind fè
  definisyon.

mine (n) (explosive) min.

mine (v) (dig) minen.

miniskirt minijip.

minister (government) minis.

minor (kid) minè, ti minè.

mint mant.

minus mwen, mwens.

minute (n) minit.

miracle mirak.

Mirebalais Mibalè, Mirbalè.

mirror (n) glas.

misbehavior dezòd.

miscarriage foskouch.

mischievous (child) malfezan.

misconduct imoralite, limoralite.

misdeed zak.

miser jwif.

miserly ava.

misery mizè, lanmizè, pasay, flo.

misfortune malè; misfortune is
   imminent malè pa mal.

mismatched depaman.

misplace, misplaced anfouye.

miss (n) (young lady) manmzèl;
   Miss Manzè; (act of missing the
   ball) flay.

miss (v) rate, manke.

mission misyon.

missionary misyonè.

misspelling fot.

mist (n) (rain) seren.

mistake (n) erè, lerè, foub, twonpri,
   mank.

mistaken twonpe.

mistletoe gi.

mistreat maltrete, malmennen,
   dekreta, chipote.

mistress metrès, fanm deyò, fanm, fanm
   sou kote; principal mistress fanm
   kay.

mistrustful demefyan, mefyan,
   veyatif, veyatik.

mix (n) melanj, dòz.

mix (v) mele, melanje, (drink,
   medicine) konpoze; (associate
   with) mele, siye, siyen, sèvi;
   mix up (confuse) bwouye;
   mixed up mongonmen.

mixture melanj, dòz.

moan (v) plenn.

mock (v) chare, moke, ri, pase nan
   jwèt, pase nan tenten, pase nan
   betiz, mete nan betiz, bay chalè,
   bay chenn.

model (n) modèl.

modern modèn.

modest senp.

moisten, moistened mikte.

molar dan pilon.

molasses melas.

mold (n) (form) moul; (for
   pouring cement) dal planche.

moldy mwazi, kanni.

moment moman, lè, kadè, ti kadè;
   in a moment talè, titalè,
   toutalè; a moment ago talè-a,
   titalè-a, toutalè-a.

Monday lendi.

monetary unit (US $.20) goud, pyas;
   (1/4 of a "goud") gouden.

money kòb, lajan; get money from
   frape bank.

mongoose woulong.

monitor (n) siveyan.

monkey makak.

monkeyshines grimas, makakri.

monster mons.

mons veneris do koko.

month mwa, mwad.

moo begle.

moocher reskiyè.

mood imè; in a bad mood mabyal;
in a good mood sou san.

moon lalin; full moon plenn lin.

morale moral.

morals prensip.

more plis, pi; (have more than
meets the eye) kont kò; more than
plis...pase, pi...pase; the
more...the more plis...plis,
dotan; not any more pa...ankò.

moreover dabò.

morgue mòg.

morning maten, matine; in the
morning di maten; from morning till
night dimatenoswa; good morning!
bonjou!

mortar (mortar and pestle) pilon;
(building material) mòtye.

mortgage, mortgaged poteke.

mortise (n) montwaz.

mortise (v) montwaze.

mosquito moustik, marengwen, bigay,
bonbonfle; mosquito net
moustikè.

moss limon.

most pifò, plis.

moth papiyon.

mother manman; new mother ti
nouris; nursing mother nouris;
mother superior mè, mamè.

mother-in-law bèlmè.

mother-of-pearl nak.

motor motè.

motorcycle motosiklèt.

mottled bigarèt, pant.

mou-mou moumou, karako, varèz.

mound (n) bit.

mountain mòn, montany, moutany.

mourning dèy.

mouse sourit.

moustache moustach, bigote, bigòt.

mouth bouch; (of animals)
djòl, dyòl; (of a river) bouchi.

mouthful bouche.

mouth-watering djòl lolo, djòl
loulou.

move (n) make a move woule kò.

move (v) deplase; (affect emotionally)
touche, briding, brideng, bridenm;
(to a new grazing area) chanje;
(become active) mabouya; (change
residence) bwote, debagaje; move
in bwote vini; move over gouye kò;
get (a vehicle) moving balanse;
moved (emotionally) touche.

movement mouvman; sudden movement ra;
jerking movement (used with kite,
bicycle) zikap.

movie fim.

mow (a lawn) debaba.

Mr. Msye, Misye, Mouche.

Mrs. Madan.

much anpil, bonkou, yon pakèt, yon
bann, yon dal, yon bitasyon, yon
abitasyon, yon bokit, yon chay,
yon dibita, yon digdal, yon
divizyon, yon flo, yon ta,
yon kantite, yon katafal, yon
lame, yon latriye, yon tay, yon
volim, yon voum; as much mezi;
so much tèlman, sitèlman, tank,
tan; too much twòp.

mud labou.

muddle (v) gaga; muddled ebete,
enbete, gaga.

muddy twoub.

mud puddle tchaktchak.

mug (n) gode, gòdè, gòdèt.

mulatto (man) milat; (woman)
milatrès; (kind of mulatto)
chabin dore, chabin.

mule milèt.

multicolored bigarèt.

multiplication miltiplikasyon.

mumble (v) mamòte, mamonnen.

mumbling nan dan, anba dan.

mumps mal mouton.

murder (v) ansasinen, sasinen.

murderer ansasen, asasen.

murky twoub.

muscle mis; pectoral muscles
pektowo, pekto.

muscleman barak.

muscular manbre, potorik.

mushroom djondjon, dyondyon.

music mizik; (music indicating
the last dance) bonswa dam.

musician mizisyen; rock musician
djazmann.

muslin syanm.

muss, mussed (hair) depenyen.

must dwe, dwè, do, gen pou.

mustard moutad.

musty rabi.

mute (adj) bèbè.

mutilate ansasinen, sasinen,
masakre.

muzzle mizo.

my mwen, m.

myself mwen-menm.

mystery mistè.

nail (n) klou; remove nails
dekloure, deklouwe.

nail (v) kloure.

naive inosan, egare, bay-bwè;
naive person bonnas.

naked ni, toutouni, touni.

name (n) non.

name (v) rele.

nap asoupi; take a nap kabicha.

napkin sèvyèt; (paper) nakin.

naris tou nen.

narrow etwat, jennen.

narrow-minded bòne, bònen.

national nasyonal.

native natifnatal, natif.

nativity scene krèch.

natural natirèl; natural look (hair)
tiyas, tinyas.

naturally natirèlman.

nature (character) nesans.

naughty mechan, michan.

nausea endispozisyon.

nauseous. make nauseous dekonpoze,
endispoze.

navel lonbrik, lonbrit, nonbrit.

near (adv) pre; (prep) pre, kote,
kot, bò, bò kote, raz.

nearly manke, prèske, bata, vanse.

necessary nesesè, nèsèsè; it
is necessary that fòk, fò.

necessity nesesite, nèsèsite.

neck kou; stiff neck zekourèl.

necklace kolye, chenn kou.

neckline (plunging neckline)
dekòlte; (having a high
neckline) kòlte.

necktie kravat, kòl.

need (n) bezwen.

need (v) bezwen, mande, merite.

needle (n) egui, egwi, zegui.

neglect, neglected neglije.

negligence neglijans.

negligent neglijan.

neigh (n) hihan.

neigh (v) ranni.

neighbor vwazen, vrazen, vwazinaj,
pwochen; (female) vwazin, vrazin,
vwazinaj.

neighborhood katye, blòk, zòn,
vwazinay, vwazinaj.

neither...nor ni...ni.

nephew neve.

nerve nè.

nervousness nè.

nervy dechennen.

nest (n) nich.

net (n) filè; fish net sèn, privye;
cast nets (fish) sennen.

nettle bouziyèt, breziyèt.

never janm, janmè, janmen, pa
janm.

nevertheless kanmenm, kanmèm,
poutan.

new nèf, nouvo; (inexperienced) jenn,
jèn; what's new? ban m boula-ou,
ki nyouz?, ki nouvèl?

New Year nouvèl ane; happy New Year
larezonnen; New Year's Day joudlan.

New York Nouyòk, Nyouyòk.

news nouvèl, degenn.

newspaper jounal.·

next pwochèn, pochèn, lòt.

nibble (v) wonyen, fè lasisin.

nice dou, janti.

nickname non jwèt, non gate, ti non.

niece nyès.

night nuit, nwit, lannwit, lannuit,
nannwit, nannuit; dead of night
gwo lannwit; good night! bonswa!,
bonswè!; last night yè oswa, yè
swa; sleepless night nuit blanch.

night club nayklèb.

nightingale wosiyòl, resiyòl.

nightmare kochma.

night owl (person) jamèdodo, bèt
seren.

nightshade (Solanum nigrum americanum)
lanman.

nightstand tabdènwi.

nine nèf, nev.

nineteen disnèf.

nineteenth disnevyèm.

ninetieth katrevendizyèm.

ninety katrevendis, katrevendiz.

ninth nevyèm, nèvyèm; ninth grade
katriyèm.

nipple (breast) bouton tete;
(bottle) tetin.

no non, now, en-en, en-hen, an-an.

nobody pèsòn, pèsonn, pèkseswa;
(insignificant person) sendenden.

nod off bay kout tèt.

no-good deryen.

noise bri, bwi; (disdainful noise
made with the mouth) tuipe, tuip,
kuipe; (noise made while eating)
yanm; (chopping noise) tchap;
(noise of snatching an object)
rap; (noise chicks make) piyanp.

nonchalant kòkòtò.

none (of them) yoyoun.

nonsense tenten, tentennad, betiz,
radòt; talk nonsense radote,
ablakasteyann, deraye, depale,
ranse.

nook rakwen.

noon midi.

no one pèsòn, pèsonn, pèkseswa.

nor ni, nitou.

normal nòmal, lejitim.

north nannò, nò.

northern nò.

nose nen, zèl nen.

nosy atoupwèt, fouyapòt, friyapòt,
fouyadò, tripòt, tchòtchòwè;
nosy person anbadjòl, atoupwèt,
tripòt, tchòtchòwè.

not non; not at all pa...ditou;
not either nonplis, nitou; not
only non sèlman.

notary public notè, nòtè.

notch (n) antay.

notch (v) filange.

note (written message) nòt, biye,
biyè; (commentary) nòt; (musical)
nòt.

note (v) (notice) note, remake.

notebook kaye.

nothing anyen, aryen; nothing at all
pèt, mwèk, blenndeng, pèpap; for
nothing (without pay) pou granmèsi;
all for nothing! bichi!

notice (n) avi.

notice (v) remake, note, apèsi.

notify avèti.

notorious repite.

nourish, nourished nouri.

nourishing nourisan.

November novanm.

novena nevèn, nevenn.

novice (uninitiated voodoo
participant) ousi bosal.

now koulye-a, kounye-a, kounye-la-a,
atò; (reinforcing an imperative)
non!; from now on apatandojodi;
now and then tanzantan,
detanzantan.

nowadays alèkile, atòkile.

nude ni, touni, toutouni.

nuisance nuizans, nwizans; (person)
pongongon.

numb angoudi.

number nimewo, limewo; (symbol)
chif.

nun sè, mè, mamè.

nurse (n) mis, enfimyè; wet nurse
nouris.

nurse (v) (take nourishment from
breast) tete.

nursery (horticulture) pepinyè;
nursery school jaden danfan; day
nursery krèch.

nut (screws onto bolt) ekwou.

nutmeg miskad.

nutritious fòtifyan.

nuts (crazy) varye.

nylon nayilonn.

nymphomaniac konyapis.

oak bwatchenn.

oar zaviwon.

oat. oats avwàn.

oath sèman.

oatmeal avwàn.

obedient obeyisan.

obese person mapotcho, patat si.

obey obeyi, tande.

obligation devwa, obligasyon.

oblige oblije, blije, bije;
  obliged sètoblije, oblije, blije,
  bije.

obliging sèvyab.

obnoxious vye, degoutan.

obscenity demoyiz, betiz, jouman, gwo
  mo.

obsequious flatè; obsequious person
  flatè, lanbè, chen, chyen.

observe obsève.

obsessed malad.

obstacle resif.

occupation okipasyon, djòb, metye,
  pwofesyon.

occupied (busy) okipe.

o'clock è.

October òktòb.

odds and ends kenkay.

odor odè, sant.

of de, d, a; (made of) an,
  ann.

offal tripay.

offended estonmake, estomake.

offer, offered (v) ofri.

offering (collection in church)
  lakolèt, kèt.

office kabinè, biwo; principal's
  office direksyon.

officer ofisye.

official (adj) ofisyèl; government
  official chèf.

off-season mòtsezon.

often souvan.

oh (surprise, disapproval) o!, rete!,
  adye!

oil (n) luil, lwil; aromatic
  oil luil esansyèl.

oil (v) grese, grèse.

oilcloth prela.

ointment longan.

okay oke, antandi, dakò, kòm
  nou dizon.

okra kalalou, gonbo.

old gran, granmoun, vye, aje,
  ansyen; older than one looks
  rèk; old person granmoun, darati;
  old man lepè; old maid vyèy fi;
  grow old vyeyi.

oleander (Nerium oleander) lorye.

olive (Antilles wild olive) doliv.

omelet lanmilèt, anmilèt.

on (prep) sou, anwo, **nan**, lan;
(turned on) ouvè, limen.

once yon fwa, yon lè; at once
tousuit, touswit,
sanzatann.

one (pro) youn; (adj) yon, in, en,
enn; (they) moun, yo; one on
top of the other, one after the
other pil sou pil.

oneself. by oneself pou kont, pou
kò.

one-way, one-way street sans-inik.

onion zonyon.

onlay. gold onlay eklis.

only sèl, sèlman, senpleman, ase,
annik, nik.

oodles (a great quantity) milyon-ven.

ooze swente.

open (adj) (not closed) ouvè,
louvri, ouvri, griyen, baye;
(unsealed) dekachte; (eyes) klè.

open (v) ouvè, ouvri, louvri,
griyen; (a bottle) debouche;
open wide baye.

opener (bottle opener, can opener)
kle.

opening (hole) ouvèti, jou, fant,
fann, jwen.

openly aklè, kareman, karebare.

openmouthed (surprised) bouch be,
rete bèkèkè.

operate on (perform surgery) opere.

operation (surgery) operasyon.

opinion opinyon.

opportunity okazyon.

opposite (across from) anfas,
vizavi.

or ou, oubyen, osnon, osinon;
or else, or rather oubyen,
oswa.

orange zoranj, zorany.

oratory (chapel) ogatwa, wogatwa.

orchestra òkès.

ordeal peripesi.

order (n) (discipline) lòd; (command)
zòd; (requisition) kòmann; in order
an règ; out of order anpàn,
deregle; standing order abònman;
in order to dekwa, pou.

order, ordered (v) kòmande, konmande,
koumande.

ordinary (average) mwayen.

organ (musical instrument) òg.

organize, organized fòme.

orgasm. reach orgasm vini, jwi.

orphan òfelen, òflen, pitimi
san gadò.

orphanage krèch.

ostentatious person gran banda.

ostracized (socially) defwoke.

other lòt, dòt; others lèzòt, lezòt;
and others etandòt.

otherwise osnon, osinon, diferantman,
diferaman.

ouch ay!, way!

our nou, n.

ourselves nou-menm.

oust dechouke.

out deyò, pa la; out of bounds
an touch; out of order (not working)
anpàn, deregle; out of the game
(marbles) mò rèd; out of the running
pa nan batay; out to (desirous of)
deyò pou, vin pou, soti pou; have
it out (quarrel) fè yon bout; out!
alelouya!, abonocho!

outcast defwoke.

outing pwomnad, soti, sòti.

outraged endiye.

outside deyò.

outstanding fopaplis.

oval oval.

oven fou.

overactive about.

overcast (weather) nan demwazèl,
mare.

overcast (v) (a raw seam) rabat.

overcharge degagannen.

overcrowded an debòdman.

overflow (v) debòde, debonde; (river)
desann, disann.

overflowing an debòdman.

overhaul (n) ovèòl, ovèwòl.

overlook (afford a view) bay sou.

overseas laba, laba-a, lòtbò,
lòtbò dlo.

oversight oubli.

oversleep dòmi twonpe.

overtolerant sitirè, sitirèz.

overturn, overturned kapote,
chavire.

overwhelm blende, ble, vide, vide sou.

overwork (v) kofre.

ovulation. lack of ovulation pèdisyon.

ow ay!, way!

owe (v) dwe, dwè.

owl chwèt, koukou; hoot owl frize;
screech owl chanwan.

own (adj) pwòp.

own (v) genyen, gen.

owner pwopriyetè, mèt.

oxygen oksijèn.

oyster zuit, zwit.

pacifier (baby) sousèt.

pack (n) (of cigarettes) pòch.

pack (v) anbale, arimen; pack down foule.

packet pakèt, pake.

pack-saddle (wooden) ba.

pact (with the devil) angajman.

pad (cloth) tanpon; (used to support loads carried on the head) twòkèt, tòkèt.

paddle (n) (used in washing clothes) batwèl, batwè, batwa.

padlock (n) kadna.

pagan payen.

page (n) paj.

pain (n) doulè; (exclamation of pain) ay!, way!; pain in the neck tèt chaje.

paint (n) penti; enamel paint (for metal) douko.

paint (v) pentire, penn; (a metal surface) douko.

paintbrush penso.

painter (of houses, etc) bòs pent.

painting (art work) tablo.

pair (n) pè.

pajamas pijama, pidjama; baby doll pajamas bebidòl.

palace palè.

palate palèt.

pale pal; (sallow) blèm, blenm.

palm (of hand) pla men; (Roystonea regia) palmis; (Sabal, Washingtonia, Thrinax) latànye, latanyen; palm heart chou palmis.

pamper miyonnen, dolote, dòlote, bere, gate.

pampering tolerans, sitirans.

pan. flat bread pan plato.

pane (of glass) glas.

panel (of double door) batan.

panful plato.

pantry gadmanje.

pants (trousers) pantalon, kanson; (underpants) kilòt, pantalèt.

papaya papay.

paper papye; tissue paper papye fen.

parable parabòl, daki.

parade (n) parad, defile.

parade (v) defile.

paradise paradi.

paralyze, paralyzed paralize.

paraphernalia batanklen, batanklan, djanni.

parasol parasòl, paresòl.

parcel out lote.

pardon (n) padon, gras.

pardon (v) padone, padonnen, fè gras, grasye.

parent paran.

parish pawas.

park (v) pakin; (in the garage) remize.

parrot jako; (person) jakorepèt.

parsimonious regadan.

parsley pèsi.

part (portion) pati; (of machine, etc) pyès; spare part rechany, rechanj.

part (v) (hair) trase cheve.

participate patisipe.

partisan patizan; powerful armed Duvalier partisan (female) fiyèt lalo; (male) tonton-makout, makout.

partition bare, baryè.

partner asosye, asòs; dance partner (male) kavalye.

party (n) fèt.

party (v) fete, banboche, banbile.

parvenu arivis, patekwè, dirakwa.

pass (n) (permit) lese-pase; (sports) pas; (card game) pas; (sexual overture) pas.

pass (v) pase; (get ahead of) double; (card game) pas; (in school) pase; pass away ale, mouri, ale nan peyi san chapo; pass by pase; pass by again repase; pass in opposite directions kwaze; pass through pase.

passable (tolerable) pasab.

passenger pasajè, vwayajè.

passion pasyon.

passport paspò.

past pase; in time past lontan.

paste (n) lakòl.

paste (v) kole.

pastime distraksyon.

pastor pastè.

pasture (n) patiray, patiraj, bare.

patch (n) pyès.

patch, patched (v) pyese, rapistole.

patience pasyans, san sipòtan; cause to lose patience, without patience depasyante.

patrol (n) patwouy.

pattern (sewing) patwon.

pauper malere, malerèz, tèt gridap.

pave, paved asfalte.

pavement beton, breton.

pavillion (shelter) choukounèt.

paw (n) pat.

pawn (v) plane, plannen.

pawnshop melimelo, mezondafè, brikabrak, plàn.

pay (v) peye; be paid touche; pay out (rope, string) file; rob Peter to pay Paul dekouvri sen Pyè pou kouvri sen Pòl.

payment pèman, vèsman.

payroll pewòl.

pea pwa; peas pwa frans; blackeyed
peas pwa enkoni; pigeon peas
pwa kongo.

peace lapè, kanpò.

peaceful pèzib, dousman, kal, kalma,
trankil.

peanut pistach.

peanut butter manba.

pearl pèl.

peasant peyizan, abitan.

pebble ti wòch, galèt.

peck (n) (little kiss on the cheek)
ba.

peck (v) beke.

peculiar dwòl.

pedal (n) pedal.

pedal (v) pedale.

pedant pedan.

peddler (woman who travels from market
to market) Madan Sara.

pedestrian (n) pyeton.

pee (v) pipi.

peek (n) apèsi, koudèy, jòf.

peel (n) (of citrus fruit) zès.

peel (v) kale, dekale.

peep (slight utterance) krik.

peg pikèt.

pelican grangozye, gangozye.

pen (enclosure) barak, pak; (for
writing) plim; fountain pen plim
a rezèvwa.

penalty penalite, penalti, fòfè;
(in parlor game) gaj; penalty
zone kare.

pencil kreyon.

penicillin pelisilin, penisilin.

penis aparèy, diyite, kòk, pati,
pipit, piston, yoyo, zozo, zouti;
(of small boy) pijon, ti pijon,
ti bezwen.

penitence penitans.

penmanship kopi.

penniless nan degraba, razè,
bare.

pension (n) pansyon.

Pentecost Pannkot.

people moun, pèp, mesyedam; (nation)
pèp, nasyon.

pepper (n) black pepper pwav; green
pepper piman dou; hot pepper, chili
pepper piman; (vinegar spiced with
hot peppers) pimantad.

percale pèkal.

percent pousan.

perch (v) jouke.

percussion (drums) batri.

perfect (adj) fopaplis.

performance (showing) seyans.

perfume (n) pafen, odè, losyon.

perfume (v) anbonmen.

perhaps petèt, pètèt.

period (of time) epòk, lepòk, reny; (menstruation) peryòd, règ, kwasans, mwa, ti wòz.

perish peri.

peristyle (where voodoo services are held) perestil, peristil.

permanent fiks.

permission pèmisyon.

permissive sitirè, sitirèz.

permit (n) lisans, lese-pase.

permit (v) admèt, pèmèt, kite, te.

peroxide. hydrogen peroxide dlo oksijene.

perplex, perplexed anbarase.

persecute pousuiv, pousiv.

perservere (keep afloat) bat lokobe.

persist donnen.

person moun; (person in question) lapèsonn.

personage pèsonnay.

personal apa, pèsonèl.

personality karaktè.

perspiration sue, swe.

perspire sue, swe.

perverseness zòrèy di, tèt di.

perversity zòrèy di, tèt di.

pest (person) pongongon.

pester tiraye.

pestle manch pilon.

pet (v) (sexual) peze.

Petit-Goave Ti Gwav.

petition (v) adrese.

petrified (emotional reaction) glase.

phallus (of animal) bayonèt.

phantom zonbi.

pharmacist famasyen.

pharmacy famasi, fonmasi, fanmasi.

phase (n) degre.

phial flakon, poban.

phlegm flèm, flenm, glè.

phonics book silabè.

phony (undependable person) fasè.

photo foto, pòtre.

pianist pyanis.

piano pyano.

pick (n) (tool) pik.

pick (v) (harvest) kase, degrape, keyi; (select) chwazi; (a fight, quarrel, etc) leve, pete; pick up ranmase.

pickax pikwa, derapin, derasin.

pickpocket frapè.

pick-up truck kamyonèt, kamyonnèt, taptap.

picture (n) imaj, pòtre, foto.

picture (v) wè, imajinen.

pie. meat pie pate.

piece (n) moso, mòso, kal, ti kal;
(of music) moso, mòso.

pier abò.

pierce, pierced pèse.

pig kochon, pouso; (dirty person)
kochon.

pigeon pijon; wood pigeon ranmye,
ramye.

piggy bank bwat sekrè.

pile (n) pil; pile of stones (for
bleaching clothes in the sun)
blayi.

pile up, piled up konble.

pilfer chike.

pilgrimage pelerinay, pelerinaj.

pill grenn.

pillage (n) piyay.

pillar poto; central pillar poto
mitan.

pillow zòrye, zòreye.

pillowcase tedoreye, tèdoreye,
tètzòrye, sak zòrye.

pilot pilòt, avyatè.

pimple bouton.

pin (n) zepeng; bobby pin pens;
safety pin zepeng kwòk, zepeng
kouchèt; straight pin zepeng ti tèt.

pinch (n) pench; (small amount)
pense; pinch of snuff priz
tabak.

pinch (v) penchen, pencheng,
pichkannen.

pine (n) bwapen, bwa chandèl.

pineapple anana, zannanna.

ping-pong ping-pong.

pink (color) woz, wòz.

pinto (adj) pent.

pipe (n) pip, kalimèt; (plumbing)
tiyo; clay pipe kachimbo;
pipe stem manch pip, kalimèt.

pirouette piwèt.

pistol pistolè.

piston piston.

pitch (v) (said of boat) tange.

pitcher (container) po, krich.

pitiable person ratatouy.

pitiful minab, mizerab.

pity (n) pitye; what a pity! donmaj!,
domaj!, adye!; take pity on
fè pa.

place (n) plas, kote, pozisyon;
(unknown place, forsaken place)
aziboutou, azibotou.

place (v) poze.

plague (v) astikote.

plain (n) plenn, laplenn, laplèn.

plan (n) plan; plans plan,
bidje.

plane (carpenter's tool) valòp, galòp,
galè, rabo.

plant (n) plant, plan, pye;
(creeping plant) lyann, lyàn;
(kinds of plants) koray; kretòn;
(Callophyllum calabe) dalmari, danmari,
damari; (Phyllantus ninuri) dèyèdo;
(Leucaena glauca) grenndelenn;
(Entada scandens) kakòn; (Tribulus
cistoides) kap; (Tabernaemontana
coronaria) kapris; (Samdya rosea)
kase sèk; (Boerhaavea scandens)
kase zo; (Cleone spinosa) kaya,
kaya mawon; (Euphorbia lactea)
kandelab; (Achyrantes indica)
kerat, kedrat; (Jatropha
gossypifolia) metsiyen; (Bromelia
pinguin) pengwen; (Mentha nemorosa)
tibonm; (Eugenia crenulata) zo
douvan. See also names of plants.

plant (v) plante.

plantain bannann; (fried, pressed)
bannann peze; mashed breadfruit
and plantain tonmtonm.

planting plantasyon.

plastic plastik.

plate plat, asyèt.

plateau platon.

plateful asyèt.

play (n) (drama) pyès.

play (v) jwe, badnen, badinan,
badinen.

playboy vakabon, vagabon.

player jwè, jwa.

pleasant janti, agreyab.

pleasantry plezantri, fab.

please (interj) souple, tanpri.

please (v) plè.

pleasure plezi.

pleat (n) pli.

pleat, pleated (v) plise.

plentiful fè kenken.

plop bif!, bip!, plòp!, plòk!

plot (n) (conspiracy) konplo,
konplotaj, feso.

plot (v) (conspire) konplote.

plow (v) raboure, dechouke.

pluck (v) plimen, deplimen.

plug (n) plòg.

plug in ploge, konnekte, kolekte.

plumb (adj) alekè.

plumbline filaplon.

plump grasèt.

plunder (v) piye, sakaje.

plunge (v) plonje.

p.m. diswa.

pneumonia nemoni.

pocket (n) pòch; watch pocket
bouse.

pocketknife kanif.

pod gous.

poet powèt, pwèt.

point (n) (score) pwen, pren;
  (tip) pwent, prent; let's get to
  the point kite koze pran pawòl,
  kite kantik pran priyè.

point out montre, moutre.

pointed pwenti.

poison (n) pwazon, lasini; (for
  animals) sosis; (drink believed
  to have a poisonous effect when
  one comes in contact with dew)
  piga seren.

poison, poisoned (v) anpwazonnen,
  pwazonnen, ranje, kòmande,
  konmande, koumande.

poker (game) pokè.

pole ma, gòl; greased pole
  maswife.

polemic polemik.

police lapolis; police station
  lapolis.

policeman jandam, polis, gad.

polio polyo.

polish (n) poli; shoe polish plakbòl,
  blakbòl, siray.

polish (v) poli, klere, listre,
  foubi.

polite fen, byennelve, defanmi.

politeness edikasyon, ledikasyon,
  endikasyon.

political politik.

politics politik.

poll. public opinion poll ankèt.

polyester polyestè.

polyp (in nose) chè nan nen.

pomade pomad, ponmad.

pomegranate grenad, grennad.

pond letan.

ponder egzaminen, egzamine.

pool (n) (game) biya; (of river)
  basen; swimming pool pisin.

poor pòv, mizerab, malere; poor
  man malere, mizerab, pòv;
  poor woman malerèz, mizerab,
  pòv; poor devil! po dyab!,
  pòv dyab!

pop. pop music pòp; pop group
  mini djaz, djaz.

pope pap.

populace pèp.

populate, populated peple.

porch galri, galeri.

porcupine fish (Diodon hystrix)
  pwason ame.

pork (fried and seasoned) griyo.

porridge labouyi; cornmeal porridge
  akasan.

Port-au-Prince Pòtoprens.

Port-de-Paix Pòdepè, Pòdpe.

porter chawa.

portion pòsyon, mak, pa, pati.

portrait pòtre.

pose (n) (air, allure) pòz.

pose (v) (set forth) poze.

position (n) pozisyon, plas.

possessions byen, ben.

possibility jwen, fasilite.

possible posib.

post (n) (pole) poto.

post (v) (results of exam, etc) afiche; (mail) poste.

postcard katpostal.

poster afich, pankat.

post office lapòs.

postponement delè.

pot (cooking) chòdyè, chodyè, digdal, bonm; (pot used in the "boule zen" ceremony) zen.

potato pòmtè; sweet potato patat.

potentate potanta.

potion posyon; magic potion fò-ou-vle.

pottery fayans.

pounce (v) bondi, pike, fonse sou, vare sou.

pound (n) liv.

pour vide; (pour water on one's head) koule tèt.

pout (v) lonje dyòl, vire dyòl, boude.

poverty mizè, lanmizè.

pow! pow!, top!, vip!

powder (n) poud; powder box poudriye; baking powder poud elevasyon.

powder (v) poudre; powdered milk (received through foreign aid) lèt sinistre.

power pouvwa, pouvra, puisans, mayèt; magical power degre, pwen.

powerful fò.

practice (n) antrénman.

practice (v) egzèse, antrene, repete.

prairie savann.

praise (n) lwanj.

praise (v) vante, lwanje.

praline tablèt; (of corn and syrup) breton.

prawn chèvrèt.

pray lapriyè, priye.

prayer priyè, orezon.

preach preche; preach at (harangue) rele abò, rele dèyè.

preacher (protestant minister) predikatè.

precaution atansyon, antansyon, prekosyon.

precede (go in front of) pran devan.

precipice falèz.

precisely ojis.

predicament kouri, bouyay, tchouboum.

prefect prefè.

prefer pito, prefere.

preference preferans.

pregnancy gwosès, gwòsès; (advanced stage) an plenn senti.

pregnant gwo vant, ansent, gwòs; (animal) plenn; make pregnant ansent, angwosi, gwòs; (to force marriage) bay kout pitit.

prejudice prejije.

preparation preparasyon.

prepare, prepared prepare, pare.

presbytery prezbitè.

prescribe preskri.

prescription (medical) preskripsyon.

presence prezans; in the presence of sou, nan bab.

present (n) (gift) kado; present (in attendance) prezan; (present from the start) diwote.

present (v) prezante; present oneself in court konparèt; presented prezante.

presently atò, la.

preserve, preserved (v) konsève.

preserves konfiti.

president prezidan.

press (n) près.

press (v) peze.

pressure (n) fòs.

pretend pran pòz, fè sanblan.

pretense teyat.

pretention (ambition) pretansyon.

pretentious chèlbè; pretentious person gran panpan, chèlbè, sekwa.

prevent enpoze, anpeche; (prevent from talking) pa bay bouch pou pale.

price (n) pri; (go for a low price) pa fè pri.

prick (v) pike.

pride (n) fyète, ògèy.

priest pè, monpè; informal priest (not ordained) pè savann; defrocked priest pè defwoke; voodoo priest ougan, hougan, gangan, ganga, divinò, divinè, devinè; voodoo priestess manbo, divinèz, devinèz; become a voodoo priest pran ason.

primitive mastòk.

principal (of school) direksyon.

principle (n) (morals) prensip.

print (v) enprime.

printing office enprimri.

prison prizon; prison cell kacho; go to prison pran prizon.

prisoner prizónye.

privately (out of court) alamyab.

prize (n) pri; give a prize bay brevè.

probe (v) sonde.

problem pwoblèm, poblèm, ka, antrav, kalkil, tray, tèt chaje, salmanaza.

procession posesyon.

proctor (n) siveyan.

produce (v) bay, ba, ban, fè, rann; (abundantly) kale; (fruit) donnen; produced fèt.

profession pwofesyon.

professor pwofesè, mèt.

profit (n) pwofi, benefis, gen; guaranteed profit garanti.

profit (v) pwofite; (be of benefit) rapòte.

profusely dri.

progress (n) pwogrè.

prohibit defann, enpoze.

project (n) pwojè.

projectionist operatè.

promise (n) pwomès, pwonmès.

promise (v) pwomèt, pwonmèt.

promote (in rank) grade; (military) galonnen.

pronounce pwononse.

proof prèv.

prop (up) bite.

propaganda popagann.

proper kòrèk.

properly kòrèk, legal, byen pwòp, nan rasin, nan règ, anfòm.

property pwopriyete.

proposal (marriage) lademann, lademand.

prosecution pwosekisyon.

prostitute (n) awona, piten, bouzen, jennès, jenès, kaprina, kabrina.

prostitution dezòd, vakabonday.

protect pwoteje; (with a magic potion) dwoge.

protection pwoteksyon.

protestant potestan, levanjil.

protesting wouspetay.

proverb pwovèb.

province pwovens.

provisions (food) pwovizyon.

provocation ti dife boule.

provoke chofe, eksite, èksite.

prowl wode, alawonyay.

proxy anchaje.

prudent pridan, sou piga.

prune (v) debranche, dekatiye.

psalm sòm.

pst pst!, epst!, eps!

psychiatry sikyatri.

puberty kwasans.

pubescent fòme.

public piblik; general public piblik; be seen in public (with) afiche.

publication piblikasyon.

publicity piblisite, popagann.

publish, published pibliye.

puddle ma.

pull (connections, friends in high places) piston, relasyon, fil.

pull (v) rale; pull oneself together mete bonnanj sou, sekwe kò.

pullet poulèt.

pulley pouli.

pulp (of sugarcane) bagas.

pulse pouls.

pump (n) ponp.

pump (v) ponpe.

pumpkin joumou, jouwoumou, jouwoumon, jòmon.

punch (drink) ponch; (blow) kou; (to upper body) gagann.

puncture, punctured kreve.

punish pini; (punish a child) mete timoun dèyè chèz.

punishment pinisyon, chatiman.

puny chetif, kata, anbrizi, malvini, petevi, rasi; (child) krebete, grebete.

puppet panten.

puppy tichen, toutou, toutous.

purchase (n) acha.

purchase (v) achte.

puree (n) pire.

purgative metsin, medsin, lòk.

purge (v) debonde, pase.

purple vyolèt, mòv.

purpose. on purpose espre; I didn't do it on purpose se pa fòt-mwen.

purr (v) wonwonnen.

purse (n) bous; coin purse sakit.

purslane (Portulaca oleracea) koupye.

pursue liyen, pousuiv, pousiv, rapousuiv, fè eleksyon dèyè, lage de gidon dèyè.

pus pi, postim.

push (n) bourad, pousad.

push (v) pouse.

pussycat mimi.

put mete, met, foure; put inside rantre; put out (extinguish) etenn, tenyen, touye, tiye, tye, tchwe; put up with sipòte, soufri, admèt.

quadrant kawo; divide (land) into
  quadrants for irrigation kawote.

quail (n) pèdri.

quality kalite.

quantity kantite, kalite, kalte,
  valè; (large quantity) anpil,
  bonkou, pakèt, bann, dal, bitasyon,
  abitasyon, bokit, brigad, chay,
  dibita, digdal, divizyon, flo,
  foul, kantite, katafal, kolonn,
  lame, latriye, makòn, rado, rejiman,
  ta, tay, volim, voum; (in large
  quantity) agranlijyèn, agogo;
  (small quantity) enpe, detwa,
  dezoutwa, gout, ti gout, gram, jan,
  ti jan, krache, ti krache, kras,
  ti kras, tak, ti tak, zing, ti
  zing, zong, zwing, zwit.

quarrel (n) kont, eskonbrit,
  pledman, altèkasyon, bank, lòbèy,
  lobo, tapaj, akwochay, kabouya,
  kabouyay, deblozay, deplozay,
  bim-banm, hing-hang, yingyang.

quarrel (v) fè yon bout.

quarrelsome person lwijanboje.

quart ka.

quarter (fourth) ka; (of the
  moon) katye.

queen rèn, renn, larèn, larenn;
  (card game) douz, dam, danm.

question (n) kesyon, kestyon, keksyon.

question (v) keksyonnen.

quickly vit, rapid, rapidman, an
  vitès, plop plop, trap de,
  towtow.

quick-tempered anpote.

quiet pèzib, trankil, frèt; be
  quiet pe; keep quiet mouri
  kò.

quinine kamoken.

Quisqueya (Indian name for Haiti)
  Kiskeya.

quit (v) sispann, bouke.

quits pat.

rabbit lapen.

rabid anraje.

rabies raj, laraj.

race (n) (competition) kous;
(black) nèg, nègès; (black with
light complexion) grimo, grimèl;
(black with light reddish
complexion) grimo chode, grimèl
chode; (half black, half mulatto)
grif, grifonn; (mulatto) milat;
(mulatto woman) milatrès, chabin,
chabin dore; (black skin and
silky hair) marabou; (Caucasian)
blan.

rack. luggage rack pòtchay.

racket (noise) bowou, bowoum, bengbang,
bingbang.

radiator radyatè.

radio radyo, aparèy.

radish radi.

raffle (n) raf.

raffle (v) rafle.

rafter chevon; rafters fetay;
put up rafters chevonnen.

rag tòchon; (rags used as mattress)
kòt; (old clothing) odeyid,
ranyon, dekovil, debreyis;
in rags an releng.

rage (n) kòlè.

rage (v) tanpete.

ragged defripe, an releng.

raid (n) bale-wouze.

rail (track) ray.

railing balistrad; altar railing
balis.

rain (n) lapli; driving rain gwo
lapli; rainy season lepli.

rainbow lakansyèl.

raincoat padsi, padesi.

raise (lift) leve; (make higher)
wose; (the price) monte, moute;
(bring up) leve, elve; (from the
dead) resisite.

rake (n) rato.

ram (n) belye.

ramble (walk around) flannen,
drivaye; (talk nonsense) deraye,
depale, radote, ranse, radada.

rancid rans, fandanman.

rank (n) degre, grad.

rap (n) (with the knuckles) zoklo.

rape (n) kadejak.

rapidly rapid, rapidman, vit,
towtow, trap de.

rare ra.

rarely raman.

rascal vèmin, kannay.

rash (skin) lota; heat rash bouton
chalè, chofi, tifè.

rat rat.

rate. at any rate antouka, kèlkilanswa.

rather pito, depreferans; rather
than tan pou, tan, pase.

rattle (n) (voodoo) ason; give a death rattle rakle.

ravage, ravaged ravaje, demanbre.

rave (in delirium) depale.

ravenous voras.

ravine ravin.

raw kri.

razor razwa; razor blade jilèt.

reach (v) bat, ba, ban, rive.

read li; read haltingly eple.

reading (act of) lekti.

ready ajou, prepare, pare, bon; get ready prepare, pare, ranmase.

real (actual) veritab, vre, reyèl; (intensifier) kòrèk.

reality reyalite.

realize wè, twouve, touve; (accomplish) reyalize.

really serye, byen, ben, tout bon, vre, kòrèk, vreman, reyèlteman.

rear (adj) aryè.

reason (n) rezon, kòz, lakòz.

reason (v) rezone, rezonnen.

reasoning rezónman.

rebel (n) rebèl.

rebel (v) rebele.

rebellion rebelyon.

rebellious rebèl.

rebuff (n) bòt, bèk; severe rebuff brimad.

rebuff (v) fè malonnèt, kwape.

recalcitrant wòklò, wondonman.

receipt resi.

receive resevwa, resevra, pran; (welcome) resevwa, resevra.

reception (social gathering) resepsyon.

recess (n) (at school) rekreyasyon.

recite resite.

reckless brèf.

recline kage.

recognize konnen, konn, rekonèt, rekonnèt.

recommendation rekòmandasyon.

recompense (n) rekonpans.

recompense (v) rekonpanse.

reconcile. become reconciled rekonsilye.

record (n) (phonograph) plak.

record (v) (music, etc) anrejistre.

recovered refè.

recovery (from illness) gerizon.

rectory prezbitè.

recurring subject litani, chante.

red wouj; see red wè mò, anraje, dechennen.

redden, reddened woze.

red hind (Epinephelus guttatus) grandyèl.

redo refè.

redoubtable person awoyo.

reduce redui, dedi.

reed wozo.

reef resif.

refill replen.

reflect (think about) reflechi, kalkile, etidye.

reflexion (thought) kalkil, etid.

refrain (same old story) litani, chante.

refresh rafrechi.

refreshing rafrechisan.

refreshment (cool drink) rafrechisman.

refrigerator frijidè.

refusal refiz.

refuse (n) dechè.

refuse (v) refize, derefize, ve pa.

regard konsidere.

regardless endepandan de.

region rejyon.

register (n) (records) rejis.

register (v) anrejistre; (enroll) enskri.

registration enskripsyon.

regret (v) regrèt.

regrettable dilere.

rehearsal repetisyon.

rehearse repete.

reign (of president, king) reny.

rein (n) renn; makeshift reins renn bosal; give free rein (to test trustworthiness) liyen, bay fil, bay gabèl.

reinforce soutni.

relationship relasyon; relationships (social) frekantasyon; have a male homosexual relationship kwaze moustach; suspicious relationships akwentans; enter into suspicious relationships akwe.

relative (n) fanmi, paran; (closest relative of the deceased) mèt mò; relatives lafanmi, lafami, ras, jenerasyon.

release (v) lage; (from hospital) bay egzeyat.

relief soulajman.

relieve (v) debarase, soulaje, abreje.

religion relijyon, relizyon.

religious relijye; religious preference relijyon, relizyon.

relish. hot relish pikliz.

remain rete, ret.

remainder restan.

remark (n) pawòl, remak; pointed remark pwent.

remark (v) (notice) remake.

remarkable notab.

remedy (n) remèd, renmèd.

remember sonje, chonje.

remind fè sonje.

remnant (cloth) koupon.

remorse remò.

remove retire, wete, wet; (stuffing)
deboure; (from the fire) desann,
disann; (from office) dechouke;
remove the bottom (pot, pail)
defonse.

removed (solitary) apa.

renounce (v) rejete.

rent (n) lwaye, fèm.

rent (v) lwe.

repair (n) reparasyon.

repair (v) repare; (machinery)
leve pàn, depannen.

repeat repete, double.

repel, repelled rebite.

repent repanti.

repertoire (of jokes) bwat koze.

report (n) rapò; report card
kanè, bilten.

represent reprezante.

representative reprezantan.

reprimand (n) obsèvasyon, suif, swif.

reprimand (v) reprimande, obsève,
savonnen.

reproach (n) repwòch, obsèvasyon,
suif, swif.

reproach (v) repwoche, obsève,
savonnen.

repugnance repiyans.

repugnant repiyan.

request (n) demann.

request (v) mande.

require (need) bezwen, merite.

rescue, rescued (v) sove, chape.

resell revann.

resemble sanble.

reserve, reserved (v) rezève.

reservoir rezèvwa; small reservoir
basen.

reshuffle, reshuffled rebat.

residence estalite, kay; residence
of voodoo deities Ife.

residue (pulp, grounds, etc)
ma; (unwanted items) zagribay.

resign oneself konsole, reziyen,
mare vant; resigned reziyen.

resin gonm, gòm.

resist (remain firm) reziste.

resolve (v) (solve) rezoud; (problems)
rezoud, aplani.

resourceful debouya, debwouya,
degajan.

resources fakilte, mwayen.

respect (n) respè, respe, dega.

respect (v) respekte.

respectable respektab.

respiration respirasyon.

respite (n) kalm, souf.

response repons.

responsibility reskonsablite, responsibilite; responsibility of sou kont.

responsible reskonsab, responsab.

rest (n) (repose) repo, dimanch; (what remains) rès.

rest (v) poze, repoze.

restaurant restoran.

restless ajite, anbranl, gen san cho, mouvmante, toumante.

restlessness touman.

restrain bride.

restraint. lacking restraint dekòlte.

restriction kondisyon.

result (n) rezilta.

resurrected resisite.

retail (adv) an detay.

retail (v) detaye.

retailer (female) revandèz; (male) revandè.

retain retni.

retired (from work) retrete.

return (go back) tounen, retounen, rantre; (give back) remèt, renmèt, rann.

revenge revanj, revanch.

revenue rant.

reversed dwategòch.

review (v) repase.

revolt (v) revòlte.

revolver revolvè.

reward (n) rekonpans.

rheumatism rimatis.

rhythm kadans; (dance rhythms) bolewo, mereng, kata, djouba, djoumba, kongo, ibo, petwo, rada, yanvalou.

rib (n) kòt.

ribbon riban.

rice diri; (kind of rice) ble bonnit.

rich rich, byen, ben.

riches richès.

rid. get rid of balote, defèt, desitire, dezanpare, fè disparèt, retire nan kòsay, wete nan kòsay.

riddle devinèt, kont; to tell riddles tire kont.

ride. give a ride (to) bay wou lib.

ridge (of roof) fe.

riffraff chanwan.

right (n) (authority) dwa; (adj) (opposed to left) dwat; (correct) bon, kòrèk; (just) jitim; (adv) (direction) adwat; all right (pretty good) yès; (okay) dakò, oke; right away tousuit, touswit.

rightly dakò.

rim (edge) bòday; (of wheel) jant.

rind (citrus) zès; (pork) kwenn, kwann.

ring (n) bag; wedding ring alyans.

ring (v) sonnen.

ringlet bouk; (ringlet on each side of the face) chichi.

ringworm lateng.

rinse, rinsed rense.

rip (n) akwo, dechire.

rip, ripped (v) dechire, chire.

ripe rèk, mi.

rise (n) (increase) wòs.

risk (n) chans.

risk (v) riske.

ritual action (having a super-natural effect) senp.

rival (n) (for the love of a man) matlòt.

rival (v) koresponn.

river rivyè, larivyè.

riverbank galèt.

riverbed galèt.

road chemen, chimen, wout, teras, lateras; road surface beton, breton.

road grader gredè.

roam flannen, drivaye; roam about (looking for food handouts) frite.

roast, roasted (v) griye, boukannen.

rob debalize, ansasinen, sasinen, koupe tete; rob Peter to pay Paul dekouvri sen Pyè pou kouvri sen Pòl.

robbery vòl.

robust djanm, gaya.

rock (n) wòch, galèt.

rock (v) balanse; (in a rocking chair) dodinen.

rocking chair dodin.

rod treng.

rogue ti koulout, koken.

role wòl.

roll (n) (cylinder) woulo, oulo; (bread) biswit, biskwit, bisuit, djak; (artichoke-shaped) aticho.

roll (v) (roll up) woule, touse.

roller woulo, oulo; road roller woulo, woulo konpresè.

roof twa, twati; cement roof dal; tin roof tòl; thatched roof pay; car roof kapòt.

roofing twati.

room (of house, etc) chanm, pyès, sal; (space) plas; make room degonfle, bay lè.

roomy laj.

roost (n) jouk; leave the roost dejouke.

roost (v) jouke.

rooster kòk.

root (n) rasin; (of a feather)
zètòk; (root vegetable similar
to yam) mazonbèl, mazoumbèl.

rope (n) kòd; turn the rope slowly
(in jump rope) bay ti siwo; turn
the rope fast (in jump rope) bay
vinèg, bay gwo siwo.

rosary chaple, chaplèt.

rose woz.

rosemary (herb) womaren.

rot, rotten gate, pouri.

rough (unmannerly) pwès, près;
rough draft bouyon; treat roughly
toufounen, malmennen,
maltrete, chifonnen, chifònen,
kraze eskanp.

roughcast krepi.

roughcasting krepisay.

rough-hew degwosi, deleze.

roughness (irregularities) grenn.

round (adj) won; (n) (tour) wonn;
(of a fight) boulva.

round-shouldered do ba.

routine woutin.

row (n) (line) ran, ranje.

row (n) (brawl) altèkasyon,
kabouya, kabouyay, akwochay,
bank, lobo, lòbèy, tapaj.

row (v) rame.

rowboat kannòt.

rowdy (male) eskandalè; (female)
eskandalèz.

rub (v) fwote, foubi, friksyonnen;
(lightly) basinen; (vigorously)
detchoure; rub off on (influence)
detenn.

rubber kaoutchou, kawotchou;
foam rubber eponj; rubber band
elastik, lastik.

rubbing alcohol alkòl.

rubbish fatra; (nonsense)
tentennad.

rudder gouvènay.

rude bastrak, vach; rude person
bastrak, ti bourik, mònye.

rudeness malonnèt, malonnèkte,
malonnètte.

ruffian bandi.

ruin (v) rinen, gate, depafini, anfale,
dekline, deklinen, anfoudraye.

ruined gate; (dingy, musty, etc)
rabi; (penniless) an releng.

rule (n) lwa, règ.

ruler (for making lines, etc)
règ.

rum wonm, wòm; raw rum kleren;
raw rum flavored with roots or
fruit kleren tranpe.

rumble (n) bim; (of stomach) bouyi.

rumble (v) bouyi.

rump (chicken) koupyon.

rumple dechifonnen; rumpled dechifonnen,
depifre.

run (v) kouri; (spread) detenn; run
away sove, bwaze, kraze rak; run
into (meet by accident) makònen,
makonnen, banke sou, bare avè,
pantan sou, bite sou, tonbe sou;
running around monte-desann, vire-
tounen.

runaround laviwonn.

runaway (person who runs away
   repeatedly) sovadò.

run-down delala, dekonstonbre.

rung (n) bawo.

runt (person) rèkè, petevi.

ruse fent, riz.

rush, rushed (v) prese; rush down
   gengole, grengole, degengole.

rust (color) kannèl, kanèl.

sack (n) sak.

sack (v) sakaje.

sacrament sakreman; administer the
   last sacrament administre.

sacrifice (n) sakrifis.

sacrifice (v) sakrifye.

sacrilege sakrilèj.

sacristan sakristen.

sacristy sakristi.

sad tris, kagou, chagren, frèt.

sadden dekonpoze.

saddle (n) sèl.

saddle, saddled  (v) sele.

saddlebag (of straw) sakpay.

saddle blanket chabrak,  ekipay,
   kipay, panno.

sadness tristès.

safe (adj) sof, ansite, ansekirite;
   safe and sound sen e sof.

safely byen, ben.

sail (n) vwal, vrèl.

sail (v) navige.

sailboat vwalye.

sailor matlo.

saint sen, sent; All Saints' Day
   Latousen.

saintly sen.

Saint-Marc Senmak.

salad salad.

salary apwentman, aprentman.

sales lavant; sales clerk komi.

salina salin.

saliva dlo bouch.

salmon somon.

salt (n) sèl; food preserved in salt
   salezon; put salt on a wound mete
   abse sou klou.

salt (v) (excessively) sale.

salty sale.

salve (n) longan.

same menm; the same as always
   menmman parèyman.

sample (n) echantiyon.

sampler (embroidery) kànva.

sanatorium sanatoryòm.

sand (n) sab.

sand, sanded (v) sable.

sandal sandal, sapat; (ladies')
   karyoka; (Japanese style) jezikri;
   plastic sandal fabnak; tire-tread
   sandal batalenbe.

sandpaper  papye sable, katapoli.

sandpiper bekasin.

sandwich sandwich, sandrich.

sane drèt, dwat.

sanitary napkin lenj.

sap (n) lèt.

sapodilla (Achras zapota) sapoti, sapotiy.

sardine sadin.

Satan Satan.

satin saten.

satisfaction satisfaksyon, satilfaksyon.

satisfied satisfè, satilfè.

Saturday samdi; Holy Saturday samdi dlo benit.

sauce (n) sòs; with sauce awoze.

sauce (v) awoze.

saucepan kastwòl, kaswòl.

saucer soukoup, sekoup.

sausage sosis; blood sausage bouden.

sauté frikase.

savage (adj) sovaj, mònye, bosal; (n) (badly behaved person) bèt, sovaj, annimal.

savagery sovajri.

savanna savann.

save (keep) sere; (money) fè epany; (rescue) sove, chape; (religious) sove.

savings ekonomi, kolomi; savings bank kès depany; savings and loan bank kès popilè.

saw (n) si, legoin, goin, goyin.

saw (v) siye.

sawhorse echafo.

sawyer (one who saws) siyè.

saxophone sakstofòn.

say di; that is to say sètadi, dizon, kom ki dire; one would say (that) andire; let's say dizon, mete; go around saying mache di.

scabies gal.

scaffolding echafo, chafo, echafoday, chafodaj.

scald chode.

scales (to measure weight) balans, pèz; (of fish) kal.

scallion echalòt, jechalòt, chalòt, zechalòt.

scalp (n) kui tèt, po tèt.

scam koutay.

scapular eskapilè.

scarcity ratezon.

scarf foula, mouchwa; (way of tying a headscarf) tiyon, chiyon.

scatter gaye, grennen, simaye, simen, degonfle.

scatterbrained toudi.

scene (scandal) eskandal.

scent (n) odè, sant.

sceptical enkredil.

scheme (n) trafik, riz.

schemer bakónyè, mètdam.

scheming entrigan.

scholarly save.

scholarship (money) bous.

school (n) lekòl; (branch of
  university) fakilte; nursery school
  kindègadenn; primary school primè;
  secondary school segondè; (adj)
  eskolè.

schoolmaster (fish) pwofesè.

science syans, lasyans.

scissors sizo.

scold boure, obsève, reprimande,
  joure.

scooter twòtinèt.

scorched (fruit) chode.

score (20) ventèn.

score (v) (notch) filange.

scorecard mak.

scorn (n) mepriz.

scorn (v) meprize.

scornful look kout je.

scorpion eskòpyon.

scorpionfish (Scorpoena) vennkatrè.

scotch tape tep.

scoundrel afedam, aksyonnè, atoufè,
  kannay, koken, move je, move grenn,
  selera, malfèktè, vakabon, vagabon.

scour, scoured dekwote.

scram (v) grate.

scrap (bit) retay; tobacco scraps
  kaka garyon.

scrape (v) grate.

scraper gratwa.

scratch (n) (abrasion) kòche.

scratch (v) grate, grave, grafouyen,
  kòche; scratched grave.

scrawl (v) grifonnen, grave.

scrawny (child) krebete, grebete.

scream (n) rèl; (of baby) dyann.

screech owl chanwan.

screen (n) til, tuil.

screen, screened (v) triye.

screw (n) vis; have a screw loose
  (crazy) manke fèy.

screw, screwed (v) (on, in) vise;
  (have intercourse) plimen, konyen,
  kwoke, koke.

screwdriver tounvis, tonnvis.

scrub (n) (maquis) rak, mawon.

scrub, scrubbed (v) dekwote.

scrutinize detaye.

scum (on pond) limon.

sea lanmè.

seahorse chwal lanmè.

seal (n) (mark) so.

seal (v) kachte.

seam kouti.

seamstress koutiryè, koutiryèz, koutriyè,
  koutriyèz.

search (v) fouye.

seashell koki, kokiy.

season (n) sezon; dry season lesèk;
  rainy season lepli.

season, seasoned (v) sezonnen.

sea turtle karèt.

sea urchin chadwon.

second dezyèm; second grade preparatwa de.

secret sekrè, mistè.

secretary sekretè, segretè.

secretly anba chal, ankachèt, an soudin.

section (subdivision of a commune) seksyon.

secure (adj) alabri, ansekirite, anfòm.

secured (held in place) kore.

seduce sedui, sedi.

seducer zouti.

seductive woman zwa.

see wè, vwa.

seed grenn; round seed (used as marble) kanik, kannik, boul kanik.

seek chache, chèche; seek out fè eleksyon dèyè.

seem sanble, parèt, gen lè.

seep swente.

seer (female) divinèz, devinèz; (male) divinò, divinè, devinè.

seize sezi, manche, anpare, fè dapiyanp sou.

selfish egois, rayisab.

self-reliant endepandan.

sell vann; sell generous portions vann gwo; sell one's soul dane.

seller (seller one buys from regularly) pratik.

selvage li.

send voye, espedye, ekspedye; send (someone) for voye chache; send away ranvwaye, ranvoye, voye ale; send someone packing choute.

senile entatad, annanfans; senile person darati.

senior year reto, retorik.

senna (Cassia obovata) sene.

sense. common sense bonsans, konnesans, konesans, bonnanj, bònanj.

sensibility sansiblite.

sensitive sansib.

sentence (n) fraz; (judgment) santans.

sentry faksyonnè; sentry box gerit.

separate (v) separe; separated separe, grennen, detache.

separately apa, detache.

separation separasyon.

September septanm, sektanm.

sergeant sèjan.

series seri.

serious serye.

seriously serye, oserye, seryèzman.

sermon prèch.

servant bòn, estekoun, tchoul, restavèk, tigason; (disciple) sèvitè; (of the voodoo deities) ousi, housi.

serve (v) sèvi; (serve refreshments to guests) resevwa, resevra.

service (favor) sèvis.

sesame jijiri, wowoli, hoholi.

session seyans.

set (n) (of kitchen utensils) batri; (adj) (permanent) fiks.

set (v) mete; (trap, fishnet) tann; (an example) trase egzanp; all set anfòm.

setback kontraryete, kontraryezon.

setting. place setting kouvè.

settle (arrange) regle; (liquid) poze, settle the price fè pri, fè jis pri.

settlement (of account) regleman.

seven sèt.

seventeen disèt.

seventeenth disètyèm.

seventh setyèm; seventh grade sizyèm.

seventieth swasanndizyèm.

seventy swasanndis.

several plizyè.

severe (strict) sevè, rèd; (face) redi.

severely grav.

severity severite.

sew koud.

sewer rego, egou.

sewing kouti; sewing lessons kouti, leson koup.

sex. have sex fè, fè bagay, koupe, taye.

sexton sakristen.

sexy anfòm.

shabby vye, delala.

shadow (n) lonbray, lonbraj.

shadow (v) file.

shady character biznismann, mafya.

shake (v) souke; shake hands bay lanmen; shake hands on (finalize) kase.

shallot echalòt, jechalòt, chalòt, zechalòt.

shame (n) wont.

shameless sanwont, je chèch, devègonde, odasye.

shape (n) fòm; in shape anfòm; in good shape anflèch, an denmon.

shape (v) (wood) agreye.

share (n) pa.

sharecropping demwatye.

shark reken; (ferocious type) pantoufouye.

sharp file; (exactly) won.

sharpen file.

sharpshooter chatchoutè, vizè.

shave (v) raze, fè labab; (one's head) kale.

shaving brush blewo.

shawl chal.

she li, l, manmzèl.

sheath fouwo.

shed (shack) kounouk.

sheep mouton.

sheer (transparent) klè.

sheet (bed sheet) dra; (of paper) fèy; sheet metal tòl.

shelf etajè.

shell (n) kal, po; (seashell) koki, kokiy.

shell (v) degrennen, grennen, kale, degouse; shelled angren.

sheltered alabri.

shepherd gadò, gadè.

sheriff chanpèt; county sheriff chèf seksyon; deputy sheriff delege, soukèt lawouze, choukèt lawouze.

shine (v) sire, klere, listre; shined sire.

shiny klere; (with dirt) sire.

ship (n) batiman.

shipowner anmatè.

shirt chemiz, chimiz, blouzon.

shirttail zèl chemiz.

shit (n) (excrement) kaka, kabine, poupou, tata; shit! lanmèd!, mèd!, nanmèd!, myann!, holy shit kòmanman!, koumanman!, koubabi!, koubaba!

shit (v) (defecate) chye, kaka, poupou, tata.

shiver (n) frison.

shiver (v) tranble.

shock (n) (electrical) kouran; (emotional) emosyon, sezisman.

shock (v) sezi; shocked kè kase, kè sote, sezi.

shocking terib.

shoe (n) soulye; (rubber shoe) boyo; (plastic shoe) fabnak; (with practically no heel) balerina; remove the shoes of dechose; put cleats on shoes fere.

shoe (v) (a horse) fere.

shoelace lasèt.

shoemaker kòdonnye, kòdónye; (who sews uppers) pikè.

shoe polish plakbòl, blakbòl, siray.

shoeshine boy chany.

shoe tree fòm.

shoo chi!, chou!

shoot (n) (plant) jèm, boujon.

shoot (v) (with a gun) fizye, fiziye, tire; (a ball) choute; (star) file.

shooter (marble) bika.

shop (n) (store) boutik, chòp; (workshop) chòp; cabinetmaker's shop ebenis, ebennis.

shore (n) rivay.

short (adj) ba, kout; (close-cropped) ra; short person choukèt; in short egal.

shortage rate.

shortchange bay bouden.

shortcut (n) chemen koupe, chemen dekoupe.

shorten, shortened ratresi.

shorts (underwear) kalson; (short pants) chòt, bout pantalon.

shot (injection) piki; (soccer) chout.

should dwe, dwè, do, fèt pou.

shoulder zepòl, epòl; (cut of meat) palèt; slung over the shoulder an bandoulyè; give someone the cold shoulder vire do (ba).

shove (v) raboure, bourade; shove back bouskile.

shovel (n) pèl.

show (n) (pretense) teyat.

show (v) montre, moutre, mete deyò; (a film) pase; show off fè banda, fè enteresan, bay jòf, bay payèt; show up (appear) prezante.

shower (n) (cement shower stall) basen; take a shower benyen.

shower (v) (with insults) detike, detaye, bonbade.

showing (performance) seyans.

show-off grandizè, granchire, granfòma, granpanpan.

shrimp chèvrèt.

shrine (house) kay mistè.

shrink ratresi; shrunken rale, ratresi.

shudder (n) frison.

shudder (v) fremi.

shuffle (cards) bat kat, tape kat, demele kat.

shun pa gen bonjou avè.

shut (v + adj) fèmen.

shy fèmen, timid, pentad; painfully shy person bebe chòchòt.

sick malad; (sick from overeating) ayik; sick person maladi, malad.

sickening rebitan.

sickle boutdigo, sèpèt.

sickly chetif, anbrizi, kata, malvini, petevi, rasi; (child) krebete, grebete; sickly person malswen.

sickness maladi.

side (n) bò, kote, fas; (of building) fasad; right side (clothing, fabric) landrèt, landwat; wrong side (clothing, fabric) lanvè; on the side of, at the side of arebò; on all sides, on both sides tribòbabò, tribòrebabò; on the other side lòtbò; on the opposite side anfas; choose sides fè kan; take sides with fè kan, mete avèk.

sideburns pafouten, fafouten.

sidewalk pewon, twotwa.

sideways antravè.

sieve (n) paswa.

sieve (v) koule, pase.

sift koule, pase.

sigh (n) soupi.

sign (n) siy, sin; (notice) ekrito;
   sign of the cross onondipè, siyde-
   lakwa, sinakwa.

sign (v) (one's name) siyen.

signal (n) siyal.

signal (v) siyale.

signature siyati.

silence (v) (someone) koupe lalwèt.

silk swa.

silky swa.

silly nyè; silly person dan griyen;
   act silly fè tenten.

silver ajan.

silverware ajantri.

similar parèy.

simple senp.

simpleton gaga.

sin (n) peche.

sin (v) fè peche.

since (temporal) depi, denpi;
   (because) puiske, pliske, piske,
   kòm, davwa, daprezavwa, dèske.

sincere serye.

sincerely sensèman.

sincerity bònfwa.

sing chante.

singe flanbe.

singer chantè; singer and song
   writer chansonnyè; singer who
   improvises songs at a "konbit"
   sanba.

sink (n) lavabo.

sink (v) anfonse, koule.

sinner pechè.

sip (v) sip slowly (to make something last)
   siwolin.

siphon (n) konbèlann.

sisal pit, karata.

sissy makòmè.

sister sè, sò; (nun) sè; (used
   between mother and godmother of
   a child) makòmè, kòmè; (considered
   a sister because of shared
   experience) sè bra.

sister-in-law bèlsè, bèlsò.

sit chita; (sit with dignity)
   kadre; sit down at the table
   chita sou tab; sit up with veye.

site (birthplace) site; building
   site anplasman, chantye.

situation sitiyasyon, sityasyon.

six sis, si, siz.

sixteen sèz.

sixteenth sèzyèm.

sixth sizyèm; sixth grade sètifika,
   mwayen de.

sixtieth swasantyèm.

sixty swasant, swasann.

sixty-six desiskole.

size (n) gwosè, gwòsè, grandè;
   (clothing) nimewo, limewo.

skeleton zosman.

sketch (n) desen.

sketch, sketched (v) trase.

skid (n) patinaj, patinay.

skilled fere, fò.

skillful abil.

skin (n) po.

skin (v) (graze) dekwennen;
  (punish) deplimen.

skinny mèg, chèch.

skirt (n) jip; straight skirt
  antrav.

skull bwatèt, zo tèt, zo bwatèt,
  zo kokolo tèt.

sky syèl.

slack lach.

slander (n) chantay, kout lang.

slander (v) bay moun non.

slanderer medizan, zonzon.

slant (v) devye.

slap (n) kalòt, souflèt, palavire,
  pataswèl, tabòk, panzou; (with the
  back of the hand) sabò.

slap (v) souflete, kalote, tape,
  sabote; slap in the face degyole.

slate (n) adwaz.

slaughterhouse labatwa, palan.

slave (n) esklav, estrav.

slave (v) (slave away) trimen,
  bourike, redi.

slavedriver (hard taskmaster)
  bouwo.

slavery esklavay.

sleep (n) somèy, sonmèy, dòmi,
  dodo; (eye matter) kaka je, lasi;
  put to sleep andòmi.

sleep (v) dòmi.

sleeping nan dòmi.

sleepy dòmi nan je.

sleepyhead kouchadò.

sleeve manch.

slice (n) tranch.

slice (v) tranche; (slice thinly)
  dole.

slide (n) (playground) glisad.

slide (v) glise, patinen.

slight (adj) ti, piti, tou piti.

slight (v) vag.

slightest mwenn.

slightly lejèman.

slim (adj) mens.

slim down megri, degrese, degwosi,
  kase.

slimy glise.

slingshot fistibal, pistenbal.

slip (n) (foot action) glise, glisad;
  (underwear) jipon; make a slip
  of the tongue depale.

slip (v) glise, patinen.

slippers pantouf.

slippery glise.

sliver lèz.

slobber (n) bave, bav.

slobber (v) bave.

slope (n) pant.

slot machine djapòt, dyapòt.

slovenly salòp; slovenly woman
    salòpèt.

slow lant, lan.

slowly lant, dousman; slowly but
    surely piti piti.

slowpoke mizadò.

sluice gate vàn, vann.

slut pòy, piten, vakabòn, vagabòn.

sly malen, rize, rizèz, dare,
    entelijan, mètdam; sly one bakónyè,
    timalis; sly woman (malicious)
    manman penba.

slyness degenn.

smack (n) (slap) tabòk.

small ti, piti.

smallpox vèrèt.

smash (v) kraze, krabinen; smash
    one's face in demachwele.

smear (v) babouye, bade, badijonnen.

smell (n) odè, sant.

smell (v) santi.

smelly santi.

smile (n) souri.

smile (v) souri.

smock blouz.

smoke (n) lafimen.

smoke (v) fimen.

smooth (adj) lis, degochi.

smooth (v) lise; smooth out deleze,
    degochi, degwosi.

snack (n) goute, soloba, zagribay;
    snack food fridòdòy.

snack bar (restaurant) ba.

snail kalmason.

snake koulèv; (kind of snake)
    madlenn.

snap (n) presyon.

snap at (answer rudely) beke.

snapper (Lutianus) sad.

snare (n) chitatann.

snatch rape.

sneak away fonn.

sneakers tenis.

sneeze (v) estènen, estene.

snob fèzè.

snobbish fè lafrans.

snobbishness potokòl.

snoop (n) anbadjòl.

snoopy fouyapòt, friyapòt, fouyadò.

snooze (n) asoupi, kabicha.

snooze (v) asoupi.

snore (n) wonfle, wonf.

snore (v) wonfle.

snort (v) annafle.

snot (mucus) kaka nen, larim.

snowcone fresko.

snuffbox tabatyè.

so (so much) si, sitan, tèlman,
  tank, tan; (so very) tèlman,
  sitèlman; (thus) alò, alòs; (well
  then) alò, alòs, enben, ebyen,
  anben, atò; so and so entèl, intèl,
  yontèl; and so on, and so forth
  kesekwann kesedjo; so that pou,
  ki fè; so what? ki mele m?

soak tranpe, mouye tranp.

soap (n) savon.

soap (v) savonnen.

so-called swadizan.

soccer foutbòl, foukbòl.

soccer player foutbolè, foukbolè.

social (adj) sosyal.

society sosyete, lasosyete; secret
  society bizango, chanprèl, sanpwèl.

socks chosèt.

soda. bicarbonate of soda bikabonnak,
  bikabonnat.

sofa divan, kanape.

soft mou, douyèt.

soft-boiled (eggs) mole.

soil (n) tè.

soil (v) sal, salope, tòchonnen;
  soiled sal; easily soiled
  salisan.

soirée sware.

sojourn ladesant, desant.

solder soude.

soldier solda, gad, jandam, bèt
  seren.

sole (of shoe) semèl; (of foot)
  planpye.

solemn (somber) mòksis.

solid solid, fèm; (exclusively)
  masif.

solitary apa.

somber (melancholy) sonm, mòksis.

some de, de twa, dezoutwa, kèk,
  enpe.

someone entèl, intèl, yontèl.

something kichòy, yon kichòy, yon
  bagay; something for nothing
  byen san swe.

sometimes pafwa, tanto; it sometimes
  happens konn.

son pitit-gason.

song chan, chante; "konbit" song
  gwonde.

son-in-law bofis, bofi.

sonny monfi.

soon talè, titalè, toutalè; as soon
  as lè, sito, depi, denpi.

sophomore class (high school) twazyèm, brevè.

sorcerer zòbòp, galipòt, galpòt.

sore (n) blese, malad; (infected sore) baka, java, maleng, mayas.

sorrow lapenn, lapèn, chagren, tristès, chagrinman.

sorrowful chagren.

sorry. be sorry regrèt.

sort (n) (kind) espès, kalite, kalte, jan.

sort (v) triye.

sorter triyèz.

soul nanm; All Souls' Day Fètdèmò.

sound (n) son, bri.

sound (v) (make a sound) sonnen; (probe, measure depth) sonde.

soup soup, bouyon; fish soup bouyon pechè.

sour (adj) (acidic) si, asid; (milk) tounen.

sour (v) (milk) tounen.

soursop (fruit) kowosòl, kòwòsòl.

south sid, nansid.

souvenir souvni.

sovereign (adj) souvren.

sow (n) twi.

sow (v) fè semans, simen.

sowing plantasyon.

space (n) plas.

spade (cards) pik.

Spanish panyòl.

spank (v) flanbe, filange, kale.

spanking kal, bandwòl.

spare (n) (spare part) rechany, rechanj.

spare (v) menaje.

spark (n) etensèl, tensèl.

spark plug bouji.

sparrow hawk grijyou.

sparse defouni.

speak pale; (speak affectedly) pale pwenti; (speak idly) tchanse; (speak melodiously) pale-chante.

special espesyal.

speckled pent; (chicken) zinga, zenga.

speculator espekilatè.

speech (discourse) diskou.

speed (n) vitès, rapidite, boulin; high speed vitès.

speed (v) kouri; speed up akselere.

speeding vitès.

speedy rapid.

spell (n) (charm) cham, badji; evil spell batri, djòk, dyòk, maldjòk, espedisyon, ekspedisyon; put a spell on chame, djoke, pran nanm, fè mal, voye mò, mete bouch.

spell (v) eple.

speller (book) abese.

spend (money) debouse, depanse;
  (time) fè; spend the night desele,
  desann.

spendthrift dejwe, dejwa, gaspiyè.

sperm dechay.

spice (n) epis, zepis; (for tea)
  epis te, epis dous; (hot spices)
  asid.

spicy pike.

spider anasi, annasi, ariyen, arenyen,
  zariyen, zarenyen.

spike heels talon kitkit.

spin (v) (cotton) file.

spinach zepina.

spine rèl do, chinen-do.

spineless (cowardly) fenyan, lach.

spirit (liveliness) egzaktitid;
  (evil spirit) mò, ranvwa;
  (procedure for warding off
  an evil spirit) arèt; (protective
  spirit) disip, mistè.

spirited cho, egzat, djanm.

spit (n) (spittle) krache.

spit (v) krache.

spite. in spite of malgre, atout.

spittle krache; (dried spittle) bòkè,
  bokyè.

splash tchouboum!

splinter (n) eklis, klis.

split (v) fann, pete; (leave) bat
  zèl, sove, chape poul, chape kò,
  vole, flay, vire do, mete deyò.

spoil, spoiled gate.

sponge eponj; (drinker) alanbik;
  sponge cloth tanpon.

sponger (moocher) reskiyè.

spool bobin, sigarèt, plòt.

spoon (n) kiyè.

spoonful kwire.

spot (n) tach; (white spot on fingernail)
  kado; (place) pozisyon.

sprain (n) antòs, antòch.

sprain, sprained (v) foule.

sprawled blayi.

spray gun (for insecticide) flit.

spread out (v + adj) tann, blayi,
  etale.

spree. go on a spree banboche.

spring (n) (elastic device)
  resò, (of water) sous, tèt dlo;
  box spring somyè, somye.

spring (v) (forward) vole.

sprinkle (n) (rain) farinay, farinaj,
  wouze.

sprinkle (v) (with powder, sugar, etc)
  soupoudre, (with water) awoze;
  (rain) farinen.

sprinkling can awozwa.

sprout (v) leve.

spruce up degriji; spruced up banda,
  bwòdè, chèlbè.

spry enganm, engam.

spur (n) zepon.

spy (n) alapis, espyon.

squabble (v) tiraye.

squadron (military) eskwad.

square (shape) kare; (tool) ekè;
(true) alekè; town square plas.

square up kare.

squash (vegetable) militon.

squat (n) krapodin.

squeeze (v) peze, kwense; (to extract
juice) pire, prije, pije.

squid chat-wouj.

squint, squinted (v) pich-pich.

squirm jigote, bat kò.

squirrelfish (Holocentrus ascensionis)
kadinal.

stab (v) ponyade, pike, djage, dyage,
fwennen, frennen.

stack (n) pil.

stadium estad.

stage (phase) degre; (theater) sèn.

stagnate (water) chita.

stain (n) tach.

stain, stained (v) tache.

stairs eskalye.

stake (n) (post) pikèt; (bet) miz.

stake (v) (gambling) mize.

stale rasi.

stall (v) kale.

stamina rezistans, fyèl.

stamp (n) (postage) tenm, tenb;
(device for stamping) etanp.

stamp (v) (authorize) sele;
stamped sele, tenbre.

stampede (of people) kouri.

stamper danm.

stand (n) (for selling wares) bak.

stand (v) kanpe; (stand still) kanpe;
(stand on one's hands) plake;
stand one's ground kare kò;
stand (something) up kanpe; stand
(someone) up bay yon payèt, bay
poto; stand up for blanchi.

standing (upright) kanpe.

star (n) zetwal.

star apple (Chrysophyllum cainito)
kayimit.

starch (n) lanmidon, lamidon; corn
starch farin mayi.

starch, starched (v) anmidonnen,
midonnen.

stare (at) fikse, fiske.

start (n) kòmansman, amòs; to start
with anpatan.

start, started (v) kòmanse, konmanse,
koumanse, amòse; (start + v) kòmanse,
konmanse, koumanse, mete, pran,
tanmen, tonbe; (a car) estat;
(fighting, etc) leve, pete; (in
surprise) sote, pantan; start
over rekòmanse, rekoumanse.

starter estatè.

startle sepante; startled sezi,
vapore, pantan.

state (condition) eta.

station(n) estasyon; gas station
ponp gazolin, estasyon gazolin;
station wagon (used for public
transportation) kamyonèt,
kamyonnèt.

statue estati.

stay (v) (remain) rete; (spend
time) fè; (stay overnight) desann,
disann, desele; stay late mize;
stay in one's place fè wòl.

steadily diranpandan, dirantpandan,
san dezanpare.

steak griyad.

steal (v) vòlè, vòlò, volè.

stealthily anchatpent.

steel wool paydefè.

steep (adj) apik.

steer (n) bèf; draft steer bèf
kabrèt.

steering wheel volan.

stem (of fruit) bòk; (of plantains,
of bananas) rejim.

stempost estrav.

stench fre.

step (n) pa; (of a stairway)
mach; (first walking steps) de; in
step opa.

step (v) (step on) pile.

stepdaughter bèlfi.

stepfather bòpè.

stepmother bèlmè.

stepson bofis, bofi.

sternpost estanbòt, etanbòt.

sternum biskèt.

stethoscope sonn, sond.

stevedore bèf chenn.

stew (n) ragou; stew meat dòb.

stick (n) baton, bwa, bagèt, digèt,
djigèt; hoop stick gidon.

stick, stuck (v) kole.

sticky gonmen; make sticky gonmen;
sticky fingers (thieving tendencies)
dwèt long.

stiff rèd.

still (n) alanbik; (calm) frèt;
(adv) toujou.

sting (v) pike, bobo.

stingy chich, kras, peng, kòkòtò;
stingy person chichadò, chicha.

stink (v) santi; stink like a goat
santi bouk.

stir (v) brase.

stirrup etriye, zetriye.

stitch (n) (embroidery) pwen, pren.

stockings ba; thick stockings ba chosèt,
ba koton; wear stockings bate.

stomach (n) lestomak, lestonmak, fal,
vant.

stomachache vant fè mal.

stone (n) galèt, wòch.

stone (v) kalonnen, kalònen.

stool bankèt; (wooden block used as stool) biyòt, choukèt.

stoop (n) (porch) pewon.

stoop (v) bese.

stop (n) (bus stop, etc) estasyon; (put a stop to) mete ola.

stop (v) rete, sispann, bouke; stop by fè yon ti rive; stop up bouche; stop associating with depati; stop... ase ...

stopper bouchon.

store (n) magazen; variety store baza.

store (v) sere, mete nan depo.

storm (n) tanpèt.

storm (v) tanpete.

story kont, istwa; funny stories odyans; tell stories tire kont.

storyteller tirèdkont, tirè.

stout gwo; stout woman manman kòdenn, manman bèf.

stove (old fashioned) potajè.

stow arimen.

straight (adj + adv) drèt, dwat; (standing straight) debout, doubout; straight ahead toudwat.

straighten drese, dekwochi; straighten out (put in order) debarase.

straightforward drèt, dwat, kare.

straightforwardly kareman, karebare, tou bònman.

strain (n) (type) ras.

strain (v) (filter, sift) koule.

strange (peculiar) dwòl, biza.

strangle, strangled trangle.

stratagem plan, mannigèt.

straw pay; (for drinking) kalimèt; (straw bay) alfò, ralfò; (large straw bag with strap) makout, dyakout, djakout; straw tick payas.

street (road) lari; (location) ri.

streetwalking vakabonday.

strength fòs, kouray, manm, fòskouray; (moral) kouray.

strenuously rèd, di.

stretch, stretched (v) tire; (stretch oneself) detire; stretch out lonje, etale; stretched out laji.

strict sevè.

strike (n) grèv.

strike (v) (hit) frape, fwape; (strike in all directions with a club) voye chaplèt.

string (n) fisèl, fil.

strip (n) bann.

strip, stripped (v) (threads of a screw) fware.

stripe (mil.) galon.

stroke (blow) kou, kout; (swimming) bras, bwas; (med) (brought on by anger) kout san.

stroll (n) flann, vire, soti, sòti.

stroll (v) pwomennen, pwonmennen, balade.

strong fò, barak, manbre, potorik; (full-bodied) fò; (alcoholic) pike.

struggle (v) debat, lite, bat, goumen, twoke kòn; (to make ends meet) titile, penpennen.

strut bay payèt.

stub (n) bout; (of tooth) chouk dan.

stubborn tèt di, rèd, enkoutab, enkoutan, volontè.

stubbornness tèt di, zòrèy di, enkoutab.

stucco masonn.

student elèv.

studies klas, etid.

study (n) (office) biwo.

study (v) etidye, bat bèt.

stuff (v) boure, foure, (with food) kore; stuffed fasi, boure; (from eating) kore.

stumble (v) bite, kilbite, kase pye.

stump (arm, leg, etc) bout; (tree, etc) chouk.

stun toudi, desounen, desonnen; stunned kè kase, kè sote, toudi.

stunt (one's growth) siprime.

stunted siprime, rabi.

stupefy, stupefied gaga.

stupid sòt, bouki, ebete, enbete, enbesil, bèkèkè, annannant, kannannant, tèt kale, ensiyifyan, ensinifyan; stupid remark rans.

stupor. put into a stupor desounen, desonnen.

stutter bege.

sty (eyes) klou.

style (n) stil, mòd.

style (v) (hair) fè tèt.

subdue mate.

subpoena (n) manda, asiyasyon.

subpoena (v) asiyen.

subscription abònman.

subsequently apre, aprè, answit, lèfini.

substance (strength) nanm.

subterfuge detou.

subtraction soustraksyon.

succeed resi, reyisi, chape, mòde; succeed brilliantly (exams) kente.

success siksè.

successful bon.

such a (a certain) tèl.

suck souse, tòtòt, fè tòtòt.

sucker (candy) piwouli.

sucking sousèt.

suddenly sibit, briskeman.

suffer soufri, pase mizè, pase traka, pase mati; (endure) soufri.

suffering soufrans, kalvè, eprèv, tray.

sufficient kont, ase.

sufficiently kòrèk, nan règ.

suffocate sivoke, toufe.

suffocation etoufman.

sugar sik; brown sugar (hardened) rapadou.

sugar cane kann.

suit (n) (clothing) kostim, rechany; suit coat, suit jacket vès, levit, palto; wear a suit kostime.

suit (v) (fit well) chita.

suitcase malèt, valiz.

suitor filè.

sum montan.

summer ete, lete.

summon (v) (to court) konvoke, asiyen, site.

summons (n) asiyasyon, sitasyon, papye tenbre.

sun solèy, sòlèy.

Sunday dimanch.

superior siperyè.

supermarket makèt.

supervise kontwole.

supervision kontwòl.

supervisor sipèvizè, sipè, kontwolè, kontwòl.

supper soupe, manje aswè; eat supper soupe.

supple soup, lyann.

supplies founiti.

support (n) sipò.

support (v) soutni, apiye, kenbe; (financially) soutni.

suppose sipoze; supposed to sipoze, fèt pou; let's suppose (in the case that) sipozon.

supposedly swadizan.

supposition sipozisyon.

sure (certain) si.

surely siman.

surgeon chirijyen.

surgeonfish chirijyen.

surgery (operation) operasyon; perform surgery opere; undergo surgery opere.

surgical ward chiriji.

surly tchak.

surname (n) (family name) siyati; be surnamed siyen.

surpass baleye.

surprise (v) siprann; surprised sezi, vapore; (exclamation of surprise) koulangèt!, kòlangit!, komabo!, komapiston!, komatiboulout!, komastipoulout!

surround antoure.

survey (v) apante.

surveying apantay, apantaj.

surveyor apantè.

survive (v) (barely) dangoye,
dole, pyange.

suspect (v) sispèk.

suspenders bretèl, brètèl.

suspicious sispèk.

sustain abreje.

swallow (n) (sip) gòje, gòjèt,
(bird) iwondèl, ziwondèl.

swallow (v) vale.

swamp (n) marekay.

swap (n) twòk, boukantay.

swap (v) twoke, boukante.

swarm (v) fè bèt.

sway (v) balanse.

swear (cuss) joure, di mo; (assert
under oath) sèmante, jire;
(casually) fè kwa.

sweat (n) sue, swe.

sweat (v) sue, swe.

sweater swètè.

sweep (v) bale.

sweet dous.

sweeten dous, adousi, dousi, sikre;
(sweeten lightly) brake;
sweetened sikre; (slightly
sweetened) brak.

sweetheart chè, cheri, chou, ti
chat, choupèt, chouboulout, kòkòt,
koukout, toutou.

swell (adj) awo.

swell (v) anfle; swollen anfle,
bonbonfle; become less swollen
dezanfle.

swelling anflamasyon, enflamasyon,
louk.

swift (bird) zwazo lapli.

swim (n) beny mè.

swim (v) naje; know how to swim
konn dlo.

swimmer najè; (ace swimmer) dayiva,
dayva.

swimming alanaj.

swimming pool pisin.

swimming trunks chòtdeben.

swimsuit mayodeben, kostimdeben.

swing (n) (playground) balansin.

swing (v) (on a swing) fè balansin;
(swing one's hips) mabouya.

swipe (v) chipe.

switch (whip) wouchin.

swoop (v) pike.

sword epe, nepe.

Syrian Siryen.

syringe sereng.

syrup siwo.

syrupy siwolin.

system sistèm.

table (n) tab; dressing table
  kwafèz, poudriye.

tablecloth nap.

tack (n) (for shoes) klou gagit;
  (nail) klou bòkèt, bòkèt.

tact ladrès, adrès.

tadpole tèta.

tafia tafya.

tag (game) lago; (label) etikèt,
  letikèt.

tail (n) ke, tche; (of chicken)
  koupyon.

tail (v) (follow closely) talonnen.

tailor (n) tayè.

take (v) pran, pote, pot; (lead)
  mennen; (steal) pran; (consider as)
  pran; (an exam) desann, disann; (card
  game) koupe; (photographs) tire; (time)
  mete; take after eritye, pran bò kote;
  take away anpote, pote ale; take in
  (deceive) woule, blende; take it
  easy pran san, mouri poul; take it
  out on pase raj sou; take more
  repase; take off (leave) derape;
  take on (accept) andose; take
  one's time pran san; take out
  wete, wet; take place pase; take
  to one's heels chire; get taken
  pran kout ba.

tale kont, istwa; tall tale
  bouden, boulòk.

talisman wanga.

talk (v) pale; (talk animatedly)
  detaye; (talk nonsense) akouche;
  talk back replike; talk things
  out esplike, eksplike; useless
  talk tchans.

talkative paladò.

talker djòlè, dyòlè, frazè,
  kozè, paladò.

tall wo, ho; tall woman chwal
  angle.

tallow suif, swif.

tamarind tonmaren, tamaren.

tame, tamed (v) donte.

tamp (v) danmen.

tan (v) (leather) tannen.

tangerine mandarin.

tangle makònen, makonnen; tangled
  up antòtiye, makònen, makonnen.

tank (gas tank) tank.

tanner tannè.

tannery tannri.

tap (n) tap.

tap (v) tape; (pierce) tawode.

tape (magnetic band) tep;
  (cellophane tape) tep; (adhesive
  tape) adezif; tape measure
  santimèt.

tar (n) goudwon; coal tar kòlta.

tarantula ariyen akrab, krab banbara,
  krab arenyen.

tarlatan (cloth) talatàn.

taro malanga, karayib, karayiv,
  chou karayib.

tarpaulin prela.

tassel (corn) bab mayi.

taste (n) gou.

taste (v) goute.

tasteless fad.

tasty gou.

tatters. in tatters dechire.

taunt (method of taunting) chalbari, chalbarik.

tax (n) enpo, taks, dwa; property tax enpo lokatif; tax collector pèseptè; tax office kontribisyon.

taxi (n) taksi, laliy, laling, liy, ling.

tea (herbal) te, dite, tizann, tizàn; (cold) rafrechi.

teach anseye, aprann, montre, moutre.

teacher pwofesè, mèt.

teaching ansèyman, enstriksyon.

team ekip; choose teams fè yon de kan.

tear (n) (rip) akwo, dechire; tears (crying) dlo.

tear, torn dechire, chire; tear out rache; tear up dechèpiye; tear the crotch defouke.

tease (n) taken, takinè.

tease (v) takinen, agase, nui, nwi, anmède, bay chalè, bay chenn.

teasing takinè, taken, nuizib, nwizib.

technique teknik.

teething dantisyon.

telegram telegram.

telephone (n) telefòn.

telephone (v) telefòne, telefònen.

telescope (n) lonnvi.

television televizyon.

tell (v) rakonte, di, pale, bay, ba, ban.

temper. bad-tempered akaryat.

temperament dispozisyon, tanperaman.

temple (anatomy) tanp; (church) tanp, otanp; voodoo temple oufò, houfò.

ten dis, di, diz.

tenacious person nandeng.

tendency tandans.

tender tann, mou.

tenderness tandrès.

tennis shoes tenis.

tenon tennon.

tent tant.

tenth dizyèm; tenth grade twazyèm, brevè.

termite poul bwa.

tern fou.

terrace (n) teras.

testament testaman.

testicles grenn.

testimony temwànyay, temwànyaj.

tetanus tetanòs.

than (comparison) pase, ke.

thank (v) remèsi, remèsye;
  thanks mèsi, granmèsi; thanks
  to gras a, granmèsi; thank you
  mèsi, granmèsi.

thanksgiving aksyondegras.

that (demonstrative) sa, sila;
  (relative) ke, si, ki; that does
  it! sera seta!

the la, lan, a, an, nan.

theater teyat.

theatrical teyatral.

theft vòl.

their yo, y.

them yo, y.

theme (introductory musical theme)
  ochan.

themselves yo-menm, menm.

then lè-sa-a; (next) answit, epi,
  enpi, anpi, apre, aprè, lèfini;
  (in that case) donk; then! non!

there la, la-a; around there la-yo;
  from there etan la; over there laba,
  laba-a, lòtbò.

thereabouts la-yo.

therefore donk.

thermos tèmòs.

thick pwès, près; (abundant, dense)
  founi.

thicket rakbwa.

thickness epesè.

thief vòlè, vòlò, vòlèz, visye,
  chat dis dwèt; petty thief
  chat; accomplished thief manman
  chat, wa chat.

thievish visye.

thigh kwis, kuis.

thimble de, deyakoud.

thin (adj) fen, mèg, zo.

thin (v) (thin out) dekatiye,
  degrennen.

thing bagay, baay, choz, kichòy.

think panse, konprann; think about
  sonje, chonje, reflechi, etidye;
  wishful thinking tchans.

third twazyèm; third grade elemantè
  en.

thirst (n) swèf, swaf.

thirteen trèz.

thirteenth trèzyèm.

thirtieth trantyèm.

thirty trant, trann.

thirtyish (approximately thirty)
  trantèn.

this sa, sila; this..that sesi...
  sela.

thistle chadwon.

thorax kòf lestomak.

thorn pikan.

thoroughly sou de ti chèz, kou dlo.

thousand mil.

thrash (beat up) bimen, bay baton,
  bat, kale, wonfle, we.

thread (n) fil.

thread (v) file.

threadbare limen; wear threadbare
  limen.

threadfin (fish) babachat.

threat mennas.

threaten mennase, griyen dan
  sou.

three twa, twaz.

threshold papòt.

thrive pwofite.

thriving nan bòl, nan plat.

throat gòj, gòjèt, gagann; sore
  throat mal gòj; cut the throat of
  degòje, degagannen; (sound of
  clearing one's throat) rak.

throb lanse.

throne (toilet) twòn.

throng (n) ankonbreman.

through and through pak an pak.

throw (v) voye, jete, vòltije;
  (marbles, jacks, dice,etc)
  piye; throw away jete, voye
  jete.

throw-in (soccer) touch.

thrush chit.

thumb (n) pous.

thunder (n) loray, loraj, tonnè.

Thursday jedi.

thus konsa; (consequently) ositou,
  alèkile, atòkile, alò, alòs.

thyme ten.

tic (involuntary twitching) tik.

tick (parasite) tik, karapat;
  straw tick payas.

ticket (admission) kat; lottery
  ticket nimewo, limewo, biye,
  biyè; traffic ticket kontravansyon.

tickle (v) satouyèt, chatouyèt,
  zatouyèt.

tick-tack-toe titato.

tidbit (gossip) doub.

tie (n) (necktie) kravat, kòl;
  tie clasp, tie pin arètkòl.

tie, tied (v) mare, makònen, makonnen.

tied (score) nil, annile.

tiger tig.

tight sere, jis; (clothing) sere,
  plake.

tighten sere.

tight-fisted kòkòtò, kras, peng.

tightly sere.

tightwad chichadò, chicha, ti
  koulout.

tile mozayik, kawo.

tiller (ship) ba.

time (hour) lè; (moment) lè, tan;
(instance) fwa, kou; all the time
tout tan, toutan, toutlasentjounen;
at the same time tou, ansanm avèk;
at times tanzantan, detanzantan,
tanto; in time atan; alè, atan;
what time ki lè; a little at a
time an ti pislin, lit-lit;
every time you turn around chak
vire; once upon a time vwala,
se twouve se twouva; colonial
times lakoloni.

timid timid, fèmen; timid person
boubou.

tin fèblan; tin can mamit, fèblan,
kanistè, kannistè; tin can-full
mamit.

tinsmith fèblantye.

tiny tou piti, zwit, zuit.

tip (n) (end) pwent, prent; (for
service rendered) poubwa.

tippler gwògmann, gwògmàn, bresonyè,
bwèsonyè, tafyatè, bwasonyè.

tipsy. make tipsy soule.

tiptoe. stand up on tiptoe wose.

tire (n) kaoutchou, kawotchou, wou.

tire (v) fatige; tired fatige, bouke,
febli.

tire iron espatil.

tit for tat tèk an tèk.

title tit.

titmouse mezanj.

to nan, lan, ba, an, ann.

toad krapo.

tobacco tabak; tobacco scraps kaka
garyon.

today jodi-a, jodi.

toddler titit.

toe (n) zòtèy; big toe tèt zòtèy;
pointed toes (of shoes) bèk.

toe (v)  toe the line mache
èsès.

toenail zong.

together ansanm, reyini; get
together sanble, reyini.

toilet twalèt, twòn, komòd, konfò,
watè.

tolerable pasab.

tolerance tolerans.

tolerant charitab.

tolerate admèt, sitire, tolere.

tomato tonmat, tomat; tomato paste
pat tomat.

tomb tonm, kav, kavo, fòs.

tomcat matou, makou.

tomorrow demen, denmen, de.

tongs pens, pensèt.

tongue lang; stick out one's tongue
fè bèkèkè; tongue-tied person
bebe chòchòt.

tonic fòtifyan.

tonight aswè-a.

tonsillitis chè nan gòj.

tonsured sakre.

too (also) tou; (excessively) twò,
two; too much twòp.

tool zouti.

tooth dan; canine tooth kwòk dan,
dan chen; wisdom tooth dan zòrèy.

toothache mal dan.

toothbrush bwòs dan.

toothless fobop, fobo; toothless
person mazora.

toothpaste kòlgat.

top (toy) topi, toupi, doum;
(upper part) tèt, do, anlè, anwo;
on top of anlè, anwo; from top to
bottom deotanba.

torch chandèl, bwadife.

torment (n) touman.

torment, tormented (v) toumante.

torrent lavalas.

tortoise tòti; tortoise shell karapat
tòti, karapas tòti; (made of
tortoiseshell) annekay.

torturer bouwo.

total (sum) total, montan.

touch (v) touche, manyen, tate;
(affect) touche.

tough rèd.

tourist touris; tourist guide
tchoul.

towel sèvyèt.

town vil.

toy (n) jwèt, joujou.

toy (v) ranse.

trace (n) tras.

trace, traced (v) trase.

track (n) tras; (of sliding door)
glisyè.

tract (leaflet) trak.

tractor traktè.

trade (n) (commerce) konmès, kòmès;
(occupation) metye; coastal trade
kabotaj, gabotaj.

trade (v) (swap) twoke, boukante.

traffic sikilasyon.

train (n) tren.

train (v) (practice) antrene,
egzèse.

training edikasyon, ledikasyon,
endikasyon.

traitor trèt, mòdesoufle.

tramp (n) nèg sal, grennponmennen,
grennpwomennen.

trance trans.

tranquil trankil.

tranquillity trankilite.

transaction tranzaksyon.

transparent klè.

transplant (v) (seedlings) pike.

transport (v) charye, chaye,
chawaye, bwote.

transportation (types of public transportation) okazyon, taksi, laliy, taptap, kamyonèt, kamyon.

trap (n) pèlen, pyèj, chitatann; fish trap nas.

trapped pran nan lak.

trash fatra; (person) salopri.

travel (v) vwayaje, voyaje.

traveler vwayajè.

trawl (fishnet) sèn, senn.

tray kabare, kabarè, plato; (for three stoneware pitchers) krichon; (for selling wares) bak, brankèt, bankèt; winnowing tray laye, bichèt.

treacherous pèfid.

tread on pilonnen, foule.

treasure trezò; (buried treasure) ja, dja; (person put on a pedestal) biblo.

treasurer ekònòm.

treat (v) trete.

treatment trètman.

tree pyebwa, pye, bwa; (kinds of trees) bayawon, bayawonn; bwadòm; chapo kare; (Hura crepitans) sabliye; (Gayacum officinale) gayak. See also names of trees.

tremble (v) tranble.

trembling tranble, tranbleman; (nervous, trembling) latranblad.

tremendous sèl, estwòdinè.

tremor (of fear) batmannkè.

trestle treto.

trial (tribulation) eprèv, kalvè, flo.

tribe (in voodoo) nasyon.

tribulation tribilasyon, eprèv, kalvè.

trick (n) trik, tou, plan, riz, fent; (for theft of electricity) konbèlann; last trick (at cards) ladennyè; dirty trick malfezan; play a dirty trick bay kout ba.

trick (v) fente.

trifle (n) bagatèl, detay, kaka garyon, kaka rat; for a trifle pou dan ri, pou dan anri.

trifle (v) ranse.

trigger (n) gachèt.

trim (n) aranjman.

trim (v) taye; (trim the hair around the forehead) chankre; (razor trim around the hairline) tchas.

trimester trimès.

trimming aranjman.

trip (n) vwayaj, wout.

tripe gradoub.

tripletail (Lobotes surinamensis) nandòmi.

tripping kwochèt, kochèt.

trivia peta.

trivial trivyal.

triviality kaka garyon, kaka rat.

trot (v) twote.

trouble (n) traka, annwi, ka; in trouble angaje; ask for trouble pote chat bay makou, mete chat veye bè.

trouble (v) chaje; troubled twouble, touble, chaje.

troublemaker bagarè, tapajè.

troublesome annwiyan, anmèdan, anmègdan.

trousers pantalon, kanson; (elephant leg trousers) pantalon palaso.

trowel tiwèl, flòt.

truck kamyon, machin; (with wooden sides) kamyon bwat; pick-up truck kamyonèt, kamyonnèt, taptap; tank truck kamyon sitèn.

true vre, sa.

truly serye, an verite, reyèlteman.

trump atou, datou; without trump (cards) abò.

trumpet piston, twonpèt.

trunk (part of body) bis; (baggage) mal; (of car) pòtchay, kòf; (of tree) bwa.

trunkfish (Lactophrys trigonis) kòf.

trust (n) (assurance) konfyans.

trust (v) fye.

truth verite, laverite.

try (n) atak, esè.

try (v) eseye, seye, tache; (make an effort) bat kò; (force oneself) fòse; (one's luck) tante; try on mezire, eseye, seye; try out eseye, seye.

T-shirt mayo, chemizèt avèk manch.

tub ja, dja.

tube tib.

tubercular pwatrinè, tebe.

tuberculosis tebe, maladi pwatrin.

tuck (n) (sewing) pens.

tuck up touse.

Tuesday madi.

tuft tif.

tuft touf; (tuft of hair that is longer than the rest) chichin.

tug (v) redi.

tumble (n) so.

tumble (v) kilbite; tumble down deboulinen, gengole, grengole, degengole.

tune (n) lè.

turkey kodenn, kodèn; (male) joubabye.

turn (n) (change of direction) vire; (in order) kou; (short walk) chankre, vìre.

turn (v) vire, devire, kase; turn around vire; turn a corner kase koub; turn (someone) away repouse; turn back kase tèt; turn into (become) tounen; turn on ouvè, limen; turn off (extinguish) etenn, tenyen, touye, tiye, tye; (a path) chankre.

turnip nave, navè.

turpentine terebantin.

turtle tòti; sea turtle karèt;
  turtleshell karapat tòti, karapas
  tòti.

turtledove toutrèl, titirèl, tot.

tweezers pensèt.

twelfth douzyèm; twelfth grade reto,
  retorik.

twelve douz.

twentieth ventyèm.

twenty ven, vent, venn.

twilight bren, brenn, brin, labrin,
  labrenn, gwo brin.

twin marasa.

twist, twisted (v) tòde, tòdye;
  (into rope) kòde; twist
  and turn mouvmante.

two de, dez.

two-faced pès, kouto de bò, kouto
  fanmasi.

type (n) (kind) espès, kalite,
  kalte, jan.

typhoid lafyèv tifoyid, tifoyid.

udder manmèl.

ugh wouch!

ugliness lalèdè, lèdè.

ugly lèd, makawon; ugly person
mazora, zoulou.

uh hey!, he!

uh-uh (yes) anhan; (no) en-en, en-
hen, an-an.

ulcer (skin ulcer) chank.

umbilical cord kòd lonbrit, lonbrit,
lonbrik, nonbrit.

umbrella parapli, voumtak.

unassuming senp.

unbearable ensipòtab.

unbelievable enkwayab.

unbeliever enkwayan.

unbutton, unbuttoned deboutonnen.

uncertain anbalan.

unchained dechennen.

uncle monnonk, nonk, tonton.

uncleanliness malpwòp.

uncomfortable jennen.

unconscious san konnesans.

uncork debouche.

uncouth bourik, gwo soulye,
gwo sowe; uncouth person
mònye.

uncover dekouvri.

under anba.

underarm anbabra, zesèl.

underbrush bwousay, bousay, raje.

undercook, undercooked rabi.

underdeveloped (child) rasi.

undergo sibi.

undergrowth raje, bwousay, bousay.

underhandedly an katimini.

underneath anba.

underpants kilòt, pantalèt;
have one's underpants showing
vann, bay jòf.

undershirt chemizèt, chimizèt,
kamizòl, kanmizòl; (patchwork
undershirt) chemizèt madyòk.

understand konprann; is that
understood? tande?

understanding antannman, konprann;
(agreement) antant.

undertaker antreprenè, benyè.

underwear (shorts, briefs) kalson;
(panties) kilòt, pantalèt.

underweight (child) dedi.

undo defèt, lage; (links of a chain)
demaye.

undress, undressed dezabiye.

undulate (the hips) gouye.

unearth detere.

uneasy enkyè, pa nan lokal.

unemployed dezevre; unemployed
person chomè, dezevre.

unexpectedly sanzantann.

unfair enjis.

unfairly enjis.

unfold, unfolded deploye.

ungrateful engra.

unhappy mekontan.

unhook dekochte; (take down)
  dekwoke.

uniform (n) inifòm.

uniformed iyoran.

uninteresting raz.

union (labor union) sendika.

unit grenn.

United States Etazini, Ozetazini.

unjust enjis; unjust action lenjistis,
  enjistis.

unkind malonnèt.

unlatch detake.

unless amwenske.

unload debake, dechaje.

unmatched depaman.

unnecessary initil.

unpleasantness dezagreman.

unplug deploge.

unprincipled enkonsyan.

unreliable asirepasèten.

unripe ole, vèt, wòwòt.

unroll dewoule, deploye,
  deplòtonnen.

unruly pòt, deregle, brigan.

unsaddle desele.

unscrew devise.

unscrupulous anjandre, bakoulou,
  je chèch, malonnèt.

unseal dekachte.

unsightly (person) makwali, makwal.

unstable lenkonduit.

unstick, unstuck dekole.

unstitch dekoud.

untamed bosal, mawon.

untangle demele, demakònen.

untidy debraye, debaye.

untie delase, demare, lage.

until jis, jous, jouk, jistan,
  jouktan, joustan, jiskaske; until
  now joukensi.

unwell bibi.

unwind debobine, deplòtonnen;
  (relax) delase.

unwrap devlope.

unzip dezipe.

up anlè, anwo; up there anwo;
  up yours! (retort to an insult)
  nan dan-ou!

upbringing levasyon, elevasyon,
  edikasyon, ledikasyon, endikasyon.

upper part anlè.

uvula lalwèt.

upright (honest) drèt, dwat,
onèt, onnèt, debyen; (standing
up) debout, doubout; (n) (post)
montan.

uproar eskandal, kabal, woy-woy.

uproot dechouke, derasine.

upset (adj) (irritated) vekse, vèkse,
vepse, eksite, èksite, chaje,
myèl.

upset (v) (disturb) boulvèse,
kontrarye.

upside-down chavire, tèt anba.

upstairs anwo.

upstart eklereta, patekwè, dirakwa.

urge (v) pouse.

urinate pipi, pise.

urine pipi, pise.

us nou, n; one of us (considered a
member of the family) moun kay,
moun lakou.

use (v) itilize, anplwaye, sèvi
avèk.

useful itil.

useless initil, nil.

usurer ponya.

usury kout ponya.

utensils (for cooking and eating)
veso; kitchen utensils batri kuizin.

uterus matris, lanmè.

utterly nètalkole.

vacation (n) vakans.

vaccinate vaksinen.

vaccine vaksen.

vagabond vakabon, vagabon, avadra, aladen, chen san mèt, vatevyen.

vagina kanal, kannal.

vagrant kòk savann, grennponmennen, grennpwomennen.

vague vag.

vain chèlbè, aristokrat, odsid, odsi; in vain pou granmèsi.

value (n) valè.

value (v) estime.

vamp (shoe) anpeny.

van kamyonèt, kamyonnèt, taptap, gwagwa.

vanity (dressing table) kwafèz, poudriye.

variety (type) espès, kalite, kalte, jan.

various divès.

varnish (n) vèni.

varnish (v) vèni.

vase po.

vaseline vazlin.

vat ja, dja; (for fermenting sugar cane) pyès.

vegetable legim; vegetable dish legim; (starchy vegetables) viv; (leafy green vegetables) feyaj.

vegetate vejete.

vehicle machin.

veil (n) vwal, vrèl.

vein venn.

velvet vlou.

vendor machann; regular vendor pratik.

venture (n) atak.

venture (v) azade.

veranda galri, galeri.

verb vèb.

verification kontwòl, tchèk.

verify tcheke, kontwole.

verse (song) kouplè; (Bible) vèse, vèsè.

version (account) katon.

Vertières Vètyè.

vervain vèvenn, vèvèn.

very trè, anpil, byen, ben, gentan, vye, vyep.

vespers vèp.

vessel (ritual vessel in voodoo) govi.

vest (n) blouzon.

vestige tras.

vetiver (Anatherum zizanoides) vetivè.

vex, vexed vekse, vèkse, vepse, kontrarye.

vice vis.

vicinity alantou.

victim viktim; disaster victim sinistre.

victimized sinistre.

victory viktwa, laviktwa.

vigilant veyatif, veyatik.

village bouk.

villain malfèktè.

villainous selera.

vinegar vinèg.

violent malandouran.

VIP zotobre, gwo zotobre, gwo nèg, gwo popo, gwo bwa, gwo zouzoun, gran nèg.

virgin tifi, vyèj, vyèy; Virgin Mary Lavyèy.

visa viza.

visible vizib.

visibly avidèy.

vision vizyon.

visit (n) vizit; short visit vizit doktè.

visit (v) vizite, rann vizit; visit the scene of the crime fè vizit delye.

visitor vizit, vizitè, etranje.

vitamin vitamin.

voice (n) vwa, ògàn.

volume volim.

volunteer (n) (in the militia) vòlontè.

vomit (n) vèsman, vonmi, vomi.

vomit (v) vonmi, vomi, vwonmi, vèse, rechte, rejte, rann, bay djapòt.

vomiting vomisman, vonmisman, rejetman.

voodoo vodou.

vote (v) vote.

vow (n) ve; bound by a vow an ve.

vulgar òdinè, gwosye, bawòk, demeplè, enferyè, enfèyè.

wage (n) apwentman, aprentman.

wager (n) pari, paryay, paryaj.

wager (v) parye, paye.

wagon kabwèt, kabrèt.

waif chen san mèt.

waist senti, tay.

waistband tay.

wait (for) tann, espere; wait around pann; wait and see gade pou wè.

waiter gason.

wake (n) veye, vèy.

wake up reveye.

walk (n) vire, flann; take a walk fè yon vire.

walk (v) mache, pwomennen, pwonmennen; (accompany) bay wou lib; walk on pilonnen.

wall mi, miray; (of a house) panno.

wallop (n) frap.

wander trennen.

want (v) vle, anvi.

war lagè.

warbler chit.

ward. surgical ward chiriji.

ward off pare.

wardrobe (closet) amwa, lamwa.

warehouse ral, depo.

warm (v) chofe; (make lukewarm) detyedi, tyedi; warm up (motor, etc) pran elan; warmed over chofe.

warmth chalè.

warn avèti, pale.

warning avètisman; (advance warning) preavi.

warrant (n) manda; search warrant kat-blanch.

wary sou piga, demefyan, mefyan, veyatif, veyatik.

wash (n) (laundry) lesiv.

wash (v) lave; wash and iron lave-pase; wash the face of debabouye; wash up (on the beach) echwe, chwe.

washbowl lavabo.

washed-up chire, bannann.

washtub benywa.

waste (n) gaspiyay, gaspiyaj; waste products dechè.

waste, wasted (v) gaspiye; waste one's effort soufle nan banbou; wasted away dekrenmen, dechose, dezose.

watch (n) (timepiece) mont, lè; watch pocket bouse.

watch (v) gade, veye, gete; (keep an eye on) voye je, siveye; watch closely siyale; watch out for kenbe; watch over gade.

watchful veyatif, veyatik.

watchman wachmann, watchmann, gadyen.

water (n) dlo.

water (v) wouze, awoze.

watercress kreson.

waterfront bòdmè, bòdlanmè.

watermelon melon dlo.

watery dlo lolo, dlo.

wattle (n) klisad, klisay.

wattle (v) klise.

wave (n) (ocean) vag, lanm.

wave (v) voye men.

waver (v) tange.

wax (n) lasi; ear wax kaka zòrèy.

wax, waxed (v) sire.

way (route) chemen, chimen;
    (means) mwayen, fason; (mode)
    jan; in that way konsa; get out
    of the way rale kò.

we nou, n.

weak fèb, febli; (unwell) ba;
    (coffee, tea) klè.

weaken febli, demanbre, minen.

weakling petevi, soufri, ti soufri,
    azoumounou, lach, fenyan.

weakness fèblès, feblès.

wealth richès.

wealthy rich, byen, ben.

wean, weaned sevre.

weapon zam, lezam.

wear (v) mete; wear for the first
    time batize, frape; wear down
    minen; wear out (weaken) delala.

weather (n) tan; severe weather
    kout tan.

webfoot pye bate.

wedding maryaj, maryay, nòs.

wedge (n) blòk.

Wednesday mekredi.

weed (n) move zèb.

weed, weeded (v) sekle, sakle,
    debaba.

week senmenn, semèn.

weep kriye, rele.

weever (fish) viv.

weigh peze.

weight pwa; dead weight (useless
    person) manm initil; lift weights
    bat fè; put on weight gwosi;
    lose weight megri, kase,
    degrese, degwosi.

welcome (v) akeyi, resevwa,
    resevra; (welcome with open
    arms) pran ak de bra.

well (n) pi; (fine) byen, ben;
    (fitting) daplon; as well tou;
    not so well malman; very well
    byen pwòp, kòrèk; well then...
    alò, alòs, enben, ebyen, anben,
    bon.

well (v) (well up) souse.

well-behaved dosil, dou.

well-bred byennelve, defanmi,
    fen.

well-built (woman) anfòm.

well-known popilè.

well-mannered byennelve, defanmi,
    fen, janti.

well-off alèz, alèz kou blèz,
    chita, gwo po, nan byennèt.

well-to-do debyen, alèz, boujwa,
  gwo po.

welt louk.

werewolf lougawou, makanda.

west lwès.

wet (v + adj) mouye; wet one's pants
  swente.

whack (n) brimad, tap.

whack (v) koupe.

whale balenn, labalenn.

wharf waf, abò.

what ki, ki sa; what? en?, hen?;
  so what? ki mele m?; what a...!
  ala...!

whatever nenpòt; whatever may be
  kèlkeswa.

what's-his-name kisasa, kisakwèt.

wheat ble.

wheedle (v) anmadwe, amadwe, lolo,
  lole, lola, pete.

wheel (n) wou.

wheelbarrow bourèt.

wheeler-dealer bwasèdafè.

when lè, lò, kou, kon, kan,
  kòm; (what time) ki lè.

where ki kote, kote, ki bò, witi.

whereas alò ke, tandiske.

wherewithal dekwa, fakilte.

whet (the appetite) file lang.

whether...or kit...kit,
  ke...ke.

whetstone pyè, lim, mèl.

which ki, kilès; (implying contempt)
  kilakyèl; which one kilès.

while (during time when) etan,
  detan, entan, antan, pandan, pannan;
  (whereas) tandiske; in a while
  talè, titalè, toutalè; a little
  while ago talè-a, titalè-a, toutalè-a.

whim fantezi.

whine (v) (complain) plenyen, yenyen,
  nyennyen.

whiner yenyen, nyennyen.

whip (n) fwèt, danno, rigwaz, raso,
  wouchin.

whip (v) kale, taye.

whipping kal, bandwòl.

whirlpool antónwa, anténwa.

whirlwind toubouyon, toubiyon.

whisper (v) pale nan zorèy.

whispering (gossip) chwi-chwi-chwi.

whistle (n) souflèt, siflèt.

whistle (v) soufle, sifle.

white blan, blanch; poor white trash
  Blan mannan.

whiten blanchi.

who (relative) ki; (interrogative)
  ki moun.

whoa wo!, ho!, la!

whole tout, ankè, antye, ann antye.

wholesale an gwo.

wholesaler negosyan.

whooping cough koklich.

whopper (tall tale) boulòk, bouden.

whore piten, awona, bouzen, jennès.

why poukisa, pouki, sa.

wick mèch.

wicked malfezan, mechan, michan.

wide (adj) laj; (adv) gran, laj.

widen agrandi.

widow vèv.

width lajè.

wife madanm, fanm kay.

wig perik.

wild (untamed) bosal, pòt, mawon; (excited) awoyo; (reckless) andjable, andyable.

will (n) (desire) volonte; (testament) testaman.

will (v) (future) ava, va, a; (desire) vle; God willing si Dye vle.

win (v) genyen, danmen, asiste; (at pool) fè biya.

wind (n) van.

wind (v) plotonnen, bobinen; (watch, clock) bay chenn; wind around chankre; get wound up pran chenn.

winding (a coil) bobinay.

window fenèt, fennèt.

windowpane vit.

wine diven.

wing zèl.

wink (n) in the wink of an eye taptap, towtow; in a wink an sis kat de.

wink (v) tenyen.

winnow laye, vannen.

winnowing tray laye, bichèt.

winter livè, ivè.

wipe siye.

wire (n) fil; barbed wire filfè.

wish (n) swèt.

wish (v) swete.

wishy-washy person kòkòtò.

witch chòche, sòsye, galipòt, galpòt.

witch doctor bòkò, badjikan.

with avèk, avè, ak, a, ansanm avèk.

withdrawn pentad.

wither fennen.

without san.

witness (n) temwen.

wits bonnanj, bònanj.

woman fanm, madanm, fi, fiy; young woman fi, fiy, grenn, kòmè, konmè; women medam; loose woman akrekre, awona; chase women fanbre; (woman with high-placed connections) gran bebe, gran fanm; (woman having the power to make money disappear) awousa.

womanize fanbre.

wonder (n) mèvèy.

wonderful michan.

wood bwa; (Lysiloma latisiliqua) tavèno.

woods bwa, rakbwa.

woodpecker sèpantye, charpantye, sapantye.

wood pigeon ranmye, ramye.

woodshaving rip.

word mo, pawòl; dirty word gwo mo; the words slipped out bouch-mwen chape.

work (n) travay; (work carelessly done) rabacha; communal work (rural) kòve, konbit, koumbit; out of work dezevre.

work (v) travay; (function) mache; (work hard) feraye, bourike; (work in vain) betize; work out (succeed) mache; not working anpàn.

work bench etabli.

worker travayè, ouvriye; (of low status) chany.

workhorse (person) bourik, manman bourik.

workman ouvriye, travayè.

workshop chòp.

world monn, mond; (worldliness) lemond.

worm vè; pass worms, vomit worms rann vè, jete vè; worm secrets out of bat vant.

wormseed (Chenopodium ambrosioides) simen-kontra.

worn-out ize, degriji; worn-out object bogi; (tired) ayik, demrele, about, delala.

worries (n) kalkil, chajman tèt, egzaminasyon, traka.

worry (v) enkyete, fatige; worried enkyè, enkyete.

worse. get worse anpire, anvlimen; make worse anvlimen; make the situation worse mete abse sou klou; so much the worse! tanpi!

worsen anpire, anvlimen.

worth (n) valè; be worth vo.

worthless nil, deryen; (worthless object or person) dipopo, djipopo, tenten.

worthwhile debon.

worthy debon.

would (conditional marker) ta.

wound (n) malad; infected wound maleng, java, baka, mayas; put salt on a wound mete abse sou klou.

wound (v) (hurt) blese.

wow kèt!, gèt!, wi pip!, kòmanman!, koumanman!, koubabi!, koubaba!

wrap, wrapped (v) vlope, plotonnen.

wrath kòlè, grap.

wrench (n) kle.

wretched mafweze, mafreze, minab.

wriggle (v) mouvmante, jigote.

wrinkle (n) pli.

wrinkle, wrinkled (v) chifonnen,
  chifònen, griji.

wrist ponyèt.

write, written ekri.

writhe (in pain) tòde, tòdye,
  kòde.

writing ekriti.

wrong (adj) antò; (n) tò.

wrought-iron fèfòje.

yam yanm.

yard lakou; yard-boy gason lakou,
gason.

yawn (n) baye.

yawn (v) baye.

yaws krab.

year an, ane, anne, lane,
lanne; New Year nouvèl ane; New
Year's Day joudlan; happy New
Year larezonnen.

yell (n) rèl.

yell (v) rele.

yellow jòn, jonn.

yellow fever lajonis, lajonnis,
lafyèv jòn.

yellow jacket gèp, djèp.

yes wi, anhan; (answer to a call)
plètil?

yesterday ayè, yè; day before yesterday
avanyè, avanzyè, avantyè.

yet toujou; not yet poko, pako,
panko, pankò.

yield (n) rannman, randman, donnen,
donn.

yield (v) sede; (crops) rann, donnen.

yoke jouk.

yokel abitan.

yoo-hoo o!

you (sing) ou; (pl) nou, n.

young jenn, jèn.

youngster banben, ti banben.

your (sing) ou; (pl) nou, n.

yourself ou-menm; yourselves nou-
menm.

youth jennès, jenès.

yo-yo (toy) yoyo.

yuck wouch!

zap vap!

zero zewo.

zip (expressing speed) vloup!,
  voup!

zip (v) zipe.

zipper zip.

zombi zonbi, vivi.

# FRENCH-CREOLE INDEX

à a, nan, lan, ba; (possessif) pou; à l'abandon aladriv.

abandonner, abandonné abandonnen, bandonnen, nye; abandonner la partie bay legen.

abat-jour abajou.

abattoir labatwa, palan.

abattre kòche; s'abattre pike.

abattu delage, kagou.

a b c abese.

abcès abse.

abécédaire abese.

abeille myèl.

abîme labim.

abjurer. abjurer les dieux de vaudou rejete.

ablution. ablution rituelle beny.

abolir, aboli aboli.

abondance bondans, abondans.

abonder fè mikalaw, fè kenken.

abonnement abònman.

abord. d'abord dabò, an premye.

aborder abòde, bòde.

aboutir abouti; (à une impasse) mare baka.

aboyer jape.

abreuver (d'injures) detike, detaye, bonbade.

abri. à l'abri alabri.

abriter. s'abriter pare.

abrutir gaga; abruti gaga, ebete, enbete.

absent absan, apsan, manke.

absinthe absent.

absolument absoliman, apsoliman.

abstenir asteni.

absurde blèm, blenm.

abuser abize.

acacia tchatcha.

acajou kajou, akajou.

acare karapat.

acariâtre akaryat.

accablé delage.

accabler ble; (accabler de questions) fouye.

accalmie kalmi, akalmi.

accélérer, accéléré akselere.

accepter asepte, aksepte.

accident aksidan.

acclamer rele viv.

accommoder. s'accommoder akomode.

accompagner akonpaye, bay wou lib.

accomplir, accompli akonpli.

accord akò, dizon; d'accord oke, dakò.

accordéon akòdeyon.

accoster akoste.

accouchement akouchman.

accoucher akouche, mete atè, mete ba, delivre; accoucher de akouche, fè; (femme qui vient d'accoucher) ti nouris.

accoupler akouple, kwaze; s'accoupler kouvri.

accourir kouri.

accroc akwo, dechire.

accrocher, accroché kwoke, koke, kochte, kwochte, jouke; essayer d'accrocher une femme tcheke grenn.

accroupir, accroupi akoupi, koupi, bese.

accroupissement krapodin.

accueillir akeyi, resevwa, resevra; (bien accueillir) pran ak de bra.

acculer (un adversaire) anfeje.

accusation akizasyon; Accusation pwosekisyon.

accusé (n) akize.

accuser akize.

acétone asetòn.

achat acha.

acheter, acheté achte; (acheter sans examiner) achte chat nan makout, achte chat nan sak.

acheteur achtè.

achèvement finisman.

achever fini.

acide (n + adj) asid.

âcre rak, ak.

acte (action) ak, zak; (papier officiel) ak, papye; (acte audacieux) aksyon; acte de naissance kadas, batistè.

acteur aktè.

actif aktif; (trop actif) about.

action zèv, jès; (action injuste) lenjistis, enjistis; (actions insignifiantes) tentennad; action de grâces aksyondegras.

activités aktivite; (activités qui charactérise les bluffeurs) gran devire.

actuellement la.

adapter adapte.

addition (somme) adisyon.

additionner adisyonnen.

adjoint (du garde-champêtre) soukèt lawouze, choukèt lawouze.

administrer administre.

admirer admire.

adolescence grandèt.

adolescent grandèt.

adonner. s'adonner à adonnen, tonbe nan, lage kò nan.

adopter adopte, adokte.

adoptif adoptif, adoktif.

adoration adorasyon.

adorer adore.

adresse ladrès, adrès; (lieu) adrès.

adresser. s'adresser adrese.

adulte granmoun.

adultère adiltè.

advenir prevyen.

Adventiste Advantis.

aéroport ayewopò, avyasyon.

affaiblir demanbre, febli;
  affaibli demrele, febli.

affaire afè, zafè, koze;
  (affaire louche) biznis;
  affaires afè, zafè, aktivite,
  efè; bonne affaire piyay,
  avantay bab e moustach;
  avoir affaires ann afè.

affairer. s'affairer bese-leve,
  bat zèl.

affaisser. affaissé afese;
  s'affaisser vide.

affecté (maniéré) bwòdè; (de
  manière affectée) bobis, bwòdè;
  personne affectée gran banda.

affecter frape, fwape.

affection afeksyon.

affermage fèm.

affermer anfèmen.

affiche afich.

afficher afiche; s'afficher
  (avec) afiche.

affiler file.

affliction lafliksyon, afliksyon.

affligé vant ba.

affront afwon, malonnèkte,
  malonnèt, mank dega.

affronter koresponn.

afin. afin de dekwa, pou.

Afrique Lafrik, Afrik.

afro afwo.

agacer agase, nui, nwi.

agave karata.

âge laj; d'un certain âge andezay,
  antdezay.

âgé gran, aje; (en dépit des apparences)
  rèk.

agence ajans.

agenda kanè.

agent ajan; agent de police polis;
  agent comptable kontab.

agile ajil.

agir aji, pa chita sou sa.

agissements trafik.

agitation touman.

agité ajite, anbranl, gen san cho,
  mouvmante, toumante.

agiter toumante; s'agiter vire.

agonie lagonni.

agoniser lagonni, agonni, bat
  lakanpany.

agrafe agraf.

agrandir grandi, agrandi.

agréable agreyab.

agressif agresif, aplim, apòy.

aggression kadejak.

agressivité jèfò, jefò.

agricole agrikòl.

agriculture lakilti, kilti, agrikilti,
  lagrikilti.

agronome agwonòm, agwonnòm.

aguichante anfòm; (femme aguichante) zwa.

ah anhan!, aha!, an!, heny!, hany!; ah bon! an!

aide èd, lèd, bourad, konkou; (personne) èd, lèd, sekretè, segretè.

aider ede, ende, ride.

aïe ay!

aïeul ayèl; aïeux zansyen, ansyen.

aigreurs (d'estomac) zegrè, zègrè.

aiguille egui, egwi, zegui.

aiguillon digèt, djigèt.

aiguillonner digonnen, dige, djige.

aiguiser, aiguisé file.

ail lay.

aile zèl.

ailleurs. d'ailleurs dabò.

aimable emab.

aimant leman, lèman.

aimer renmen, ancheri; s'aimer renmen, damou, danmou; aimer mieux pito.

ainsi konsa, alò, alòs; ainsi soit-il ensiswatil.

air lè; (air humide de la nuit) seren; (allure) pòz; (de musique) lè; paroles en l'air fab; parler en l'air tchanse; prendre de l'air pran van; avoir l'air sanble, gen lè.

aise. mal à l'aise jennen, pa nan lokal; à l'aise anfòm.

aisé (prospère) alèz, alèz kou blèz, debyen, chita, gwo po.

aisément alèz.

aisselle zesèl, anbabra.

ajoupa joupa, ajoupa.

ajuster ajiste.

alambic alanbik.

albinos albinòs.

alcool alkòl; (alcool de canne à sucre) kleren; (alcool de canne parfumé de racines ou de fruits) kleren tranpe; alcool à friction alkòl.

alcooliser. fortement alcoolisé pike.

alentours alantou.

alezan alzan.

aligner aliyen.

alité kouche, malad kouche.

allée. allée et venue monte-desann.

allégement alejman.

alléluia alelouya.

allemand alman.

aller ale, al; (futur) ava, va a; (futur proche) apral, prale, pral, pray; s'en aller vire do, vire, vole, flay; aller bien (vêtement) chita; aller ensemble marye, kadre; aller vite kouri; aller au debrayé fè wou lib; aller aux toilettes ale, fè bezwen, soti deyò; aller et venir monte-desann; aller chercher ale chèche, ale dèyè; aller voir gade pou wè; allez-vous-en! eskize ou la-a!, bat zèl-ou!; vas-y! annou!

alliance. (anneau nuptial) alyans.

allonger lonje, alonje, ralonje.

allumer, allumé limen, ouvè;
    (allumer un feu) sanble dife;
    (allumer une cierge et prier)
    liminen.

allumettes alimèt, zalimèt.

allusion daki; faire une allusion
    méchante voye pwent.

aloès lalwa.

alors alò, alòs, atò, enben,
    ebyen, anben; alors que alò ke,
    etan, detan, entan, antan.

alphabet alfabèt.

altercation altèkasyon, bank,
    lòbèy, lobo, tapaj.

aluminium aliminyòm.

amadouer anmadwe, amadwe, lolo,
    lole, lola, pete.

amaigrir dechose, dezose, dechte,
    defini; amaigri dekrenmen,
    dechose, dezose.

amande zanmann, zamann.

amant anmore, amoure, nonm;
    (illicite) amannkè, amandkè,
    sou-kote; amante anmorèz, amourèz.

amas. amas de pierres (sur lequel on
    étend le linge) blayi.

amateur anmatè, amatè, fanatik.

ambassade anbasad.

ambassadeur anbasadè.

ambiance anbyans.

ambitieux anbisye, anbisyèz.

ambition anbisyon.

ambulance anbilans.

âme nanm.

amélioration alemye.

amen amèn.

amende amann.

amener mennen vini, mennen.

amer anmè.

américain (adj) ameriken, meriken;
    Américain (n) Ameriken, Meriken,
    Blan meriken.

ami zanmi, kamarad; (ami intime)
    zantray; petit ami mennaj; petite
    amie boubout, mennaj; amis frekantasyon;
    (amis inséparables) Kòkòt ak Figawo.

amiable. à l'amiable alamyab.

amidon lanmidon, lamidon.

amidonner, amidonné anmidonnen, midonnen.

amour (surtout les manifestations
    extérieures) lanmou; faire l'amour
    fè bagay, fè, koupe, taye; mon
    amour badyo.

amoureux (n) filè; amoureux de damou
    pou, renmen avèk; tomber amoureux de
    tonbe pou.

ampoule (électrique) anpoul, limyè;
    (cloque) zanpoul, zanpoud, glòb;
    ampoule flash flach.

amulette gad.

amusement anmizman.

amuser anmize; s'amuser anmize,
    fè kalinda, jwi.

amygdalite chè nan gòj.

an an.

analphabète pa wè.

ananas anana, zannanna.

ancêtre zansèt, ansèt.

anchois janchwa.

ancien ansyen, vye.

ancre lank.

andouille andwi, andui, andi.

âne bourik.

anémie anemi.

anémique anemi.

anesthésier andòmi.

ange zanj, anj; ange gardien lanj gadyen.

angélus lanjelis.

anglais angle, anglè.

angle ang, kwen.

anguille kong, zangi.

aniline (poudre employé pour faire de l'encre) alilin.

animal bèt, zannimo; (animal mythique) kalanderik.

animé cho, djanm.

anis étoilé anetwale.

anisette anizèt, annizèt.

année ane, anne, lane, lanne; l'heureuse année larezonnen.

annihiler (la volonté de quelqu'un) dejwe.

anniversaire fèt, anivèsè.

annoncer anonse, annonse.

annuler annile.

anolis zandolit.

anse lans, manch.

anus tchou.

août out, daou, dawou.

apaiser apeze.

apathique mòlòkòy, mòyòkòy.

apercevoir apèsi.

aperçu (n) apèsi, koudèy.

aphte chank lèt, chank.

aplanir, aplani aplani, plani, planni.

aplatir, aplati plati.

aplomb. d'aplomb daplon, alekè.

apôtre apòt.

apparaître parèt tèt.

appareil aparèy; appareil à sous djapòt, dyapòt; appareil photographique kodak.

apparence aparans, laparans, lè.

appeler rele; (plusieurs fois) wouke; s'appeler rele; s'appeler (nom de famille) siyen.

appendice (corps) apendis.

appendicite apenndisit.

appétit apeti; (grand appétit) grangou long; (aiguiser l'appétit) file lang.

applaudir bat men, bat bravo.

appointements apwentman, aprentman.

apporter pote vini, pote, pot.

apprécier apresye.

apprendre aprann.

apprenti apranti.

approbation konsantman, konsantiman, labenediksyon, benediksyon.

approcher apwoche, pwoche; s'approcher de abòde, bòde.

approuver apwouve.

appuyer, s'appuyer apiye; appuyer sur peze.

après (prep + adv) apre, aprè; (à la recherche de) dèyè; d'après dapre, selon.

après-midi apremidi.

aqueux dlo lolo, dlo.

Aquin Aken.

arachide pistach.

araignée anasi, annasi, ariyen, arenyen, zariyen, zarenyen.

arbre pyebwa, pye, bwa; (espèces d'arbre) bayawon, bayawonn; bwadòm; chapo kare; (Hura crepitans) sabliye; (Bixa orellana) woukou; (Gayacum officinale) gayak. voir aussi les noms d'arbres.

arbuste. (Lantana oculeate) bonbonyen.

Arcahaie Akayè.

arc-en-ciel lakansyèl.

archevêque monseyè, monsiyè.

architecte enjényè, enjennyè, enjènyè.

archives achiv.

ardoise adwaz.

arène (combats de coq) gagè, gadjè.

arête arèt.

argent kòb, lajan; (métal) ajan.

argenterie ajantri.

arithmétique aritmetik, kalkil.

armateur anmatè.

arme zam, lezam.

armée lame.

armer, armé ame; (un fusil) baskile; (s'armer d'un bâton) dragonnen.

armoire bifèt, amwa, lamwa.

arpentage apantay, apantaj.

arpenter apante.

arpenteur apantè.

arqué bankal; (fortement arqué) tòtòy.

arracher, arraché rache, rape.

arranger, arrangé regle, ranje.

arrêt estasyon; arrêt de cravate arètkòl.

arrêter (appréhender) arete, fouke; (cesser) sispann, bouke; s'arrêter rete, kanpe.

arrière aryè; en arrière ann aryè, ann eryè.

arrière-grand-mère gran grann, gran granmè.

arrimer arimen.

arriver (atteindre) rive, ateri, debake, pèse, pran; (avoir lieu, se passer) rive, fèt; il arrive quelquefois konn; arriver à bat, ba, ban.

arrogant awogan, angran; (avoir une attitude moins arrogante) desann, disann.

arroser, arrosé wouze, awoze.

arrosoir awozwa.

arrow-root arawout, alawout.

artère venn.

artichaut aticho.

artifice fent.

artisan atizan, bòs.

artiste atis; artiste peintre pent.

as (jeu de cartes) las; (expert) bolit, las.

Ascension Asansyon.

asphalter, asphalté asfalte.

assa foetida safetida.

assaillir asayi, vare sou.

assaisonner, assaisonné sezonnen.

assassin ansasen, asasen.

assassiner ansasinen, sasinen.

assembler sanble, monte.

assener (des coups) pase.

s'asseoir chita; (s'asseoir de manière digne) kadre.

assez ase; assez de ase.

assiette plat, asyèt.

assignation asiyasyon.

assigner asiyen.

assistance asistans.

assistant (du chef de section) delege; (du "ougan") laplas.

assister asiste.

associé (n) asosye, asòs.

associer, associé asosye.

assomer blayi.

Assomption Asonpsyon.

assortir, assorti, s'assortir asòti.

assoupir. s'assoupir asoupi.

assoupissement asoupi.

assurance asirans; (faire perdre l'assurance) vapore.

assurer, assuré, s'assurer asire.

asthme las, opresyon.

atelier chòp; atelier d'ébéniste ebenis, ebennis.

atout atou, datou; (jeu de bésigue) bris; sans atout abò.

atrophier siprime.

attachement atachman.

attacher, attaché tache, mare, plake; s'attacher à (pour obtenir quelque chose) anba djòl, anba dan; attacher ensemble makònen, makonnen.

attaque atak, va, vap.

attaquer atake, fonse sou.

attarder. s'attarder mize.

attendre tann, espere, pann;
attendre voir gade pou wè;
sans attendre sanzatann; en
attendant annatandan.

attentif alekout.

attention atansyon, antansyon;
faire attention à okipe, kenbe.

atterrir ateri.

attirant atiran.

attirer atire.

attrapant atrapan.

attraper atrape, atrap, trape,
pran, pare, ankese.

attrister dekonpoze; attristé
chagren.

aube jou kase; à l'aube granmaten;
(avant l'aube) avanjou, devanjou,
douvanjou.

aubergine berejenn.

aucun okenn, ankenn; aucun d'eux
yoyoun.

audace degenn.

audacieux debòde.

au-delà. dans l'au-delà nan lye
verite.

au-dessous, au dessous de anba;
au-dessous du poids normale
(enfant) dedi.

au-dessus, au-dessus de anlè,
anwo.

augmenter ranje, monte, moute.

aujourd'hui jodi-a, jodi.

aune (1,18m) lonn, ón.

auprès de kote.

au revoir orevwa!, tchaw!

ausculter (avec stéthoscope) sonde.

aussi tou.

aussitôt que sito, depi.

austère sinik.

autant de mezi.

autel lotèl; (vaudou) twòn.

auto otomobil, oto, machin, vwati.

autocar otobis.

autopsie topsi; faire l'autopsie
de topsi.

autorisation otorizasyon.

autoriser (la sortie d'hôpital)
bay egzeyat.

autorité otorite, lobedyans; autorités
leta.

autour. tout autour toutotou.

autre lòt; autres lèzòt, lezòt;
d'autres dòt; et d'autres etandòt.

autrefois lontan.

avaler vale.

avance devan; prendre de l'avance
pran devan; avances pas.

avancer, s'avancer vanse, gouye
kò; faire avancer (un véhicule)
balanse.

avanie brimad.

avant avan; avant que avan, anvan;
  en avant ann avan.

avantage avantay, avantaj, benn,
  gabèl; (avantage exceptionnel)
  avantay bab e moustach.

avantager avantaje.

avant-centre avannsant.

avant-hier avanyè, avanzyè, avantyè.

avare ava, akrèk, jwif, kòkòtò.

avec avèk, avè, ak, a, ansanm avèk.

avenir avni, lavni, devni.

aventure (amoureuse) renmen.

aventurier afedam.

avenue avni.

avertir avèti.

avertissement avètisman.

aveugle (adj) avèg; (n) avèg,
  jepete.

aveugler vegle, avegle.

aviateur avyatè.

aviation avyasyon.

avide visye, gwo je, akrèk.

avilir avili.

avilissement avilisman.

avion avyon; avion à réaction
  djèt.

aviron zaviwon.

avis avi.

aviser avize.

avocat (personne) avoka, mèt; (fruit)
  zaboka, zabèlbòk.

avoine avwàn.

avoir genyen, gen, gan; se faire
  avoir pran kout ba; avoir affaires
  ann afè; avoir l'habitude de konn;
  avoir l'intention de deyò pou,
  vin pou, soti pou; avoir sans peiner
  byen san swe; il y a genyen, gen;
  il n'y a point de nanpwen.

avortement dilatasyon.

avorter, se faire avorter jete
  pitit.

avorton petevi.

avril avril, davril.

babiller rablabla, ablabla.

bac (récipient) ja, dja; (radeau) bak.

baccalauréat bakaloreya.

bâche prela.

bachelier filozòf.

bâclage rabacha.

bâcler, bâclé bakle, rabache, mitije, tyòka; (personne qui bâcle son travail) machòkèt.

badiner ranse.

bafouer (façon de bafouer) chalbari, chalbarik.

bafouiller radada.

bâfrer bafle, bafre, gobe.

bagarre kabouya, kabouyay, akwochay.

bagarreur bagarè.

bagasse (de canne à sucre) bagas.

bagatelle bagatèl, blag, kaka garyon, kaka rat.

bagnole bogòta, gwagwa, bogi.

bague (anneau) bag.

baguenauder brigande.

baguette (bâton) bagèt; (de tambour) agida.

baie vitrée bèvitre.

baigner benyen.

baignoire (bassin) basen.

bâillement baye.

bâiller baye.

bain beny; (bain d'herbes médicinales) beny vapè, beny pòt; bain de mer beny mè.

baïonnette bayonnèt.

baiser (n) bo, bobo; (v) konyen, kwoke, koke, plimen.

baisse. en baisse an bès.

baisser bese.

bal dans, bal.

balader balade.

balai bale; (balai en latanier) bale dibout.

balance balans, pèz.

balancer fè balansin; se balancer balanse; (se balancer sur un fauteuil à bascule) dodinen.

balançoire balansin.

balaou (Hemirhamphus brasiliensis) balawou, belewou.

balayer bale.

balcon (d'une maison) balkon.

baleine balenn, labalenn.

balle (ballon) boul; (de fusil) bal, plon; (de marchandise) bal, balo.

ballon balon, blad; (sport) balon.

ballonné balonnen.

ballonnement balonman.

balustrade balistrad; balustrade de l'autel balis.

bambin babouzi, santi-pise.

bamboche banbòch, briganday.

bambocher banboche.

bambocheur banbochè.

bambou banbou; (instrument de musique) banbou.

banalité betiz, kaka garyon, kaka rat.

banane fig; banane plantain bannann; (banane plantain pressée et frite) bannann peze; (poisson) bannann.

bananier pye fig, pye bannann; tronc du bananier vandrès, bwa bannann.

banc ban.

bancal kanbral.

bandage banday.

bande bann; bande magnétique tep.

bandé (en état d'érection) bande.

bandeau bando.

bander bande.

bandoulière. en bandoulière an bandoulyè.

banjo bandjo.

bannière bandwòl, labànyè.

banque bank, labank; (au jeu d'hasard) bank.

banquet festen.

bans (de mariage) ban maryaj.

baptême batèm, batenm.

baptiser batize, wete chwal.

baptiste batis.

barbarin babaren.

barbe bab; barbe de maïs bab mayi; barbe à chat (poisson) babachat.

barbelés filfè.

barbiche bab kabrit, babich.

barbouiller babouye, bade, badijonnen.

bariolé djandjan, dyandyan.

barman bamann.

barque kannòt.

barrage dam, danm, bakad, barikad.

barre ba; barre de gouvernail ba.

barreau bawo.

barrer, barré bare.

barrette barèt.

barrière bare, baryè, pòtay.

barrique barik, doum, dwoum.

bas (n + adj) ba; bas de coton ba chosèt, ba koton; en bas anba; à bas... aba; basse carte bas, bason.

base baz.

baser baze.

basilic bazilik.

basketball baskètbòl.

basse (instrument de musique) bas.

bassin (réservoir) basen.

bas-ventre bavant, anbativant, anbavant.

bât (selle en bois) ba.

bataclan batanklen, batanklan, djanni.

bataille batay.

batailleur lwijanboje.

bateau batiman, bato; (petit bateau) koralen; bateau à voiles vwalye.

bâtiment bilding.

bâtir bati.

bâton baton, bwa, digèt, djigèt; bâton de cerceau gidon.

battant (de porte) batan.

batterie batri; batterie de cuisine batri kuizin.

battoir batwèl, batwè, batwa.

battre bat; (maltraîter) bat, bay baton, bimen, kale, wonfle; (au jeu) genyen; se battre batay, goumen; battre les cartes bat kat, tape kat, demele kat.

baudet echafo.

bavard paladò, djòl alèlè; (commérage) jouda, jida.

bavardage koze, kozman, fraz.

bavarder koze, djòle, dyòle, chante bòt.

bave bave, bav.

baver bave.

bavette bavèt; (de salopette, tablier etc) fal.

bazar (magazin) baza.

beau, belle bèl.

beaucoup anpil; beaucoup de anpil, bonkou, yon pakèt, yon bann, yon dal, yon bitasyon, yon abitasyon, yon bokit, yon brigad, yon chay, yon dibita, yon digdal, yon divizyon, yon flo, yon foul, yon kantite, yon katafal, yon kolonn, yon lame, yon latriye, yon makòn, yon rado, yon rejiman, yon ta, yon tay, yon volim, yon voum.

beau-fils bofis, bofi.

beau-frère bòfrè.

beau-père bòpè.

beauté bèlte; se faire une beauté biske.

bébé tibebe, titit.

bec bèk.

bécasseau bekasin.

bécot ba.

becqueter beke.

bécune bekin.

bedeau sakristen.

bée. bouche bée bouch be, rete bèkèkè.

bégayer bege.

beige bèj.

beignet benyen.

bêlement (cri de la chèvre) bè.

bélier belye.

belle bèl.

belle-de-nuit bèldénwi.

belle-fille bèlfi.

belle-mère bèlmè.

belle-soeur bèlsè, bèlsò.

bénédiction benediksyon,
   labenediksyon; (d'une maison,
   d'une église) batèm, batenm.

bénéfice (profit) benefis; (bénéfice
   assuré) garanti.

bénir, béni beni, benni.

béquille beki.

berceau bèso.

berger gadò.

bésigue bezik, bezig.

besoin bezwen; avoir besoin de
   bezwen, mande; faire ses
   besoins watè.

bête bèt, zannimo.

bêtise tenten, rans.

béton beton, breton; béton armé
   beton ame.

betterave bètwouj, bètrav.

beugler begle.

beurre bè; beurre d'arachide
   manba.

beurrer, beurré bere.

biais (couture) bye; en biais
   an bye, an byè

biberon bibon, bibwon.

Bible Bib, Labib.

bibliothèque biblyotèk, bibliyotèk.

biblique biblik.

bicarbonate de soude bikabonnak,
   bikabonnat.

biceps bisèp, bibi.

bicyclette bisiklèt, bekàn.

bidon bidon, doum, fèblan.

bielle byèl.

bien byen, ben, daplon, yès; biens
   byen, ben; en bien enben, ebyen,
   anben; bien que atout; très bien
   byen pwòp.

bien-être byennèt.

bienheureux byennere.

bière byè.

biffer bife, bifte.

bifurquer chankre.

bigarré bigarèt, pent.

bigleux je vewon.

bijoux bijou.

bile bil, fyèl.

billard biya.

bille mab, biy; (grosse bille)
   bika; les billes (jeu) mab;
   personne habile aux billes
   maton.

billet biye, biyè; (de banque)
   papye; (d'entrée) kat; (de
   loterie) nimewo, limewo; (de
   la loterie nationale) biye, biyè.

bis (musique) bis.

bisaïeul bizawèl, bizayèl.

biscuit bonbon.

bise bo, bobo.

bissac brisak.

bisser double.

bitumer, bitumé asfalte.

bizarre biza.

blague blag, rans, jwèt, odyans.

blaguer blage.

blagueur blagè, odyansè.

blaireau blewo.

blâmer blanmen, blenmen, blame.

blanc blan, blanch; Blanc Blan; petit Blanc Blan mannan.

blanchir blanchi.

blanchisserie blanchisri, blanchisi.

blanchisseuse lavandyèz, lesivyè.

blatte ravèt.

blé ble.

bled bwa.

blême blèm, blenm.

blennorragie grannchalè, grantchalè, ekoulman.

blesser blese, estwopye; blessé blese, bobo; (psychologiquement) chode.

blessure malad.

bleu ble.

bloc blòk; bloc en ciment blòk.

bloquer bloke, fèmen; bloqué bloke, mare.

blouse blouz.

blue-jean abako.

bluff (tromperie) blòf.

bluffer blofe.

bobèche bòbèch.

bobinage bobinay.

bobine bobin, plòt, sigarèt, tounikèt, tonnikèt; bobine d'induction bobinay.

bocal bokal.

bock (à lavements) bòk.

boeuf bèf; boeuf de trait bèf kabrèt.

boire bwè, brè.

bois (forêt) bwa, rakbwa; (matière) bwa; (Lysiloma latisiliqua) tavèno.

Bois Caïman (lieu historique) Bwa Kayiman.

boisson bwason; (boisson faite de pelures d'ananas fermentées) godrin, goudrin; boisson gazeuse kola; boisson alcoolisée breson, bweson, gwòg; kremas; mabi.

boîte bwat, bwèt, brèt, fado; boîte de conserve mamit, feblan, kanistè, kannistè; boîte de nuit nayklèb.

boiter bwete, bwate, brete, gondole.

bol (jatte) bòl.

boléro (danse, rythme) bolewo.

bombance babako.

bombe bonm; (noce) banbilay.

bomber, bombé bonbe.

bon bon; de bon debon; pour de bon vre, toutbon; bon à rien epav, enpav, sanzave.

bonasse (personne bonasse) bonnas.

bonbon (acidulé) sirèt; (importé)
draje; (gros bonbon rond et dur)
boulsenlo.

bondé bonde.

bondir bondi, vole.

bonheur chans; porter bonheur bay
chans.

bonhomme tonton, bonnonm, bonòm.

bonite (Auxis thazard) bonnit.

bonjour bonjou!

bonne (servante) bòn.

bonnet bone, bonne, bonnèt; gros
bonnet zotobre.

bonsoir bonswa, bonswè.

bonté bonte.

bord rebò; à bord abò; au bord de
arebò; bord de mer bòdmè,
bòdlanmè.

bordel bòdèl, bidjonnèl, bidjònèl,
kafe, makrèl.

bordereau bòdo, bòdwo.

bordure. garnir d'une bordure bòde.

borgne bòy.

borne bòn, limit, lemit.

borné (étroit) bòne, bònen.

borner, borné bòne, bònen.

bosse bòs, douk, konkonm, kokonm.

bosseler kòlbòsò, kalbose, kabose.

bossu bosi, bosko, do chamo.

botte bòt

bouc bouk kabrit, bouk.

bouche bouch; (quelque chose qui
fait venir l'eau à la bouche) djòl
lolo, djol loulou; bouche bée
bouch be, rete bèkèkè.

bouchée bouche.

boucher (n + v) bouche.

bouchon bouchon, lyèj.

boucle bouk; boucle d'oreille
zanno.

boucler boukle.

bouclette (de chaque côté du visage)
chichi.

bouder boude.

boudin bouden.

boue labou; (gadoue) tchaktchak.

bouée bwe.

bouffer (manger) boufe,
bafle, bafre, gobe, gòbe.

bouffon grimasye.

bougainvillée bougenvil, bougenvilye.

bouger bouje, brannen, briding,
brideng, bridenm, degouspa.

bougie bouji, balenn, balèn, chandèl;
(d'une voiture, etc) bouji.

bougonner bougonnen.

bouillie labouyi; (bouillie de maïs)
akasan.

bouillir, faire bouillir bouyi.

bouillonnement bouyi.

boulanger (n) boulanje.

boulangerie boulanje.

boule boul.

boulet boulèt.

boulette (de viande, etc) boulèt;
  (de pâte cuite) doumbrèy, doumbòy.

boulevard boulva.

bouleverser, boulversé boulvèse.

boulon boulon.

boulonner boulonnen.

boum boum!, bow!

bouquet (fleurs) bouke.

bourdonner boudonnen; (oreilles)
  kònen.

bourg bouk.

bourgeois boujwa.

bourgeoisie boujwazi.

bourgeon boujon.

bourgeonner boujonnen.

bourrade bourad; donner une
  bourrade bourade.

bourreau bouwo.

bourrer, bourré boure.

bourru brak.

bourse (porte-monnaie) bous, sakit;
  (d'études) bous.

boursouflé bonbonfle.

boursouflure (de la peau) louk.

bousculer bouskile, raboure.

boussole bousòl.

bout bout.

bouteille boutèy.

boutique boutik, chòp.

bouton bouton.

boutonner boutonnen; (boutonner jusqu'au
  col) kòlte.

boutonnière boutonnyè.

bouton-pression presyon.

bouture bouti.

bouvier mawoule.

boxe bòks.

boxer bokse.

boxeur boksè.

boyaux boyo, afiba, afliba, trip.

bracelet braslè.

braguette bragèt, bwagèt.

braise chabon dife.

branche (d'arbre) branch bwa,
  branch; (branche fourchue) kwòk;
  (spécialité) branch.

brancher ploge, konnekte, kolekte.

bras bra, bwa; donner le bras
  bay lebra.

brasero recho.

brassard brasa.

brasse (mesure) bras, bwas.

brassée bras, bwas.

brasseur d'affaires bwasèdafè.

brave brav, michan.

bravo abobo!, ayibobo!, agogo!

brèche (entre les dents) baryè.

bretelle bretèl, brètèl.

bribes retay.

bric-à-brac brikabrak, mezondafè, melimelo.

bricolage konbèlann.

bride brid, bosal; mettre une bride bride.

brigade brigad, eskwad.

brigand atoufè.

brillant (personne brillante) flanm.

briller klere; (à un examen) kente; faire briller listre.

brique brik.

briquet brikè.

briser, brisé kase.

brise-tout brisfè.

broche bwòch.

broder, brodé bwode.

bronch bwonch.

bronchite bwonchit, bwonch.

brosse bwòs; brosse à cheveux bwòs tèt; brosse à dents bwòs dan; en brosse alabwòs.

brosser bwose, bwòse.

brouette bourèt.

brouhaha bouyay, bowou, bowoum.

brouillage bouyay.

brouillard bwouya.

brouille kilmik.

brouiller bwouye; se brouiller, brouillé mongonmen.

brouillon bouyon.

broussailles bwousay, bousay, raje.

broutille detay.

broyer krabinen.

bruine farinay, farinaj.

bruiner farinen.

bruit bri, bwi; (bruit de dédain fait avec la bouche) tuipe, tuip, kuipe; (bruit de la mastication des aliments) yanm; (bruit d'un coup de hache, de couteau) tchap; (bruit quand on saisit un objet brusquement) rap; (bruit que font les poussins) piyanp.

brûlant boule.

brûler, brûlé boule, brile; (brûlé par le soleil) chode.

brûlures d'estomac zegrè, zègrè.

brume seren.

brusquement briskeman.

brut (grossier) brit.

brutal brital, mabyal.

brute (personne) chwal angle, chwal.

budget bidje.

buée seren.

buffet bifèt; (de fête) kanbiz.

buisson raje.

buissonnier. faire l'école buissonnière fè woul.

bulldozer bouldòzè.

bulletin (scolaire) bilten.

bureau biwo; bureau de contributions
    kontribisyon; bureau de loterie
    bank bolèt; bureau de police
    lapolis; bureau de poste lapòs.

buste bis.

but (raison) bi; (football) gòl,
    bi; zone de but kan.

butin biten.

butte bit.

butter debite.

buvette ba, bivèt.

buveur bresonyè, bwèsonyè,
    bwasonyè, gwògmann, gwògmàn,
    tafyatè.

ça sa; ça y est sera seta!

cabane kounouk.

cabinet kabinè.

cabotage kabotaj, gabotaj.

cabriolet bogi.

caca poupou, kaka, kabine.

cacahuète pistach.

cacao kakawo, kakao; (poudre) chokola an poud.

cache-cache kachkach, lago kache, lago; (cache-cache dans l'eau) kachkach liben.

cachemire kazimi.

cacher kache, bare, sere; se cacher kache; se cacher (pour épier) biske.

cachette. en cachette anba chal, ankachèt, an soudin.

cachiman (Annona) kachiman.

cachot kacho.

cacique (chef indien) kasik.

cactus chandelye; (Opuntia antillana) rakèt.

cadastre kadas.

cadavre kadav, mò.

cadeau kado.

cadenas kadna.

café kafe; (couleur café au lait) brin.

cafetière kafetyè, kaftyè.

cage kalòj, kalòch; cage thoracique kòf lestomak.

cagoule kagoul.

cahier kaye.

cahoter sakade.

cailler, caillé kaye.

caillou galèt, ti wòch.

caïman kayiman.

caïmite (Chrysophyllum cainito) kayimit.

caisse kès, fado; grosse caisse kès; caisse d'épargne kès depany; caisse d'épargne et de prêt kès popilè.

calcul kalkil.

calculer kalkile.

cale (de bateau) anbalakal; (pour donner de l'aplomb) blòk.

calé (fort) fere.

calebasse kalbas; (petite calebasse douce) kalbasi, kabasik.

caleçon kalson.

calendrier almanak.

caler kale; (de nourriture) kore.

câlin karesan.

calmar chat-wouj.

calme dousman, kal, kalma, frèt.

calmer. se calmer kalme, kalma, mete alatranp, mouri poul, mouri kò, poze san, tenpla.

calomniateur sèpida.

calomnie chantay.

calomnier bay moun non.

calotte kalòt.

calumet kalimèt.

calvaire kalvè.

camarade kamarad, kanmarad, flannè, konpè.

camaraderie zanmitay.

cambrai chanbre.

cambré bankal, kanbre.

cambrer. se cambrer kanbre.

caméléon aganman, agranman.

camelote debri.

camion kamyon, machin; (camion avec structure en bois) kamyon bwat.

camion-citerne kamyon sitèn.

camionnette kamyonèt, kamyonnèt, taptap.

camomille (Anthenis nobilis) kamonin, kamomin.

camp kan.

campagnard peyizan.

campagne andeyò, andèwò.

campêche (arbre) kanpèch.

camphre kanf.

camphré kanfre.

canaille kannay, mafya, vèmin.

canal kanal, kannal; canal de drainage dal.

canapé kanape.

canard kanna; (poisson) kanna; (bobard) teledyòl.

cancre kreten.

cancrelat ravèt.

candidat kandida.

canevas (broderie) kànva.

canif kanif.

canine (dent) dan chen, kwòk dan.

caniveau kanivo, kannivo.

canne badin, baton; (de tambour-major) jon; canne à sucre kann.

cannelle kannèl, kanèl.

canon kanno, pyès kanno.

canot kannòt.

cantaloup kantaloup.

cantine kantin.

cantique kantik.

canton kanton.

caoutchouc kaoutchou, kawotchou.

Cap-Haïtien Okap.

capitaine kapitenn, kapitèn, kaptenn, kaptèn; (poisson) kaptenn.

capital (ville) kapital, lakapital; (argent) kapital.

capituler bat ba.

capon bòbòy.

caporal kaporal.

capot kapo motè.

capote (voiture) kapòt; capote anglaise kapòt.

caprice fantezi, kapris; (Tabernaemontana coronaria) kapris.

capturer kenbe.

caqueter kakaye, kòdase.

car daprezavwa.

caraco (long) karako, moumou, varèz.

caracoler karakole.

caractère karaktè, bout;
  caractère des hommes (Bauhinia monandra) karaktè, karaktè dezòm.

carangue (Caranx hippos) karang.

carapace karapat tòti, karapas tòti.

carboniser, carbonisé kankannen.

carburateur kabiratè.

carcasse kakas.

cardinal. (Holocentrus ascensionis) kadinal.

carême karèm.

caressant karesan.

caresse karès.

caresser karese, miyonnen.

carié pike.

carilloner karyonnen.

carnaval kanaval, madigra;
  carnaval de campagne rara;
  (personnages de carnaval) chaloska, bonmas, lamayòt, madigra; (groupe carnavalesque) bann; (ambiance folle dans la rue à la fin du carnaval) koudyay.

carnet kanè; carnet scolaire kanè;
  carnet de chèques kanè chèk.

carotte kawòt.

carré kare.

carreau (aux cartes) kawo; (de carrelage) mozayik, kawo.

carrefour kafou, kalfou.

carrelage kawo.

carrément kareman, karebare, toubònman.

carrer kare.

carrosse bòs.

carte kat; (à jouer) zèl kat, kat;
  (basse carte) po kat, po; tirer les cartes bat kat, fè kout kat;
  carte géographique kat; carte d'identité kat-didantite;
  carte postale katpostal.

carter (du moteur) kwachaf.

carton (matière) katon; (de cigarettes, allumettes) kilo.

cas (procès) ka; (situation) ka; en cas que, au cas où sizoka, sizanka, sioka; en tous les cas antouka, kèlkilanswa; faire cas de fè ka, pran ka.

caserne kazèn.

cash kach.

casino kazino.

casque kas.

casquette kaskèt.

cassave kasav, kasab; (cassave très épaisse) bobori.

casse (Cassia fistula) kas.

casser, cassé kase, kraze, pete.

casserole kastwòl, kaswòl.

cassonade (durcie en pain) rapadou.

castagnettes kaskayèt.

catalogue katalòg.

cathédrale katedral.

catholique katolik.

catimini. en catimini an katimini.

Caucasien Blan.

cauchemar kochma.

cause kòz, lakòz; (le coupable)
   lotè, lòtè; à cause de poutèt,
   dapre, parapò, parapò a.

causeur kozè, djòlè, dyòlè,
   frazè.

cavalier kavalye.

caverne tou wòch.

Les Cayes Okay.

ce sa, sila.

ceci...cela sesi...sela.

céder sede.

ceinture tay; (de femme) senti;
   (d'homme) sentiwon; (ecclésiastique)
   kòdwon, kòdon.

ceinturon sentiwon.

cela sa.

célébrer selebre.

céleri seleri.

cendre sann.

cendrier sandriye.

cène. la sainte cène Lasentsèn.

cent san, sant.

centaine santèn.

centième santyèm.

centime kòb, santim; centime
   americain santim ò.

centre sant; (centre d'une ville)
   lavil; (centre d'activité) wonn;
   centre communautaire konminote,
   kominote.

céramique seramik.

cerceau sèk.

cercle sèk.

cercueil sèkèy.

cérémonie seremoni; cérémonie vaudou
   sèvis; (cérémonie initiatique du
   vaudou) boule zen.

cerf-volant kap.

cérise seriz.

cerner, cerné sènen.

certain sèten.

certificat (d'études primaires)
   sètifika.

cérumen kaka zòrèy.

cerveau sèvo, sèvèl.

cervelle sèvèl.

cesser sispann; (cesser de fréquenter)
   depati; cessez de... ase...

c'est-à-dire sètadi, dizon, kom ki
   dire.

cette sa, sila.

ch (filez!)chi!, chou!

cha cha (instrument de musique) tcha-
   tcha.

chagrin lapenn, lapèn, chagren, chagrinman.

chaîne chenn, chèn.

chair chè, vyann; (de fruit) vyann.

chaise chez, chèy; chaise longue donmèz, dòmèz.

châle chal.

chaleur chalè.

chaloupe chaloup.

chalumeau (à boire) kalimèt.

chamailler tiraye.

chambranle chanbrann.

chambre chanm; Chambre législative lachanm; chambre à air chanm.

chameau chamo.

champ jaden, chan.

champagne chanpay.

champignon (Boletus aereus) djondjon, dyondyon.

champion chanpyon.

championnat chanpyonna.

chance chans; bonne chance chans; tenter sa chance de nouveau fè yon bèk.

chanceux fèt ak kwaf.

chancre chank.

chandelier (à plusieurs branches) chandelye.

changement chanjman; changement d'air chanjman dè; changement de vitesse chanjman vitès.

changer chanje; changer un billet kase, degrennen; changer d'idée chanje lide; changer de status janbe; se changer chanje; se changer en tounen.

chanson chante.

chansonnier chansonnyè.

chant chan; chant de "konbit" gwonde; classe de chant chan.

chanter chante.

chanteur chantè; (chanteur qui improvise les chansons dans un "konbit") sanba.

chantier chantye.

chantourner chantonnen.

chaos djanmankankan.

chaparder chike.

chapeau chapo; chapeau melon konma, kòma; chapeau de paille panama; chapeau de roue kapo wou.

chapelet chaple, chaplèt.

chapelle chapèl.

chapitre chapit.

chaque chak, tou le.

char (de carnaval) cha madigra, cha.

charbon chabon; (qualité supérieure) chabon gayak; (qualité inférieure) chabon tibwa.

chardon chadwon.

charge (fardeau) chay, chaj.

chargement (cargaison) chajman; (transporté en un voyage) vwayaj.

charger, chargé chaje.

chariot kabwèt , kabrèt.

charitable charitab.

charité charite, charit,
lacharite, lacharit.

charlatan chalatan.

charmant karesan.

charme cham, badji.

charmer (ensorceler) chame, pran
nanm.

charogne chawony.

charpente amati, chapant;
(du toit) fetay.

charpentier chapant.

charrette kabwèt, kabrèt.

chasse lachas.

chasser (poursuivre) chase, al
lachas; (exclure) pouse, mete
deyò.

chasseur chasè.

chassie kaka je, lasi.

chassieux (yeux) drandran.

chat chat; (jeu) lago.

châtaignier des Antilles (Arto-
carpus incisa) labapen.

château chato.

chat-huant chanwan.

châtiment chatiman.

chaton tichat.

chatouiller satouyèt, chatouyèt,
zatouyèt.

châtrer, châtré chatre.

chaud cho.

chaude-pisse ekoulman, grannchalè,
grantchalè.

chaudron bonm, digdal.

chauffard tèt mato.

chauffer chofe.

chauffeur chofè.

chauffeur-guide chofè-gid.

chaumière kay pay.

chaussée beton, breton.

chaussettes chosèt.

chausson (pour nouveau-nè) choson.

chauve chòv; (personne) tèt chòv.

chauve-souris chat-sourit, chosourit,
chovsourit, chouchwòl, chouchourit,
chòt-chòt, chòfsourit, chochourit.

chaux lacho.

chavirer, chaviré chavire.

chef chèf, kòmandè, konmandè; (chef
de section rurale) chèf seksyon;
(chef de coeur dans le vaudou)
andjennikon, ongènikon.

chemin chemen, chimen.

chemise chemiz, chimiz, blouzon;
(cartable) katab; chemise de nuit
(assez courte) bebidòl.

chêne bwatchenn.

chéneau dal.

chenille (de papillon) cheni, chini,
mawoka.

chèque chèk; chèque sans provision
chèk san pwovizyon.

chéquier kanè chèk.

cher chè; (dispendieux) cheran;
faire payer trop cher degagannen.

chercher chache, chèche, bouske,
boske; chercher à chache, chèche;
chercher des ennuis mete chat veye
bè, pote chat bay makou; chercher
querelle chache kont; faire
chercher voye chache.

chéri cheri, chè, toutou.

chétif chetif, anbrizi, kata, krebete,
grebete, malvini, petevi, rasi.

cheval chwal, cheval, chival; cheval
de mer chwal lanmè.

chevalet (d'artisan) chevalèt.

chevet. table de chevet tabdénwi.

cheveux cheve, chive; cheveux crépus
cheve grenn; cheveux lisses cheve
siwo, cheve swa, cheve luil;
cheveux rares tèt bòbèch, tèt
bòchèt, tèt gridap, tèt grenn, tèt
graton, tèt kwòt; femme aux
cheveux naturellement très
courts ayida.

cheville je pye; (tige métal) chevi.

chèvre kabrit; (de scieur de bois)
echafo.

chevron (madrier) chevon; poser
des chevrons chevonnen.

chewing-gum chiklèt.

chez kay, ka, lakay; chez-soi
lakay.

chic awo.

chiche chich; (personne chiche)
chichadò.

chicot chouk dan.

chien chen, chyen, toutou, toutous;
petit chien tichen, toutou,
toutous; faire le chien couchant
chyente, fè chen.

chiendent chendan.

chier chye, kaka, poupou, tata.

chiffonner, chiffonné chifonnen,
chifònen.

chiffre chif.

chignon chou.

chimie chimi.

chinois chinwa.

chiot tichen, toutou, toutous.

chiper chipe.

chipoter fè lasisin.

chique chik; personne infestée de
chiques chikata.

chiquenaude (donnée avec l'arête
des phalanges) zoklo.

chiquer chike.

chirurgien chirijyen; (poisson)
chirijyen.

chocolat chokola; chocolat à cuire
chokola gra; chocolat en poudre
chokola an poud.

choeur kè.

choisir chwazi.

chômeur chomè.

choqué kè kase, kè sote.

chorale koral.

chose bagay, baay, choz, kichòy.

chou chou; (chéri) chou, choupèt, chouboulout, ti chat; chou caraïbe (Colocasia esculenta Schott) karayib, karayiv, chou karayib.

chouette (hibou) chwèt, koukou.

chou-fleur chouflè.

choyer bere; personne choyée comme un trésor biblo.

chrétien kretyen.

chuchotement (commérage) chwi-chwi-chwi.

chuchoter pale nan zorèy.

chute so.

cicérone tchoul.

ciel syèl.

cierge (chandelle) syèj.

cigale lasigal.

cigare siga.

cigarette sigarèt.

cils pwal je.

ciment siman.

cimenter simante.

cimetière simityè.

cinéma sinema, silema.

cinglé loke.

cinq senk, senn.

cinquante senkant, senkann.

cinquantième senkantyèm.

cinquième senkyèm; classe de cinquième senkyèm.

cintre (porte-vêtements) sèso.

cintrer (rendre ajusté) sentre.

cirage de chaussures plakbòl, blakbòl, siray.

circonstance sikonstans.

circulation (véhicules) sikilasyon.

cire lasi.

cirer, ciré sire, klere, listre.

cireur de bottes chany.

ciseaux sizo.

citadelle sitadèl.

citadins lavil.

citation (sommation en justice) sitasyon, papye tenbre.

cité (ville) site; cité ouvrière site.

citer site, nonmen, lonmen; citer en justice asiyen, site.

citerne sitèn.

citron (Citrus aurantifolia) sitwon.

citronnade sitwonad, sitwonnad, limonad, limonnad.

citronnelle (Cymbopogon nardus) sitwonnèl, sitwonèl.

citrouille joumou, jouwoumou, jouwoumon, jòmon.

cive (Allium schoenoprasum) siv.

civil sivil.

clair klè.

clairement klèman.

clairon klewon.

clairsemé defouni.

clairvoyance konnesan, konesans.

clarifier eklèsi, klèsi.

clarinette klarinèt.

clarté klète, klate.

classe klas.

classique klasik.

clavicule salyè.

clayonnage klisad, klisay; faire
  un clayonnage klise.

clef kle.

client kliyan; (client habituel)
  pratik.

cligner (de l'oeil) tenyen.

clin d'oeil (temps très court) de tan
  twa mouvman; (en un clin d'oeil)
  an sis kat de.

clip-clop (trot de cheval) plòkòtòp.

clitoris krèk, klitoris, langèt.

cloche klòch.

clocher klòche.

clochette sonèt, sonnèt.

cloison bare, baryè.

clopin-clopant gouyang-gouyang.

cloque bousòl.

clôture bare, baryè, kloti, lantiray,
  lantouray, antouray.

clôturer, clôturé bare.

clou klou; (de cordonnier) klou gagit;
  clou de girofle jiwòf, tèt jiwòf,
  klou jiwòf.

clouer kloure.

cobaye kochondenn.

cocher bòsmann, koche.

cochon kochon, pouso; (personne
  malpropre) kochon; cochon d'Inde
  kochondenn.

cocktail kòktèl.

cocon koko, kokon.

cocotte kòkòt, koukout.

cocufier bay zoklo.

coeur kè, lestomak, lestonmak; (base)
  mwèl; (aux cartes) kè; coeur gros
  gwo kè, kè grenn; bon coeur bonkè;
  coeur de palmier chou palmis.

coffrage kofray, dal planche.

coffre (d'une voiture) kòf, pòtchay;
  (Lactophrys trigonus) kòf.

cogner frape, fwape, koupe.

coiffe (de nouveau-né) kwaf.

coiffer, coiffé penyen.

coiffeur kwafè.

coiffeuse (meuble) kwafèz, poudriye.

coiffure (de femme) kout peny; (d'homme,
  formant une houppe à l'avant) kapòt.

coin kwen, kafou.

coincé antrave, fin bout, kwense, kore, sentre.

coincer fèmen, jennen, kwense, kore, sentre.

col kòl, kole.

cola kola; cola champagne chanpay.

colère kòlè, grap; en colère eksite, èksite; outré de colère awoyo; éclater de colère grandi sou; mettre en colère eksite, èksite.

colibri wanga-nègès, zwazo mouch.

coliques kolik.

collaborer fè konpany.

collant gonmen; (personne) pongongon; (rendre collant) gonmen.

collatéral garanti.

colle lakòl, gonm, gòm; colle forte kòlfòt.

collecte (d'argent) kotizasyon.

collège (école secondaire) kolèj, kòlèj.

coller, collé kole.

collet kòlèt.

collier kolye, chenn kou.

colline mòn.

colonel kolonèl.

colonie koloni.

colonne kolonn; colonne vertébrale rèl do.

colorant (de tannerie) merès.

combat batay, konba; combat de coq dezafi.

coassement kwòt-kwòt.

combattre konbat.

combien konben, konbyen.

combine (utilisée pour voler de l'électricité) konbèlann.

combler, comblé blende, konble, vide.

comique komik, rizib; (personne) kòmedyen, konmedyen; situation comique kòmedi, konmedi.

comité komite, konmite; comité civique konminote, kominote.

commandant kòmandan, konmandan.

commande kòmann.

commander, commandé kòmande, konmande, koumande.

comme kòm, kou, kon, kouwè, konwè, tankou, tank, kankou; (puisque) kòm; comme si komsi, konsi, konmsi, kouwè, konwè, tankou, tank, kankou; comme ça konsa; comme toujours menmman parèyman; comme il convient legal; comme il faut anfòm, byen pwòp, kòrèk, nan rasin; comme nous disons kòm nou dizon.

commencement kòmansman, amòs.

commencer, commencé kòmanse, konmanse, koumanse, amòse; commencer à kòmanse, konmanse, koumanse, pran, tanmen, tonbe, mete.

comment ki jan, kouman, konman, kòman; comment allez-vous? ban m nouvèl-ou, ki jan ou ye?; comment se fait-il que... ki fè...

commentaire kòmantè.

commérage tripotay, tripotaj, tripòt, teledyòl.

commerçant konmèsan, kòmèsan; commerçante qui voyage d'un marché à l'autre Madan Sara.

commerce konmès, kòmès; (petit commerce) koutay; (petit commerce pas honnête) djenn.

commère makòmè, tripòt.

commettre (faute) konmèt, kòmèt.

commis komi.

commission komisyon.

commissionnaire komisyonnè, konmisyonnè.

commun (vulgaire, inférieur) òdinè.

commune (subdivision administrative) komin.

communication konminikasyon.

communier kominyen.

communion (sacrement) kominyon, konminyon.

communiqué konminike, kominike, avi.

compagne konpayon, konpayèl, konpay.

compagnie konpayi.

compagnon konpayon, konpayèl, konpay.

comparer konpare; comparer à mete avèk.

compas konpa.

compétition pledman.

compliment konpliman.

compliquer, compliqué mangonmen.

complot konplo, konplotaj, feso.

comploter konplote.

comportement fason, istwa.

comporter. se comporter konpòte.

composition (examen) konpozisyon.

compréhension konprann.

comprendre konprann, konnen, konn; compris? tande?

compresse konprès.

comprimé grenn.

compromettant antravan.

comptable kontab.

comptant kontan, kach.

compte kont; demander des comptes fè esplikasyon.

compter konte, regle; (avoir de l'importance) konte, pale; compter sur konte sou.

concentré de tomate pat tomat.

concombre konkonm, kokonm.

concourrir fè konkirans.

concours konkou.

concubinage plasay, plasaj; vivre en concubinage etabli, plase.

concurrence. faire concurrence fè konkirans.

condamnation kondanasyon.

condamner, condamné kondane.

condiment épicé pikliz.

condition kondisyon.

condoléances mèkondoleyans.

conducteur (de brouette) bouretye.

conduire kondi, kondui, mennen;
(conduire sans but) woule;
(conduire les mariés au pied de
l'autel) batize.

conférence konferans.

confesser (église) konfese.

confession (église) konfesyon.

confiance konfyans; faire confiance
à fye.

confiture konfiti.

conformer. se conformer konfòme.

confort konfò.

confortable alèz.

confusion telele.

congé chonmay, konje.

congédier (un employé) kase;
(avec mépris) choute.

conjonctivite malozye.

conjuger konjige.

connaissance konnesans, konesans;
s'enrichir ses connaissances pran
bèt; faire la connaissance de
rekonèt, rekonnèt; sans
connaissance san konnesans.

connaître konnen, konn, rekonèt,
rekonnèt.

connerie grimas.

connu popilè.

conque lanbi, kòn lanbi.

conscience nanm.

conseil konsèy, ansèyman.

conseiller (n + v) konseye.

consentement konsantman, konsantiman.

consentir konsanti.

conséquence konsekans.

conséquent. par conséquent ositou.

conserver gade, konsève.

considérer (comme) konsidere.

consoler konsole.

consommé konsonmen.

constamment chak vire, vitametènam.

constipation konstipasyon.

constipé konstipe.

construction konstriksyon; (action)
batisman.

construire, construit konstwi, monte.

consultation (médicale) konsiltasyon.

consulter konsilte; (consulter un
prêtre vaudou) fè yon chandèl,
limen balenn, mete pye nan dlo.

contact kontak.

contagieux atrapan.

contaminer, contaminé kontamine.

conte kont; raconter des contes tire
kont.

contenir kenbe.

content kontan.

contentement kontantman.

conteur tirèdkont, tirè.

continuellement diranpandan, dirantpandan,
san dezanpare, vitametènam.

continuer kontinye, kontinwe;
 continuer à chita.

contorsion (contorsions violentes
 des reins) gouyad.

contour fòm.

contractions (de l'accouchement)
 tranche.

contradiction kontradiksyon.

contraindre (contenir) bride.

contraire lekontrè; au contraire
 okontrè, toutokontrè.

contrarier, contrarié kontrarye.

contrariété kontraryete,
 kontraryezon.

contrat kontra.

contravention kontravansyon.

contre kont.

contredanse kontredans.

contredire, contredit kontredi;
 se contredire depale.

contrefort (de botte, soulier)
 ranfò.

contremaître kontremèt.

contrôle kontwòl, tchèk.

contrôler kontwole, tcheke.

contrôleur kontwolè, kontwòl.

convenir de (être d'accord) pase
 kondisyon.

convertir, converti konvèti.

convoquer (en justice) konvoke.

convulser (en transe) djayi, djay.

copain flannè, lamitye.

copeau rip; (long copeau de bois
 résineux) digèt bwa chandèl.

copie. exercice de copie kopi.

copier kopye, gade sou; copier sur
 kopye sou.

copieusement agogo.

coq kòk; coq de bataille annega,
 bendezwèl, benezwèl.

coqueluche koklich.

coquette. vieille coquette darati
 kon sye, darati.

coquillage koki, kokiy.

coquin koken, move je, move grenn.

corail koray.

corbeau kaou, kaw, gragra.

corde kòd, liy.

cordon. cordon ombilical kòd lonbrit,
 lonbrit, lonbrik, nonbrit.

cordonnier kòdonnye, kòdónye.

corne kòn, konn.

corner kònen.

cornet kòne.

corossol kowosòl, kòwòsòl.

corps kò.

correct kòrèk, danble.

correctement kòrèk, kòrèkteman,
 dakò.

corriger korije.

corrompre, corrompu kowonpi, pouri.

corsage kòsaj, kòsay.

costaud djanm, manbre, potorik;
(personne) barak.

costume kostim, rechany.

côte kòt.

côté bò, kote; à côté de kote;
de ce côté la-yo; à l'autre côté
anfas, lòtbò; de tous côtés, des
deux côtés tribòbabò, tribòrebabò.

coton koton.

cou kou.

couche (épaisseur) kouch; fausse
couche foskouch.

coucher. se coucher kouche.

coude koud.

cou-de-pied wòs.

coudre koud; bouche cousu bebe
chòchòt.

couenne kwenn, kwann.

couler kouri; (sombrer) koule;
couler le béton koule beton.

couleur koulè.

couleuvre koulèv; (espèce de
couleuvre) madlenn.

coulisse (de vêtement) koulis.

coup kou, kout, bòt; (aux billes)
tèk; (porté à la gorge) gagann;
coup bas kout fouk; coup décisif
bòt salye; coup de froid fredi;
coup de main kout men; coup d'oeil
koudèy; coup de poing frap; coup
de sang kout san; coup du sort
revè; du meme coup tou; tout d'un
coup rèd; échange de coups bim-
banm.

coupable koupab, antò.

coup-de-poing fo pwen.

coupe koup.

couper, coupé koupe, taye, twonse;
(aux cartes) koupe; (en petits
morceaux) dekatya, dekatiye;
(en tranches très minces) dole;
(grossièrement) tchake; couper
(la parole) koupe, dekoupe;
couper les cheveux taye tèt,
fè tèt; couper le sifflet à
koupe lalwèt; se couper kòche.

coupeur koupè.

couplet kouplè.

coupon (tissus) koupon.

cour lakou; (cour de ciment) glasi;
faire la cour file.

courage kè, kouray, nannan; (homme
courageux) gason kanson, gason;
agir avec courage mete nanm sou,
mete gason sou, mete fanm sou.

courant kouran; courant d'air
kourandè; au courant de okouran.

courbe koub.

courber benn, bèn, koube, pliye,
ploye, plwaye.

coureur de jupons kòk lakou, vakabon,
vagabon.

courgette militon.

courir kouri; (courir à vive allure)
chire; (courir après quelqu'un qui
n'est jamais là) fè tolalito.

couronne kouwòn; couronne partielle
eklis.

courrier lapòs.

courroie kouwa.

cours (enseignement) kou.

course (commission) devire;
  (compétition) kous.

court ba, kout; (cheveux)
  rabonnen; court bouillon
  koubouyon.

courtier koutye.

courtiser file, fè eleksyon dèyè,
  fè jako pye vèt, tchoule, kyoule.

courtois galan, byennelve.

couscous kouchkouch.

cousin kouzen; (cousin issu de
  germains) kouzen jèmen; cousine
  kouzin.

coussin kousen.

coussinet twòkèt, tòkèt.

couteau kouto.

coûter koute.

coutil gwo ble.

coutume koutim.

couture kouti; leçons de couture
  kouti, leson koup.

couturière koutiryè, koutiryèz,
  koutriyè, koutriyèz.

couver kouve.

couvert (temps) mare, nan demwazèl;
  (n) kouvè.

couverture kouvèti; (d'un livre)
  po liv.

couvre-lit kouvreli.

couvrir kouvri; (couvrir d'injures)
  defripe; découvrir Saint-Pierre
  pour couvrir Saint-Paul dekouvri
  Sen Pyè pou kouvri Sen Pòl.

cow-boy kòbòy.

crabe karb; crabe de mer sirik.

crachat krache.

cracher krache.

crachin farinay, farinaj.

crachiner farinen.

crack kanno.

craie lakre, lakrè.

crampe lakranp, kranp.

crampon kranpon.

cramponner brade.

cran (courage) kran.

crâne bwatèt, zo tèt, zo bwatèt
  zo kokolo tèt.

crâneur granfòma, granpanpan.

crapaud krapo.

crapule aksyonnè, atoufè, kannay.

craquer, craqué krake; faire craquer
  krake.

crasse kras; (luisant de crasse)
  sire.

cravate kravat, kòl.

crayon kreyon.

créature kreyati.

crèche krèch.

crédit kredi; à crédit kredi.

crédule egare; (personne crédule)
  boubou.

créer kreye.

crème krèm.

créole kreyòl.

crépir, crépi krepi.

crépissage krepisay.

crépu kwòt.

crépuscule bren, brenn, brin,
  labrin, labrenn, gwo brin.

cresson kreson.

crête de coq krèt; (enlever la
  crête à un coq) dekreta.

crête-de-coq (fleur) krètkòk.

creuser fouye.

crevant pete fyèl.

crevé (fatigué) bouke, demrele.

crever kreve, pete, pete fyèl;
  crevé kreve, pete.

crevette chèvrèt.

cri rèl; (de bébé) dyann.

cric djak.

crier rele.

crime krim, zak.

criminel kriminèl.

criquet krikèt.

crise de nerfs kriz.

critiquer kritike, dedi.

croc-en-jambe kwochèt, kochèt.

croche-pied kwochèt, kochèt.

crochet (d'une porte) kwochèt, kochèt.

crochu kwochi.

crocodile kokodil.

croire kwè, konprann, panse; (croire
  fermement) konnen, konn.

croiser, se croiser kwaze.

croître grandi, pouse.

croix kwa; la croix (réligion)
  lakwa; faire la croix sur
  quelque chose siye bèk atè.

croquette akra.

croupière koupye.

croupion koupyon.

croyant (n) fidèl.

cru kri.

cruche krich.

crucifix krisifi.

cueillir keyi, kase, degrape.

cuiller kiyè.

cuillerée kwire.

cuir kui, kwi, tchwi, po; cuir
  chevelu kui tèt, po tèt.

cuire, cuit kuit, kwit; (cuire
  insuffisamment) rabi.

cuisine kizin, lakizin.

cuisinière kizinyè, kizinyèz,
  krizinyèz.

cuisse kwis, kuis.

cuivre kwiv, kuiv.

cul (du corps) bounda, bouda, bonda,
   bouden, dengon, deng, latcha,
   tchou; (fonds) bouboun.

culbuter kilbite.

culotte (de femme) pantalèt, kilòt;
   culotte de sport chòt, bout
   pantalon.

culotté dechennen, frekan.

cultivateur abitan, kiltivatè,
   kiltivlatè.

cultivé eklere, eklère.

cupide ava, gro je.

curieux kirye, kiryèz, atoupwèt,
   fouyapòt, kontwolè, tchòtchòwè.

cuve (pour la fermentation de la canne
   à sucre) pyès.

cuvette kivèt.

cuvier benywa.

cycliste siklis.

cyclone siklòn.

cynique tchak.

dais de.

dame dam, danm; grande dame
gran dam.

dame-jeanne danmijann, damijàn.

damer (fouler) danmen.

damner. se damner dane.

danger danje; hors de danger
(enfant) chape.

dangereux danjere.

dans nan, dan, andedan, anndan,
andidan.

danse dans, won; (vieilles danses)
cheche, kalinda; (danses modernes)
afwo, bolewo, kare, kata, mereng,
palaso, patchatcha; (danses
vaudous) kongo, ibo, petwo, rada,
yanvalou.

danser danse; (danser étroitement
enlacés) ploge.

danseur dansè; danseuse
dansèz.

dartre dat.

date dat.

datte dat.

davantage plis.

D.D.T. dedete.

de de, d, a, nan.

dé zo; dé à coudre de, deyakoud.

débandade kouri, lekòl lage,
laparad lage.

débarbouiller debabouye.

débardeur bèf chenn.

débarquer debake.

débarrasser debarase; se débarrasser
de debarase, dezanpare, retire
nan kòsay, wete nan kòsay.

débattre. se débattre debat, lite.

débaucher deboche.

déblayer debare.

déboire kontraryete.

déborder debòde, debonde, desann,
disann.

déboucher debouche.

débourrer deboure.

débourser debouse.

debout debout, doubout, kanpe; se
mettre debout kanpe; se tenir
debout sur les mains plake.

déboutonner, déboutonné deboutonnen.

débraillé debraye, debaye.

débrancher dekonnekte, deploge.

débrayer. au débrayé an wou lib.

débrouillard debouya, debwouya,
degajan.

débrouiller. se débrouiller boule,
debouye, debwouye, degaje, defann,
woule kò.

début amòs; dès le début anpatan.

débutant preliminè.

décacheter, décacheté dekachte.

décamper dekanpe.

décanter. se décanter poze.

décapsuler debouche.

décapsuleur kle.

décéder ale, mouri.

décembre desanm, desam.

décès mòtalite.

déchaîner. déchaîné dechennen, anraje, awoyo; se déchaîner wè mò.

décharger debake, dechaje.

déchausser dechose.

déchet dechè; déchets de tabac kaka garyon.

déchiffrer dechifre.

déchiqueter depatya, depatcha, dekatya.

déchirer, déchiré dechire, chire; (déchirer en petits morceaux) dechèpiye; s'entre-déchirer chen manje chen.

déchu defèt.

décider, décidé deside.

décilitre glòs.

décision desizyon; prendre une décision fè definisyon.

déclaration deklarasyon; (déclaration d'amour) deklarasyon.

déclarer deklare.

décliner dekline, deklinen.

déclouer dekloure, deklouwe.

décoction te.

décoller, décollé dekole.

décolleté dekòlte.

décoloré blaze.

décomposer. se décomposer dekonpoze.

déconcerter defèt; déconcerté twouble, touble.

déconfiture. en pleine déconfiture an releng.

décorer, décoré dekore.

découdre dekoud.

découper dekoupe, detaye; (viande) dekape.

décourager, découragé dekouraje.

décousu dekoud.

découvrir dekouvri, jwenn; (ôter le couvercle) dekouvri; découvrir Saint Pierre pour couvrir Saint Paul dekouvri Sen Pyè pou kouvri Sen Pòl.

décrocher dekochte, dekwoke.

dédain. (bruit de dédain fait avec la bouche) tuipe, tuip, kuipe; (faire un bruit de dédain avec la bouche) tuipe, kuipe.

dedans andedan, anndan, andidan.

dédier dedye, dedje.

dédire. se dédire vire lang.

défaire, défait defèt, lage; défaire l'entre-jambes) defouke; se défaire de balote, defèt.

défaut defo.

défendre (interdire) defann, enpoze; (prendre la défense) defann; se défendre boule, koresponn.

défense defans.

défi defi.

déficit defisi.

défier pini.

défilé (n) defile.

défiler defile.

défoncer, défoncé defonse, kòlbòsò;
(défoncer la poitrine de quelqu'un)
kofre.

déformer, déformé defòme; déformé
(jambe) kounan.

défrichage balizay.

défricher balize.

défriser, défrisé pase, repase.

défroisser degriji.

défunt defen.

dégager. dégager le front (chez
le coiffeur) chankre.

dégarnir degrennen, dekatiye;
dégarni (le front) chankre.

dégât dega.

dégauchir, dégauchi degochi.

dégonfler, degonflé degonfle.

dégoter (découvrir) dechouke, dejouke.

dégoût degou, degoutans.

dégoûtant vye, degoutan.

dégoûter degoute, rebite.

dégrader degrade.

dégraisser degrese.

dégringoler gengole, grengole,
degengole, deboulinen.

dégrossir degwosi, deleze;
(éduquer) eklere, eklère; mal
dégrossi pwès, près.

déguerpir mete deyò.

déguiser, se déguiser degize.

dehors deyò.

déjà deja, dija, gentan, ko, tou.

déjeuner. petit déjeuner manje
maten, dejnen; déjeuner (v)
dejnen.

déjucher dejouke.

délabré delala.

délacer delase.

délai delè.

délasser delase.

délayer deleye.

délégation delegasyon.

délibération etid.

délicat delika; (femme délicate)
fanmòt.

délicieux koupe dwèt.

délier demare.

délirer depale.

délivrance ladelivrans, delivrans.

délivre delivrans.

délivrer, délivré delivre.

déluré delire.

démailler (chaîne) demaye.

demain demen, denmen, de.

démancher, démanché demanche.

demande demann; (demande en mariage)
lademann, lademand.

demander mande; (demander conseil)
konsilte; (demander de l'argent à
quelqu'un) frape bank.

démangeaison demanjezon, gratèl, pikotman.

démarche (façon de marche) mach; (tentative) demach.

démarrer derape.

démarreur estatè.

démêler demele, demakònen.

déménager debagaje, bwote.

démentir demanti.

demeure (des loas du vaudou) Ife.

demi demi, dmi.

demi-botte demibòt.

demi-tasse demitas.

demoiselle mis.

démolir, démoli dechalbore, defalke, dekonstonbre, demantibile, kraze.

démolition demolisyon.

démon denmon, dyab, satan; (démon familier) baka.

démonstration demonstrasyon.

démonte-pneu espatil.

démordre. ne pas démordre kare kò.

dénigrer denigre, detripe, vèni.

dénoncer denonse, bay, ba, ban.

denrées danre.

dent dan; (espace entre les dents) chenèt, chennèt; (espace vide laissé par une dent de lait) dan rachòt; dent de sagesse dan zòrèy; entre les dents nan dan, anba dan.

dentelle dantèl.

dentiste dantis.

dentition dantisyon.

dépailler, dépaillé depaye.

dépanner leve pàn, depannen, degaje.

dépareillé depaman.

départ. au départ anlagan.

dépasser depase.

dépêcher. se dépêcher depeche, degaje, fè vit, kouri, leve pye.

dépendre depan, depann.

dépense depans.

dépenser, dépensé depanse.

dépensier gaspiyè, dejwe, dejwa.

dépérir deperi.

dépêtrer depetre.

dépeigner, dépeigné depenyen.

dépeindre depenn.

déplacement (déplacements divers) vire-tounen.

déplacer, déplacé deplase.

déplaire à deplezi.

déplier, déplié deploye.

déposer depoze; (déposer quelqu'un) lage; (déposer en gage) plane, plannen; (se décanter) poze.

déposition (déclaration) depozisyon.

dépôt depo, ral.

dépouiller debalize.

dépravé deprave.

dépuceler, dépucelé kreve.

depuis depi, denpi; depuis que
    depi, denpi.

député depite, debite.

déraciner dechouke, derasine.

déraillement (de train) derayman.

dérailler (train) deraye; (radoter)
    deraye, depale, radote,
    ranse.

déranger deranje; dérangé chaje.

dérapage patinaj, patinay.

déraper patinen.

déréglé deregle.

dernier dènye, dennye; en dernier
    an dènyè; dernier cri (la mode)
    difisil.

dernièrement lafwa pase, lafwa dènye.

dernier-né kras vant.

dérouler dewoule, debobine,
    deplòtonnen, deploye.

derrière (prep) dèyè; (fesses) dèyè,
    bounda.

des (quelques) de.

dès. dès que depi, denpi, sito;
    dès lors que deske.

désaccord dezakò, yingyang.

désagréable dezagreyab.

désagrément dezagreman, tyouboum.

désarticuler dejwente; désarticulé
    dekloke, dejwente.

désassorti depaman.

descendant (n) desandans.

descendre desann, disann.

descente ladesant; (pente) desant;
    (raid) bale-wouze.

désenfler dezanfle.

déséquilibrer, déséquilibré dekontwole.

déserter lage.

désespoir dezespwa.

déshabiller, déshabillé dezabiye.

déshonneur dezonnè, dezonè.

désinvolte sou moun.

désir dezi.

désirer dezire.

désister deziste.

désobéir dezobeyi.

désobéissance dezobeyisans.

désobéissant dezobeyisan.

désobligeant dezoblijan, malonnèt.

désoeuvré dezevre.

désolé dezole.

désordre dezòd, briganday, debanday,
    gagòt, lekòl lage, laparad lage;
    en désordre degaye.

désormais apatandojodi, alèkile,
    atòkile.

désossé dechose.

desseller desele.

desserrer desere.

dessert desè.

desservir desèvi.

dessin desen; (dessin tracé qui symbolise un "lwa") vèvè.

dessous (n) bounda; (adv + prep) anba; au dessous de anba.

dessus (n) anlè, do; (adv + prep) anlè; au dessus de anlè.

dessus-de-lit lenn, lèn.

destin desten.

destinée destine, avni, lavni.

déstituer dechouke.

désunion dezinyon.

détacher detache; détaché grennen, detache.

détail. au détail an detay.

détaillant revandè; détaillante revandèz.

détailler detaye.

détaler grate.

déteindre detenn.

détergent fab.

détériorer deteryore; (objet détérioré) bogi.

déterrer detere, fouye.

détester deteste.

détourner detounen; (un coup) pare.

détraqué varye.

détresse detrès.

détritus fatra.

détruire detwi, detui, depatya, depatcha.

dette dèt.

deuil dèy.

deux de, dez; en moins de deux taptap.

deuxième dezyèm.

devant devan, douvan.

dévastation devas.

dévaster devaste.

déveine devenn, malchans.

développer, se développer devlope.

devenir vin, soti, sòti, sot, sòt, tounen.

dévergondé devègonde.

déviation (chemin) detou, deviray.

devin divinò, divinè, devinè; devineresse divinèz, devinèz.

deviner devine.

devinette devinèt, kont; proposer des devinettes tire kont.

devis devi.

dévisser devise.

devoir (n) devwa; (v tr) dwe, dwè; (v aux) dwe, dwè, do, fèt pou, gen pou, sipoze.

dévorer devore.

dévoué devwe.

dévouer. se dévouer à adonnen,
tonbe nan, lage kò nan.

diable dyab, djab, jerenòs, jonnons;
diablesse dyablès, djablès; ni dieu
ni diable pa...pèpap.

diabolique anjandre.

diarrhée dyare, kakarèl,
tchouloulout, vant kouri, vant
mennen, vant, vant pase.

dictée dikte.

dicter dikte.

dictionnaire diksyonnè.

diesel dizèl.

diète dyèt.

Dieu Bondye, Granmèt; mon Dieu!
adye!, mezanmi!; grâce à Dieu!
apre dje!; ni dieu ni diable pa...
pèpap.

diffamer bwode sou.

différemment diferantman, diferaman.

différence diferans.

différent diferan, chanje.

difficile difisil.

difficulté difikilte, boulvès, dan,
resif, tyouboum; (avoir des
difficultés) angaje; (difficultés
d'argent) anbarasman, anpechman.

difforme difòm.

digérer dijere.

dignité diyite.

diligence delijans.

dimanche dimanch.

dimension mezi.

dinde kodenn, kodèn.

dindon kodenn, kodèn, joubabye.

dîner (n) manje midi.

ding dong pim, beny, beng.

dingue distrè, distre.

diphtérie difteri.

diplomate diplomat.

diplôme diplòm.

dire di; (rapporter) pale; (des inepties)
akouche; dire des absurdités
ablakasteyann; disons dizon; on
dirait que... andire...

direct kare; (un coup) mayèt.

directement dirèk, dirèkteman,
toubònman.

directeur direktè, dirèk; (directrice
de pension pour etudiants)
korespondan.

direction direksyon.

diriger dirije; se diriger vers
bay tèt.

disciple disip.

discipline disiplin, lòd.

discothèque diskotèk.

discours diskou.

discret. être discret fè kò piti.

discussion diskisyon, pledman.

discuter diskite.

disette dizèt.

disparaître disparèt, fonn.

dispensaire dispansè.

dispenser (exempter) dispanse.

disperser degonfle, simaye, simen.

disposé dispoze.

disposition (caractère) dispozisyon.

dispute akwochay, eskonbrit.

disque (de phonographe) plak.

dissident kamoken.

dissiper (faire disparaître) desitire.

dissoudre (fondre) deleye.

distance distans; à quelle distance nan ki lye.

distillerie gildiv.

distingué distenge.

distinguer distenge.

distraction distraksyon.

distrait distrè, distre, nan lalin; (personne distraite) bliyadò.

distribuer (les cartes) file.

distributeur. distributeur de musique bidjonnèl, bidjonèl.

divaguer depale, radada.

divan divan.

divers divès.

divinité vaudouesque lwa; (associé à l'agriculture) Zaka, Azaka; (déesse de l'amour) Ezili; (de guerre, de fer) Ogoun; (de la mort) Gede; (des cimitières) Bawon; (des enfants, surtout des jumeaux) Marasa; (d'une grande puissance) Danbala-Wèdo, Danbala; (femme de Danbala-Wèdo) Ayida-Wèdo; (maître de la mer) Agwe; (maître des marchés) Ayizan;

(maître des sources, rivières) Simbi; (médiateur) Legba; (groupe de divinités vaudouesques) Ibo; (catégorie de divinités voudouesques) Petwo, Rada.

diviser, divisé divize; (diviser une patte de bananes) depate.

division divizyon.

divorce divòs.

divorcer, se divorcer, divorcé divòse.

divulguer divilge, devilge.

dix dis, di, diz.

dix-huit dizuit.

dix-huitième dizuityèm.

dixième dizyèm; (dixième d'un billet de loterie nationale) koupon.

dix-neuf disnèf.

dix-neuvième disnevyèm.

dix-sept disèt.

dix-septième disètyèm.

dizaine (de chapelet) dizèn.

dock dòk.

docteur dòktè, dòk, doktè.

document dokiman.

dodeliner (de la tête) bay kout tèt.

dodo (sommeil) dodo.

dodu patat si.

doigt dwèt; (unité de mesure) dwa.

dollar dola, grinbak.

domestique (n) domestik, bòn, gason lakou, gason, tigason, estekoun, restavèk.

domicile estalite.

dominer domine.

Dominicain Dominiken, Dominikenn,
   Panyòl.

dominos domino.

dommage. c'est dommage donmaj, domaj.

dompter donte, bosale.

donc donk, alèkile, atòkile; donc!
   non!

don Juan kòk lakou, matcho.

donner bay, ba, ban, sede; (donner
   beaucoup) plen bòl; (donner en
   héritage) pase papye; (donner le
   bras) bay lebra; (donner l'exemple)
   trase egzanp; (donner par
   commisération) charite; (donner
   sa fille comme femme à quelqu'un)
   plase; (donner un prix) bay brevè;
   (donner une bourrade) bourade;
   (donner une fessée) filange, flanbe;
   (donner une médaille) medaye;
   donner sur bay sou.

doré dore.

dorloter dolote, dòlote, miyonnen.

dormeuse (Lobotes surinamensis)
   nandòmi.

dormir dòmi; (dormir trop
   longtemps) dòmi twonpe.

dos do.

dosage dòz.

dose dòz.

dossier (d'un siège) dosye.

doter (d'un pouvoir magique) monte,
   moute.

douane ladwann.

double. double menton babin;
   double gain (au jeu) dekabès.

doubler double.

doublure doubli, doub.

doucement (cousi-couça) piti piti.

douillet douyèt.

douleur doulè, deranjman; (exclamation
   de douleur) way!

doute dout, doutans.

douter doute.

doux (docile, gentil) dou; (sucré)
   dous; (agréable) dous.

douzaine douzenn, douzèn.

douze douz.

douzième douzyèm.

doyen dweyen, dwayen.

dragée tablèt.

drap dra.

drapeau drapo.

draperie (rideau) drapri.

dresser kanpe.

drogue dwòg.

droit (adj) drèt, dwat, nivo;
   (n) dwa; (adv) drèt, dwat,
   debout; faculté de Droit dwa;
   tout droit toudwat.

droite (n) dwat; à droite adwat.

drôle dwòl; drôle de numéro nimewo,
   eleman.

dru dri.

dupe tèt chòv

duper fente.

dur (solide) di, barak; (sévère)
   di, rèd; (visage) redi; (adv)
   di.

durable dirab.

durant diran.

durée dire.

durer dire.

duvet divè.

dynamique dinamik.

dynamite dilamit, dinamit.

dysenterie kolerin, kolorin.

eau dlo; eau de Javel klowòks,
   klowòs; eau oxygénée dlo oksijene.

ébahi egare.

ébattre karakole.

ébéniste ebenis, ebennis.

ébénisterie ebenis, ebennis.

ébrancher debranche.

écaille (de tortue) karapat tòti;
   en écaille annekay.

écailler, écaillé dekale.

écart kab.

écarter (s'écarter d'un appui)
   dezapiye.

échafaudage echafo, chafo, echafoday,
   chafodaj.

échalote echalòt, jechalòt, chalòt,
   zechalòt.

échancrer chankre.

échanger chanje.

échantillon echantiyon.

échapper chape.

écharde eklis, klis.

échassier krabye,
   grankola.

échauder chode.

échauffer. s'échauffer pran elan.

échauffure bouton chalè, chofi,
   tifè.

échelle nechèl, nèchèl.

échine chinen-do.

échoppe chòp.

échouer (navire) echwe, chwe;
   (s'arrêter par hasard) echwe,
   chwe; (ne pas réussir) kaka, kiki,
   pap sis; (échouer malgré d'excellents
   atouts) bourik ak kat las.

éclair (dans le ciel) zeklè, zèklè.

éclairer, éclairé klere.

éclaircir. s'éclaircir (temps) eklèsi,
   klèsi, dekouvri, anbeli.

éclat (morceau) lèz; éclat de rire
   eklari.

éclater eklate.

éclore. faire éclore kale.

écoeurant rebitan.

école lekòl; école maternelle
   kindègadenn; école primaire primè;
   école secondaire segondè.

économe (n) ekònòm.

économies ekonomi, kolomi; faire des
   économies fè epany.

économiser ekonomize.

écorce (d'arbre) ekòs.

échocher (égratigner) kòche; (fig) deplimen.

écorchure kòche.

écornifleur reskiyè.

écosser degouse.

écouler koule.

écouter koute, tande.

écraser kraze; (écraser quelqu'un)
   maspinen, vide sou.

écrevisse kribich.

écrire, écrit ekri.

écriteau ekrito.

écriture ekriti.

écrou ekwou.

écueil resif.

écume kim.

écumer kimen, tchimen.

eczéma egzema.

édenté fobop, fobo; (personne édentée) mazora.

éducation edikasyon, eklerasyon, eklarasyon, levasyon, elevasyon; (sans éducation) iyoran.

éduqué eklere, eklère, edike, endike.

éduquer edike, endike, elve, leve.

effacer efase, bife, bifte.

effaroucher, effarouché fawouche.

efféminé makòmè.

effet efè.

effets afè, zafè, efè.

efficace souvren.

effigie jwif.

effondrer. s'effondrer anfale, vide.

efforcer. s'efforcer de fòse.

effort jèfò, jefò, efò, deba; faire des efforts bat kò.

effraie (chouette) frize.

effrayant efreyan.

effrayé sezi.

effronté angran, anpil, dechennen, fwonte; (femme effrontée) larèn, larenn, rèn, renn.

effronterie radiyès.

égal (adj) egal, egalego; (n) pòy.

également egalego, ren pou ren, menmman parèyman.

égaliser egalize, galize.

égalité. à égalité pat; à égalité de score annile.

égard dega.

égaré anfouye; (état mental) gaye.

égarer anfouye.

église legliz.

égoïne legoin, goin, goyin.

égoïsme egois.

égoïste egois, rayisab.

égorger degagannen, degòje, senyen.

égout rego, egou.

égoutter degoute.

égratigner grafouyen.

égrené angren.

égrener degrennen, grennen.

égrillard je chèch.

éhonté sanwont, je chèch, angran, odasye.

éjaculer dechaje, voye, vini, ejakile.

élan elan.

élancer lanse; s'élancer fann, vole.

élargir laji, s'élargir laji.

élastique elastik, lastik.

élection eleksyon.

électricien elektrisyen.

électricité elektrik, lektrik; (électricité captée illégalement) konbèlann.

électrique elektrik, lektrik.

élégance gangans, finès.

élégant anpenpan, banda, bòzò, bwòdè, chèlbè, elegan, fen, fre.

élémentaire preliminè; élémentaire I (dixième) elemantè en; élémentaire II (neuvième) elemantè de.

éléphant elefan.

éléphantiasis (des testicules) èni.

élève elèv.

élever elve, leve; bien élévé byennelve, defanmi, fen, janti; mal éléve maledve, malelve, mal leve, bourik.

élimer, élimé limen.

élite lelit; corps d'élite (armée) leopa.

elle li, manmzèl; elle-même menm, li-menm; elles yo, y; elles-mêmes yo-menm.

émacié griyen.

émail emaye.

emballer anbale; s'emballer (s'exiter) pran chenn.

embarquer, embarqué anbake.

embarras kouri, bouyay.

embarrasser, embarrassé anbarase, mele.

embaumer anbonmen.

embellir anbeli.

embellissement anbelisman.

embêtant anbetan.

embêter anbete.

embobiner bobinen.

embouchure (d'une rivière) bouchi.

embrasser anbrase, bo, kwoke, koke.

embrayage klòtch.

émettre bay, ba, ban.

emmancher manche.

emménager bwote vini.

emmener mennen, mennen ale.

emmerdant anmèdan, anmègdan, nuizib, nwizib.

emmerdement nuizans, nwizans.

emmerder anmède, anmègde.

émonder debranche, dekatiye.

émotionné twouble.

émouchet des Antilles grijyou.

émousser, émoussé defile.

émouvoir briding, brideng, bridenm.

empailler anpaye.

emparer. s'emparer de anpare.

empêcher anpeche, enpoze, mete abò; (empêcher de s'exprimer) pa bay bouch pou pale.

empeigne anpeny.

empereur lanpèrè, lanperè.

empirer (devinir pire) anpire,
anvlimen; (rendre pire) anvlimen;
empirer la situation mete abse sou
klou.

emplacement anplasman, pozisyon.

emploi djòb, dyòb; (emploi
temporaire) debouyay, djòb, dyòb.

employé (n) anplwaye.

employer, employé anplwaye.

empoigner ponyen.

empois lanmidon, lamidon.

empoisonner anpwazonnen, pwazonnen,
ranje; empoisonné anpwazonnen,
pwazonnen, kòmande, konmande,
koumande, ranje.

emporté anpote.

emporter anpote, pote, pot.

empoté mare.

empressement anpresman.

emprisonner anprizonnen.

emprunter prete.

en an, ann.

encadrement ankadreman.

encadrer ankadre.

enceinte ansent, gwòs, gwo vant;
(état avancé) an plenn senti;
devenir enceinte bay kout pitit;
rendre enceinte ansent, gwòs,
angwosi, bay kout pitit.

encens lansan.

encenser ansanse.

encercler sèke, viwonnen, viwònen.

enchevêtrer makònen, makonnen;
enchevêtré antòtiye, makònen,
makonnen.

enclos barak.

enclume anklim.

encolure (ayant une encolure au ras
du cou) kòlte.

encombrement ankonbreman.

encombrer, encombré ankonbre.

encore ankò, toujou; pas encore
poko, pako, panko, pankò.

encouragement ankourajman,
antrénman.

encourager, encouragé ankouraje.

encre lank.

encrier ankriye.

endiablé andjable, andyable.

endormi (adj) nan dòmi; (n) kouchadò.

endormir andòmi.

endosser, endossé andose.

endroit kote, pozisyon; (endroit
inconnu) aziboutou, azibotou;
(par opposition à envers) landrèt,
landwat.

enduire randui, bouziye.

enduit (n) randui, randuisay.

endurance andirans, lasnal.

énervant enèvan, nèvan, agasan.

énerver, énervé nève, enève; ne pas
s'énerver pran san.

enfant timoun; (fils, fille)
pitit; (enfant abandonné) pitimi
san gadò; (enfant adultérin) pitit
deyò; (enfant précoce) ti granmoun;
(enfant qui vient après des
jumeaux) dousou, dosa; enfant
de choeur anfannkè; petit enfant
titit; mon enfant monfi; mafi.

enfanter anfante.

enfantillage anfantiyay.

enfantin anfantiyay; (classe
enfantine) anfanten (en, de),
anfantin (en, de).

enfer lanfè.

enfermer fèmen.

enfiler file.

enfin anfen, resi.

enfler anfle; enflé anfle, bonbonfle.

enflure anflamasyon, enflamasyon.

enfoncer, enfoncé anfonse, fonse.

enfourchure fouk.

enfourner anfounen.

enfuir. s'enfuir mete deyò, kraze rak,
pran rak, sove.

engager. s'engager angaje.

engourdir, engourdi angoudi.

engrais angrè.

engraisser angrese.

engrosser gwòs, angwosi.

enjeu. mettre son enjeu kare lajan.

enjôler andyoze.

enjolivure bèbèl.

enlever wete, wet; (de sur le feu)
desann, disann; (kidnapper) lanse.

ennemi lénmi, lèlmi, lennmi.

ennui annwi, ka.

ennuyer (agacer) annwiye, annuiye.

ennuyeux (sans entrain) raz;
(désagréable) annwiyan.

énorme kokenn, kokennchenn, pyès,
tay.

énormément (grande quantité) milyon-
ven.

enquête ankèt.

enquêteur anketè.

enragé anraje, dechennen.

enregistrer anrejistre.

enrhumé anrimen.

enrichir anrichi;(enrichir ses
connaissances) pran bèt.

enroué anwe.

enrouler woule; s'enrouler plotonnen.

enseignement ansèyman, enstriksyon.

enseigner aprann, anseye, montre,
moutre.

ensemble ansanm.

ensorceler chame, djoke, fè mal,
pran nanm.

ensuite answit, epi, enpi, anpi,
lèfini.

entaille antay.

entailler filange.

entasser, entassé konble.

entendement antannman, konprann.

entendre tande; (entendre à nouveau)
  retande; s'entendre antann;
  s'entendre comme chien et chat
  chen ak chat.

entendu antandi, dakò, kom nou dizon.

entente antant, aranjman.

enterrement antèman, lantèman,
  finiray.

enterrer antere, tere.

entêté tèt di, enkoutab,
  enkoutan, rèd, volontè.

entêtement tèt di, zòrèy di, enkoutab.

entier tout, ankè, antye; en entier
  ann antye.

entonnoir antónwa, anténwa.

entorse antòs, antòch.

entourage lantouraj, lantouray,
  antouray.

entourer antoure.

entrailles zantray.

entraînement antrénman.

entraîner. s'entraîner antrene.

entrave (qu'on met au cou des
  animaux) kwòk.

entraver jouke.

entre ant.

entrée (porte) antre.

entrejambe fouk.

entrepôt ral.

entreprenant agresif, michan, antreprenan.

entrepreneur (de pompes funèbres)
  antreprenè.

entrer antre, rantre; (entrer par
  effraction) kase.

envahir anvayi.

enveloppe anvlòp, kal, po; (enveloppe
  sèche du coeur du palmier) tach.

envelopper, enveloppé vlope.

envers lanvè; à l'envers lanvè, dwategòch.

envie. avoir envie anvi.

environ vè, konsa.

envisager anvizaje.

envoûter fè mal.

envoyer voye; (un coup) tire;
  (envoyer promener) fè malonnèt.

épais pwès, près.

épaisseur epesè.

éparpiller gaye, simaye, simen;
  s'éparpiller gaye.

épatant awo.

épaule zepòl, epòl; (morceau de
  viande) palèt.

épaulette zepolèt.

épée epe, nepe.

épeler eple.

éperon zepon.

épervier (pêche) privye.

épi zepi; (épi de maïs grillé) mayi
  boukannen.

épice epis, zepis; épices (thé) epis
te, epis dous; épices qui piquent
asid.

épidémie epidemi.

épilepsie malkadi.

épinard zepina.

épine pikan; épine dorsale rèl do.

épingle zepeng, zepeng ti tèt;
épingle de sûreté zepeng kwòk, zepeng
kouchèt; épingle de cravate arètkòl;
tiré à quatre épingles anplimdezwa.

Epiphanie Lèwa, Lewa.

éplucher kale.

épointer depwente.

éponge eponj; (qui boit comme un
trou) alanbik.

époque epòk, lepòk, lè, reny, sezon;
(époque coloniale) lakoloni.

épouser marye avèk; (épouser étroite-
ment la forme) moule.

époux mouche, mari; épouse madanm,
fanm kay.

épreuve eprèv, kalvè.

éprouver santi.

épuisé kaba, fini; (fatigué) about,
ayik, dekrenmen, delala, demrele,
epize, febli.

épuisement kòkraz.

épuiser kaba; (affablir) delala, epize.

équarrir kare.

équerre ekè; d'équerre alekè.

équipe (sportive) ekip; former des
équipes fè yon de kan.

érafler dekwennen.

érection (de la verge) bann.

ergot (du coq) zepon; coup d'ergot
swèl.

errant aladriv.

errer drivaye, drive, valkande,
valkanse, valkannen; (errer à
la recherche de nourriture) frite.

erreur erè, lerè, foub, mank.

éructer degobe, degobye, wote, ote.

éruption (sur la peau) lota.

escalier eskalye.

escapade, petite escapade pachat,
fòlòp.

escargot kalmason.

escarpé apik.

esclavage esklavay.

esclave esklav, estrav.

escroquer pran nan fil.

espadon (Xiphias gladius) espadon.

espagnol panyòl.

espèce espès, jan, kalite, kalte, ras.

espérance esperans.

espérer espere.

espiègle malfezan; (n) ti koulout.

espion alapis, espyon.

espoir espwa, èspwa.

esprit (sens) bonnanj, bònanj;
(esprit malin) mò, ranvwa;
(esprit protecteur) disip, mistè.

esquiver eskive, kabre; s'esquiver
  fonn.

essai esè.

essayer eseye, seye; (un vêtement)
  mezire.

essence (substance) nannan; (de
  vanille, etc) esans; (pétrole)
  gazolin, gazòlin; (mettre de
  l'essence dans une voiture)
  fè gaz.

essuie-main sèvyèt.

essuyer siye; (le tableau) efase.

est lès.

estimer (admirer) estime, adopte,
  adokte.

estomac lestomak, lestonmak, fal.

estropié estwopye; (main) pòk.

estropier donmaje, domaje.

et e, avèk, avè, ak, a, epi, enpi,
  anpi, sou; et...et ni...ni; et
  aussi epi, enpi, anpi, epitou;
  et d'autres etandòt.

établi (n) etabli.

étage. premier étage chanmòt.

étagère etajè.

étal bak.

étalage. faire étalage bay payèt.

étaler etale, layite, tann;
  étalé tann, blayi.

étambot estanbòt, etanbòt.

étampe etanp.

étang letan.

état eta.

Etats-Unis d'Amérique Etazini, Ozetazini.

étayer bite.

etc. eksetera.

été (saison) ete, lete.

éteindre etenn, tenyen, touye, tiye,
  tye, tchwe.

étendre, étendu tann, blayi, etale;
  s'étendre etale.

éternel. l'Eternel Letènèl.

éternuer estènen, estene.

étincelle etensèl, tensèl.

étiquette etikèt, letikèt.

étirer tire, lonje; s'étirer detire.

étoile zetwal.

étonné sezi, kè kase.

étonnement (exclamation d'étonnement)
  komabo!, komatiboulout!,
  komastipoulout!, komapiston!,
  koulangèt!, kòlangit!

étouffée. cuire à l'étouffée toufe.

étouffement etoufman.

étouffer, étouffé toufe.

étourdi (toqué) toudi.

étourdir, étourdi toudi, desounen,
  desonnen.

étourdissement (vertige) toudisman.

étranger (inconnu) etranj; (d'importation)
  etranje; (n) etranje, blan; à
  l'étranger laba, laba-a, lòtbò,
  lòtbò dlo.

étrangler, étranglé trangle.

étrave estrav.

être. être humain moun, vivan, kretyen vivan; êtres supra-terrestres (vaudou) envizib; (v) se, ye; est-ce que èske; vous n'y êtes pas encore ou poko la; n'est-ce pas que...! apa...!

étrenne. étrennes zetrenn, zetrèn.

étrenner batize, frape.

étrier etriye, zetriye.

étriper detripe.

étroit etwat, jennen.

études etid, klas.

étudier etidye, bat bèt.

étui fouwo.

eupatoire (Eupatorium odoratum) langlichat, langchat.

eux yo, y; eux-mêmes yo-menm, menm.

évacuer evakwe, evakue.

évangile levanjil.

évanouir. s'évanouir endizpoze, dekonpoze, pèdi konnesans.

évanouissement endispozisyon, dekonpozisyon.

évantrer devantre.

évaporer. s'évaporer evapore, vante.

évêché (résidence) leveche.

événement evénman, evelman, evènman.

éventail evantay, vantay.

éventaire bak, brankèt, bankèt.

éventer vante.

évêque evèk.

évident avidèy.

éviter envite, evite, dezenvite, egzante, mawon, pa gen bonjou avè.

exactement ojis.

examen egzamen.

examiner egzaminen, egzamine; (examiner un malade) konsilte; (se faire examiner) konsilte.

excellent fopaplis, total.

exceller pote labànyè.

excepté eksepte, esepte, sòf.

exception eksepsyon; sans exception nèt; sans exception aucune alawonnbadè.

exceptionnel michan.

excès eksè.

excité cho, antyoutyout, antyoupwèt, eksite, èksite.

exciter eksite, èksite, awoutcha, bay lafyèv, (exciter quelqu'un contre quelqu'un) chaje; s'exciter pran chenn.

excréments kaka, kabine, poupou, tata.

excuser eskize; excusez-moi eskize m, padon.

exemple egzanp, ezanp; (donner l'exemple) trase egzanp; par exemple pa egzanp.

exercer. s'exercer egzèse, antrene.

exercice egzèsis.

exigeant egzijan.

exigence egzijans.

exiger mande.

exister egziste.

exorciser espedye, ekspedye.

expédier espedye, ekspedye.

expérience esperyans, eksperyans.

expert banj.

explication esplikasyon,
  eksplikasyon.

expliquer esplike, eksplike;
  s'expliquer esplike, eksplike.

exploiter eksplwate.

esposer layite, etale.

exprès espre; je ne l'ai pa fait
  exprès se pa fòt-mwen.

extension debòdman.

exterminer ekstèminen.

extraordinaire efrayik, frayik,
  enfrayik, estwòdinè, sèl;
  (capable de tout) pyès.

extrêmement a mò, gentan.

extrême-onction. donner l'extrême-
  onction administre.

exubérant debòde, antyoutyout,
  antyoupwèt.

fabrique fabrik, faktori.

fabriquer fè.

face (côté) fas; (de maison, de
  bâtiment) fasad; en face anfas;
  en face de anfas, visavi; face
  à face bab pou bab, fas a fas,
  je pou je, byeze; mettre face à
  face kare.

fâché anpote, fache, move.

fâcher. se fâcher fache, move, pran
  chenn.

facile fasil.

facilement fasil.

facilité fasilite.

façon jan; sans façons senp; de
  toute façon kanmenm, kanmèm, wè
  pa wè.

façonner (du bois) agreye.

facteur faktè.

factionnaire faksyonnè.

faculté (de l'université) fakilte.

fade fad.

fagot fachin bwa.

fagoté. mal fagoté malfouti.

faible fèb, ba.

faiblesse fèblès, feblès.

faiblir febli.

faïence fayans.

faillir manke.

faillite. faire faillite fè fayit.

faim grangou; avoir faim grangou.

fainéant yenyen, nyennyen.

fainéanter pandye.

faire fè; (faire d'une manière
  choquante) kraze; faire comme pran
  pòz; faire l'important fè entere san.

fait (adj) fèt; (n) fè, fèt.

faîte fe.

fait-tout bonm.

falcon malfini.

falloir. il faut fòk, fò, gen pou;
  (temps, durée) mete.

familier. devenir trop familier antre.

famille fanmi, lafanmi, lafami,
  ras.

famine grangou kanpe.

fané blaze.

faner fennen.

fanfare fanfa.

fanfaron djòlè, dyòlè, farandolè,
  grandizè, granchire, gran van ti
  lapli.

fantôme zonbi.

farceur (peu digne de foi) fasè.

farci fasi.

fardeau fado, chay, chaj.

farine farin; farine de banane plantain
  bannanna; farine de froment farin
  frans; farine de manioc lanmidon,
  lamidon; farine de maïs farin mayi.

fatigant fatigan.

fatigue fatig.

fatigué fatige, bouke.

fatiguer fatige.

fatras tchanpan, tyanpan.

fauché anbarase, bare, nan degraba,
razè, sou mank.

faucille boutdigo.

faucon grigri.

faufiler fofile.

faute fòt; faute d'orthographe fot.

fauteuil fotèy, fòtèy; fauteuil à
bascule dodin.

fauvette chit.

faux fo.

faux-fuyant laviwonn.

faveur benn.

favoris pafouten, fafouten.

feinte (sport) kab.

feinter fente.

fêler, fêlé fele.

félicitations konpliman.

femelle femèl, fèmèl, fenmèl,
manman.

femme fanm, fi, fiy, madanm; (femme
ayant le pouvoir de faire disparaître
l'argent) awousa; (femme connaissant
de hautes personalités) gran bebe,
gran fanm; (femme qui recherche
des partenaires plus jeunes qu'elle)
selina; jeune femme fi, fiy, grenn;
femmes medam; courrir après les
femmes fanbre.

fendre. se fendre fann.

fenêtre fenèt, fennèt.

fente fant, fann, jwen.

fer fè; fer à marquer etanp; fer
à repasser fè, kawo; fer forgé
fèfòje.

fer-blanc fèblan.

ferblantier fèblantye.

ferme (n) fèm; (adj) fèm.

fermement sere.

fermenter fèmante, travay.

fermer, fermé fèmen; fermer à clef
klete; fermer avec une fermeture
éclair zipe.

fermeté fèmte.

fermeture. fermeture éclair zip.

ferraille feray.

ferrer fere.

fesse fès, dèyè, bounda.

fessée kal, bandwòl; donner une
fessée flanbe, filange.

festin festen.

fête fèt; fête patronale, fête paroissiale
fèt patwonal; fête des Morts Fètdèmò;
faire la fête banbile.

fêter fete.

fétiche wanga.

fétichiste wangatè, wangatèz.

feu dife, founo; (qui ne peut être
affecté par le feu) kanzo; feu de
bois dife bwa; grand feu boukandife,
boukan.

feuille fèy; feuille de paye pewòl.

fève pwa.

février fevriye.

fiancé fiyanse.

fibre fil.

ficelle fisèl.

ficher. ficher le camp bat zèl,
   anbake; fiche le camp! alevouzan!,
   vouzan!

fichtre fout!, frenk!, fwenk!

fichu (perdu) chire, bannann.

fidèle fidèl; peu fidèle
   asirepasèten.

fiel fyèl.

fier. se fier à fye.

fierté fyète.

fièvre lafyèv, lafyèb; (fièvre avec
   frissons) lafyèv frison; fièvre
   jaune lajonis, lajonnis, lafyèv jòn.

figer, figé kaye.

figuier figye.

figure figi.

fil fil, liy; fil à plomb filaplon.

filer file; (s'en aller) chape poul,
   chape kò, file, bat zèl.

filet (de pêche, de sport, etc) filè;
   (de viande) filè, griyad.

filière (succession de degrés) filyè.

fille fi, fiy; (de quelqu'un) pitit-fi;
   (petite amie) dyal, djal; filles
   ti medam; jeune fille tifi, kòmè,

konmè; (jeune fille en période de
   puberté) demwazèl, demrazèl;
   jeunes filles ti medam; petite
   fille tifi; (petite fille précoce)
   ti grann; ma fille mafi.

filleul, filleule fiyòl, fiyèl.

film fim.

fils pitit-gason; mon fils monfi.

filtre filt; filtre à café (en étoffe)
   grèp.

fin (adj) fen; (n) fen, lafen,
   finisman; fin d'année (période
   couvrant la fête de Noël jusqu'au
   3 janvier) fendane; mettre fin à
   mete ola.

finalement finalman, resi.

finir, fini fini, fin.

fiole flakon.

fixe fiks.

fixer plake; fixer du regard fikse,
   fiske.

flacon poban.

flamant flanman.

flambeau chandèl.

flamber flanbe.

flamboyant (arbre) flanbwayan.

flamme flanm.

flanc kote; tirer au flanc titile.

flâner flannen, valkande, valkanse,
   valkannen.

flâneur flannè, grennponmennen,
   drivayè.

flanquer frenk, fwenk, flanke, flank.

flash (phot) flach.

flatter flate, lanbe, achte figi,
achte dèyè.

flatteur flatè, lanbè, sousou.

fléchir flechi.

fleur flè.

fleurir fleri.

flexible lyann.

flirter koze, fè flè, damou,
danmou.

flot. se tenir à flot bat lokobe.

fluide likid.

flûte flit.

foc djip.

fofolle varye.

foi lafwa, kwayans; bonne foi bònfwa;
mauvaise foi movèz fwa.

foie fwa; (nourriture) fresi, fwa
di.

foirer. faire foirer (vis) fware.

fois fwa, tan; il était une fois
vwala, se twouve se twouva.

folie foli.

folle fòl.

foncé (couleur) fonse.

fond fon, bafon; (d'un récipient)
dèyè; à fond (dans les détails) sou
de ti chèz, kou dlo.

fondamental fondalnatal.

fondation (d'une maison) fondasyon,
solay.

fondre, fondu fonn; fondre sur fonse
sou.

fontaine fontenn.

football foutbòl, foukbòl.

footballeur foutbolè, foukbolè.

force fòs, manm, nanm; (force
physique) kouray, fòskouray;
(force morale) kouray; à force de
afòs, dotan.

forcer fòse.

foret mèch.

forêt forè.

forfait fòfè.

forge (fourneau, atelier) fòj.

forger. se forger des chimères
tchanse.

forgeron fòjon, fòjwon, machòkèt.

forme fòm; en forme anfòm, anflèch,
an denmon, danble.

former (organiser) fòme.

fort (n) fò; (adj) fò, rèd, pike.

fortifiant fòtifyan.

fortifier abreje.

fortune fòtin, avwa.

fosse fòs, tonm.

fossé dig, kanal, kannal, tou.

fossette tou bote.

fossoyeur foseyè.

fou fou, vire; rendre fou rann fou, vire lòlòj; folle fòl.

fouet fwèt, danno, raso, fwèt kach, fwèt pit, fwèt taye.

fouetter kale, taye.

foufou, fofolle varye.

fouiller fouye.

fouineur anbadjòl, atoupwèt, tchòtchòwè, tripòt.

foulard mouchwa, foula; (façon de mettre un foulard) tiyon, chiyon.

foule ankonbreman.

fouler foule; (fouler aux pieds) pilonnen; se fouler foule.

four fou.

fourbir foubi.

fourchette fouchèt.

fourmi foumi, fonmi, fwonmi; (espèce de fourmi) flanman.

fourneau (de cuisine ancien) potajè.

fourni founi.

fournitures founiti.

fourreau fouwo.

fourrer foure.

foutre (flanquer) fout; foutre le camp efase, bay lè, bay talon, òltègèt; je m'en fous ki mele m; va te taire foutre!, vouzan!, langèt manman-ou!

foyer founo, fouye, fwaye, foye.

fracas bim-banm.

fracturer, fracturé kase.

fragile frajil.

fragments (mille morceaux) myèt moso.

fraîcheur frechè.

frais (n) frè; (adj) fre.

franc (adj) fran, kare.

français franse.

France Frans, Lafrans.

franchement an verite.

franchir janbe.

franc-maçon mason.

franc-maçonnerie mason.

frange franj; (de cheveux) danfans.

frappe frap.

frappé (de stupeur) glase.

frappement frapman.

frapper frape, fwape, teke; (frapper sur le visage) demachwele.

frégate (Fregata magnificens) sizo.

frein fren.

freiner frennen.

frémir fremi.

fréquenter frekante, mele, siye, siyen, sèvi.

frère frè; (d'un ordre religieux) frè; (employé entre le père et le parrain d'un enfant) konpè, monkonpè; frère de lait (fig) frè bra.

friandises fridòdòy; (espèce de friandise) tito.

frictionner friksyonnen; (frictionner légèrement) basinen.

frigidaire frijidè.

fringant fre.

fripé depifre.

frire, frit fri; faire frire fri.

frisson frison; (frisson de terreur) batmannkè.

friture (de banane, de viande, etc) fritay.

frivole (personne frivole) ransè.

froc. faire dans son froc swente.

froid (n) fredi; (adj) frèt, glase; prendre froid pran lè.

froideur fredi.

froisser, froissé dechifonnen.

fromage fwomaj, fwonmaj.

fronce. à fronces (étoffe) griji.

froncer (étoffe) griji; froncer la mine mare min.

front fon, fwon.

frontière fontyè, fwontyè.

frotter fwote, foubi; (nettoyer) dekwote; (frotter bien fort) detchoure.

fruit fwi, grenn bwa; (Mammea americana) abriko, zabriko; (Melicocca bijuga) kenèp, kennep; fruit à pain lamveritab, lam, véritab. Voir aussi les noms de fruits.

frusques (vêtements mal coupés) pakoti.

fruste mastòk, gwo soulye, gwo sowe.

fugitif (qui s'enfuit souvent) sovadò.

fuir. fuir le combat vole gadyè.

fuite. prendre la fuite chata.

fumée lafimen.

fumer fimen.

fumier fimye; (personne) vakabon, vagabon.

fumiger flite.

funérailles finiray, antèman, lantèman.

fureur kòlè.

furieux debòde, dechennen, bande alaryè, mande anraje.

furoncle klou.

fusil fizi.

fusiller fizye, fiziye, tire.

gâcher (bâcler) pachiman.

gachette gachèt.

gaffer jebede.

gaga jebede.

gage gaj.

gagner (compétition) genyen,
danmen, asiste; (au billiards)
fè biya; (l'argent) genyen,
touche; gagner sa vie chache lavi;
gagner péniblement sa vie
penpennen.

gai ge, anpenpan.

gaieté gete.

gaillard. grand gaillard granbrenn,
granbreng, gwobrenn.

gain pwofi, gen.

gaine genn, gèn, fouwo.

gale gal.

galerie (d'un véhicule) platfòm.

galet galèt.

galette (galette à la noix de
coco) konparèt.

gallon galon.

galoche sabo.

galon galon; remettre un galon,
gagner un galon galonnen.

galoper galope.

gamelle ganmèl, gamèl.

gamin banben, ti banben.

ganglion glann.

gant gan.

garage garaj.

garantie garanti.

garantir garanti.

garçon gason, tigason, bway, bray;
(restaurant) gason; garçons
ti mesye.

garçonnière chanm gason.

garde (garde présidentielle) lagad;
prendre garde fètatansyon, fè
atansyon, veye, veye kò; sur
ses gardes sou piga.

garde-côtes gadkòt.

garde-manger gadmanje.

garder gade, kenbe, sere; se garder
de asteni.

gardien (des animaux) gadò, gadè;
(de propriété) gadyen, jeran,
wachmann, watchmann; gardien
de but gadyennbi.

gare estasyon.

garer (un véhicule) pakin.

gagariser. se gargariser gagari.

gargarisme gagari.

gargouiller bouyi.

gargouillement bim, bouyi.

garnement loray kale.

gars flannè.

gas-oil gazòy.

gaspillage gaspiyay, gaspiyaj.

gaspiller, gaspillé gaspiye.

gâteau gato, pen; gâteau sec bonbon;
petit gâteau ponmkèt; petit gâteau
à la noix de coco kokonèt, konkonnèt;
gâteau plat et sec lang bèf.

gâter, gâté gate.

gâteux entatad, annanfans.

gauche (maladroit) agòch, goch, gòch
malagòch; (personne gauche) masèl
kòkòb, kòkòb, mazèt; à gauche agoch
agòch.

gaucher goche, gòche.

gaule gòl.

gaz (intestin, estomac) gaz.

gaze twal gaz.

gazon gazon.

geignard plenyadò.

gelée (de fruits) jele.

gémir plenn.

gênant anmèdan, anmègdan.

gencive jansiv.

gendarme jandam.

gêner jennen, mele, mare pye;
gêné mele, jennen.

général (d'armée) jeneral, jenneral,
jal; en général an jeneral.

généreux jenere, donan, donnab, donnan.

générosité kè nan men.

génisse gazèl.

genou jenou, jounou, jennou, kakòn
jenou; à genoux ajenou.

gens moun, pèp, mesyedam.

gentil janti.

gentillesse jantiyès; faire des
gentillesses fè bèl.

gérant jeran.

germe jèm.

germer jèmen.

gésier zizye.

geste jès, siy.

gibier jibye.

gifle palavire, kalòt, souflèt,
sabò.

gifler kalote, souflete, sabote.

gigolo tchoul.

gigot jigo.

gigoter graje, jigote.

gilet chemizèt; (fait de pièces et
de morceaux) chemizèt madyòk.

gingembre jenjanm.

girofle jiwòf; clou de girofle
klou jiwòf, tèt jiwòf.

glace glas; (crème glacée) krèm.

glacé glase.

glacer (gâteau) dore.

glaçon glason.

glaire (mucosité) glè, flèm, flenm.

glande. enflement des glandes venn
foule.

glissade glisad.

glissant glise.

glisser glise, patinen.

glissière glisyè.

glouglou glòt.

gloussement (gloussement de plaisir sexuel) alsiyis.

glouton saf, afre, aloufa, gouman, grangozye.

gloutonnerie saf, safte, afreman.

gluant glise.

gnon brimad.

goal gòlkipè, gadyennbi.

gobelet gode, gòdè, gòdèt.

godet gode, gòdè, gòdèt.

godillot bekanbòl.

gombo kalalou, gonbo.

gomme (à effacer) gonm, gòm, efas.

gommier blanc gonmye.

Gonaïves Gonayiv.

gond gon.

gonfler, gonflé gonfle; (un pneu) ponpe.

gorge gòj, gòjèt; mal de gorge mal gòj.

gorgée gòje, gòjèt.

gosier gagann.

gosse timoun, minè, katkat, ti katkat, santi-pise.

goudron goudwon; (goudron de charbon) kòlta.

goudronner, goudronné asfalte.

goujat nèg fèy, annimal.

gourde kalbas.

gourmette goumèt.

gousse gous.

gousset bouse.

goût gou.

goûter (n) goute, soloba, zagribay; (v) goute.

goutte gout, degout.

gouttière goutyè, dal.

gouvernail gouvènay.

gouvernement gouvèman, gouvènman.

gouverner gouvènen.

goyave gwayav, gouyav.

grabuge eskandal.

grâce. grâce à gras a, granmèsi; faire grâce à bay chans.

grade (échelon) grad.

grain. grain de beauté siy, sin.

graine grenn; (graine ronde utilisée comme bille) kanik, kannik, boul kanik.

graisse grès.

graisser, graissé grese, grèse.

grammaire (livre) gramè.

gramme gram.

granadille (Passiflora quadrangularis) grenadin, grennadin.

grand gran; (taille) wo, ho; (adv) gran; trop grand (vêtements) flòk.

grandeur grandè.

grandir grandi.

grand-mère grann, granmè.

grand-père granpapa, granpè.

granulé grennen.

grappe grap.

gras gra.

gras-double gradoub.

grassouillet grasèt.

gratification (prime) gratifikasyon.

gratin graton.

gratis gratis.

gratter grate.

grattoir gratwa.

grave (critique) grav.

gravement grav; (gravement malade) byen mal.

graver grave.

gravier krabinay; (gravier fin) gravye; (gravier gros) gravwa.

gré. bon gré mal gré vle pa vle, ve pa ve, ve ou pa.

gredin afedam.

greffe grèf.

grêle lagrèl.

grenade grenad, grennad.

grenat grenna, grena.

grenier galta, galata, grénye.

grenouille gounouy, grenouy, krapo.

grève (faire grève) grèv.

griffe grif.

griffer grife, grifonnen, grifònen.

griffonnage majigridi.

griffonner grifonnen, grave.

grignoter fè lasisin.

gril gri.

grillage til, tuil.

grille gri.

griller, grillé griye.

grimace grimas; faire des grimaces fè tenten.

grimacier grimasye.

grimper grenpe, monte.

grincer. grincer des dents manje dan.

gringalet soufri, ti soufri.

grippe grip.

grippé gripe.

grippe-sou chichadò, chicha.

gris gri.

grive chit.

gronder gwonde, gonde, boure, joure.

gros gwo, (grosse femme) manman kòdenn, manman bèf; en gros an gwo.

grossesse gwosès, gwòsès.

grosseur gwosè, gwòsè.

grossier bastrak, bawòk, demeplè, enferyè, enfèyè, gwosomodo, gwòsomodo, gwosye, òdinè, mastòk, vach; (personne grossière) ti bourik, gwo soulye, bastrak, bawòk.

grossièreté demoyiz.

grossir gwosi.

grotte gwòt.

groupe gwoup, bank, eskwad, nasyon; groupe musical ansanm.

grumeau boul.

guenille. en guenilles dechire.

guêpe gèp, djèp.

guérilleros (du nord d'Haïti) kako.

guérir geri.

guérison gerizon.

guérisseur dòktè fèy, bòkò.

guérite gerit.

guerre lagè.

guet-apens djètapan, gètapan.

guetter veye, siyale, file.

gueule djòl, dyòl; gueule de bois mal makak.

gui gi.

guide gid, tchoul.

guidon gidon.

guigne giyon; porter la guigne limen chandèl dèyè.

guimauve (Althoea officinalis) gilmov, gimòv.

guitare gita.

gymnastique espò.

habile abil.

habillé abiye, biye; bien habillé fen.

habiller abiye, biye.

habiter rete, ret, abite; habiter loin rete wo.

habits rad.

habitude abitid, metye, mòd, sistèm; mauvaise habitude mani; avoir l'habitude de konn.

habitué. habitué de la maison moun kay, moun lakou.

habituer, habitué abitwe, abitye.

hâbleur farandòlè, tòlòkòtò.

hache rach.

hacher, haché rache, tchake.

haillon ranyon, dekovil, dibreyis, odeyid; en haillons an releng.

haïr rayi, pa vle wè.

haïssable rayisab.

Haïti Ayiti.

haïtien ayisyen.

Haïti-Thomas (ancien nom d'Haïti) Ayititoma.

haleine alèn.

hamac ramak, ranmak, anmak, amak.

hameçon zen.

hanche ranch.

hanté ante.

happer rape.

harcèlement (dè questions) sere.

harceler astikote, bay chenn, nan dengon, nan deng, rann san souf.

hardes dekovil, dibreyis, odeyid, ranyon; (hardes utilisées comme matelas) kòt.

hardi apòy, aplim.

hareng aran; hareng salé aranbarik, aransèl; hareng saur aransò.

hargneux tchak.

haricot pwa; haricot de Lima, haricot beurre pwa souch, pwa chouch; haricots verts pwa tann; (Vigna sinensis) pwa enkoni; (espèce de haricot) pwa tikatrin.

harmonica amonika.

harmonium amónyòm, amonnyòm.

harnais lekipay.

hasard aza, chans; par hasard pa aksidan.

hâte dilijans.

hausse wòs.

hausser. se hausser wose.

haut wo, ho, anlè, apik; (partie supérieure) anwo; là-haut anwo; en haut anwo, anlè; de haut en bas deotanba.

hautain angran, aristokrat, odsid, odsi.

hautainement angranman.

hauteur otè, wotè.

haut-parleur opalè.

havresac brisak.

hé o!, hey!

hébété toudi, gaga.

hébéter, hébété gaga.

hébétement egareman.

hein en?, hen?

hélicoptère elikoptè, likopte.

hennir ranni.

hennissement hihan.

hep ey!, hey!

herbe zèb; fèy; (Momordica charantia)
asowosi, asosi, sowosi; (Ocimum
gratissimum) atiyayo; (Petiviera
alliacia) ave; (espèce d'herbe
medicinale) bab panyòl; mauvaise
herbe move zèb.

héritage eritay, leritay; (héritage
vaudouesque laissé par les
ancêtres) demanbre; donner en
héritage pase papye.

hériter eritye, erite.

héritier eritye.

hernie èni; hernie étranglée èni
trangle.

hésitant anbalan.

heure lè, è; à l'heure alè;
de bonne heure bònè, bonnè, bonè,
bonmaten; quelle heure ki lè;
tout à l'heure talè, tìtalè, toutalè.

heureusement erezman.

heureux erèz, kontan, chanse.

heurter frape, fwape, teke.

hibiscus choublak.

hibou koukou.

hier ayè, yè; hier soir yè oswa, yè
swa.

hirondelle iwondèl, ziwondèl.

hispanique panyòl.

hisser ise.

histoire koze, odyans, istwa;
(événements du passé) istwa,
listwa.

hiver livè, ivè.

ho wo!, ho!, la!

hochet (hochet rituel du vaudou)
ason.

ho hisse hepla!

hola wo!, ho!, la!

homard wonma, woma.

homme nèg, msye, misye, mouche,
nonm, òm, zòm, gason; hommes mesye; (mari)
nomn; (humanité) lòm, lèzòm,
lezòm; (homme âgé) tonton; homme
d'affaires biznismann; jeune homme
ti nèg, jennjan; jeunes hommes
timesye.

homosexualité desiskole.

homosexuel (n) masisi, desiskole,
madoda; (adj) nan metye.

honnête onèt, onnèt, debyen.

honneur onè, lonnè; (saluation) onè!,
onnè!

honte wont; avoir honte wont.

honteux wont.

hôpital lopital.

hoquet òkèt, wòkèt.

horizontal nivo.

horloge lè.

hospitaliser, hospitalisé entène
   lopital.

hostie losti.

hôte etranje.

hôtel otèl, lotèl.

houe wou, hou.

houssine (fouet) wouchin.

huile luil, lwil; huile aromatique
   luil esansyèl; (lorsqu'on saute
   à la corde) bay ti siwo.

huit uit, ui, wit, wi.

huitième uityèm.

huître zuit, zwit.

humecter, humecté mikte.

humeur imè; de bonne humeur sou san;
   de mauvaise humeur mabyal.

humide imid.

humidité imidite.

hutte joupa, ajoupa.

hydrocèle (méd) maklouklou, madougoun.

hygiène ijyèn, ijyenn, lijyèn.

hypocrite ipokrit, ipòkrit, farizyen,
   kouto de bò, kouto fanmasi,
   mòdesoufle; d'une manière hypocrite
   andefas.

hypothéquer, hypothéqué poteke.

ibis ibis.

ici isit, isi, la; ici-bas sou
  latè beni.

idée lide, ide.

identifier idantifye.

identité idantite.

idiot annannant, kannannant, baba,
  bèkèkè, ebete, enbete, enbesil,
  gaga, kouyon, kreten, sòt.

idole zidòl, idòl.

igname yanm.

ignorance iyorans, liyorans, inorans,
  inyorans, fènwè, fènwa.

ignorant iyoran, nan bren.

ignorer iyore; (ignorer quelqu'un)
  vag.

iguane igwann, igwàn.

il li, l; ils yo, y.

île il, lil, zil, zile; Ile de
  La Gonave Lagonav.

illustration imaj.

image imaj, pòtre.

imaginer imajinen.

imbécile enbesil, bosko, djèdjè,
  joko, tèt kale.

imiter imite, suiv, swiv.

immense kokenn, kokennchenn, manman,
  papa.

immiscer. s'immiscer dans mete bouch
  nan.

immoral. personne immorale salòp.

immoralité imoralite, limoralite.

impasse (aboutir à une impasse) mare
  baka.

impassible templa.

impatient depasyante, gen san cho.

impeccablement anfòm, do pou do,
  fen.

impérieusement angranman.

imperméable padsi, padesi.

impertinent derespektan, frekan,
  radi.

impétueux brèf.

implanter. mal implanté (dents)
  doukla.

impliquer antrave, mele, mete atè;
  pas impliqué pa nan be pa nan se.

impolitesse malonnèt, malonnèkte,
  malonnètte.

importance enpòtans, konsekans.

important enpòtan, konsekan; faire
  l'important fè enteresan.

importation. d'importation etranje.

importer, importé enpòte; n'importe
  lequel nenpòt.

impossible enposib.

impôt enpo, dwa; impôts locatifs
  enpo lokatif.

impotent. rendre impotent annile.

impression enpresyon, lenpresyon,
  efè.

imprimer enprime.

imprimerie enprimri.

impromptu (à l'improviste) sanzatann.

imprudence enpridans, radiyès.

imprudent enpridan.

incapable enkapab.

incarcérer fèmen.

incendie dife.

incisive dan devan.

inciter pouse.

inconduite imoralite, limoralite.

inconséquent. (personne inconséquente) tchansè.

inconvénient enkonvényan, enkonveyan.

incorrigible. (personne incorrigible) zo bouke chen.

incrédule enkredil, dirakwa.

incriminer enkriminen.

incroyable enkwayab.

incroyant enkwayan.

inculte bourik.

indécent endesan.

indécis anbalan; (n) kòkòtò.

indépendamment de endepandan de.

indépendance endepandans, lendepandans.

indépendant endepandan; (enfant) chape.

index (doigt) dwèt jouda.

indication esplikasyon, eksplikasyon.

indien endyen.

indifférent kè pòpòz, frèt.

indigent endijan, pòv.

indigeste endijès.

indigestion gonfleman, endijesyon; donner une indigestion, avoir une indigestion gonfle.

indigner. s'indigner, indigné endiye.

indigo digo.

indiquer endike.

indiscipliné brigan.

individu dividi, endividi.

indolent anpetre.

indulgence tolerans, sitirans.

indulgent sitirè, sitirèz.

industrie endistri.

infecter, infecté enfèkte, enfekte.

infection enfeksyon.

inférieur enferyè, enfèyè.

infirme enfim, kokobe; rendre infirme kokobe.

infirmière mis, enfimyè.

inflammation anflamasyon, enflamasyon, iritasyon.

information enfòmasyon; (information échangée ordinairement en trichant) poul.

informer, informé enfòme.

ingambe enganm, engam.

ingénieur enjényè, enjennyè, enjènyè.

ingénu inosan.

ingrat engra.

initial (lettre) inisyal.

initié. initié par le feu (vaudou) kanzo; initié du vaudou susceptible d'être possedé chwal.

injure jouman.

injurier joure, drive, lave, sale; (façon d'injurier) chalbari, chalbarik.

injuste enjis; (action injuste) lenjistis, enjistis.

injustement enjis.

injustice abi, lenjistis, enjistis.

innocent inosan.

inondation inondasyon.

inonder inonde.

inouï. c'est inouï se laraj.

inquiet enkyè, enkyete, chaje, pa nan lokal.

inquiéter enkyete, fatige, chaje.

inquiétude kè sou biskèt.

inscription enskripsyon.

inscrire. s'inscrire enskri.

insecte tibèt; (espèces d'insectes) kokorat; sizo; vennkatrè; zege. Voir aussi les noms d'insectes.

insignifiant. (personne insignifiante) sendenden; (actions insignifiantes) tentennad.

insolence ensolans.

insolent ensolan, derespektan, frekan, odasye, radi.

inspecter enspekte.

inspecteur enspektè.

inspection enspeksyon.

instable asirepasèten, lenkonduit.

installation estalasyon, enstalasyon.

installer enstale.

instant moman, kadè, ti kadè; dans un instant talè, titalè, toutalè; il y a un instant talè-a, titalè-a, toutalè-a.

instantanément frèt.

instituteur pwofesè.

instruction edikasyon; ledikasyon, endikasyon; instructions enstriksyon.

instruire, instruit enstwi, enstrwi.

instrument enstriman; (instruments de musique) graj; manniboula; ogan; vaksin.

insulte malonnèt.

insulté estonmake, estomake.

insupportable ensipòtab.

intellectuel (n) entelektyèl, entelèktyèl.

intelligence atansyon, antansyon, brenn, bwenn, entelijans, lespri.

intelligent entelijan, fò, lespri;
(personne intelligente) bon.

intention entansyon; avoir l'intention
de deyò pou, soti pou, vin pou.

intéressant enteresan.

intéresser. s'intéresser à
enterese, sou bò, sou.

intérêt enterè; à l'intérêt alenterè.

intérieur andedan; à l'intérieur
andedan, anndan, andidan; mettre
à l'intérieur antre.

intermédiaire koutye.

interrompre dekoupe.

intersection kafou, kalfou.

interstice fant, fann, jwen.

intime (adj) entim, byen, ben; (n)
entim.

intimidation kaponnay, kraponnay,
kaponnaj, kraponnaj.

intimider kaponnen, kraponnen,
wete nanm, fè chèf.

intrigant entrigan.

intrigue gagòt.

introduction. formule d'introduction
(contes et devinettes) krik! krak!

inutile initil, nil.

invasion envazyon.

inventer envante.

invention envansyon.

inverse (à la borlette) revè.

investir envesti.

invisible envizib.

invité (n) vizit, vizitè, etranje.

inviter envite.

irascible chimerik.

irrégularité defòmasyon.

irresponsable lenkonduit; (personne
irresponsable) dejwe.

irritable an denmon, rechiyan.

irritation iritasyon.

irrité eksite, èksite, irite, myèl.

irriter irite; s'irriter san-m manje
m.

isolé dekonnekte, izole.

isoler dekonnekte.

ivre sou, gri, an brennzeng.

ivrogne soula, tafyatè, bresonyè,
bwèsonyè.

jabot fal.

Jacmel Jakmèl.

jadis lontan.

jalousie jalouzi.

jaloux jalou.

jamais janm, janmè, janmen; à jamais vitametènam; ne...jamais pa janm.

jambe janm.

jambon janbon.

jante (pneu) jant.

janvier janvye.

jardin jaden; jardin d'enfants jaden danfan.

jarre ja, dja, kannari, kanari.

jarret jarèt, jare.

jarretière djèt.

jaseur palabrè.

jasmin jasmendenwi.

jaune jòn, jonn.

jaunisse lajonis, lajonnis.

je mwen, m.

jeep djip, dilijans, karyòl.

Jérémie Jeremi.

Jésus Jezi, Jezikri.

jeter voye, jete, voye jete; (jeter avec force) frape, fwape, pimpe; (jeter billes, osselets, dés, etc) piye; jeter à terre fese atè; jeter un mauvais sort voye mò, mete bouch; se jeter antre.

jeu jwèt, (des jeux d'enfants) bakala, bourik, laviwonn dede, pench, tolalito; jeu de dames damye, dam, danmye, danm; jeu de hasard aza, daza; lewouj.

jeudi jedi.

jeune jenn, jèn; (pas encore mûr) ole, vèt; (jeune personne) bring.

jeunesse jennès, jenès.

joie jwa, lajwa.

jouer jwe, badnen, badinan, badinen; (jouer dans) tchaktchak; (jouer avec la nourriture dans l'assiette) tchake; jouer la comédie jwe lakomedi.

jouet jwèt.

joueur jwè, jwa; (joueur de hasard) azaris, azaryen, dazadè, dazamann, jwè, jwa.

joug jouk.

jouir jwi.

jouissance jwisans.

joujou joujou.

jour jou; le jour lajounen; à jour ajou; le petit jour bajoukase, granmaten; ces jours-ci sèjousi; de jour en jour de jou an jou; de nos jours alèkile, atòkile; en plein jour gwo lajounen; jour de l'an joudlan; l'autre jour lòtre jou, lotre jou.

journal jounal.

journée jounen; la journée lajounen; toute la sainte journée toutlasentjounen; journée de travail jounen.

jucher jouke.

juchoir jouk.

juge jij.

jugement jijman.

jugeote brenn, bwenn.

juger jije.

juif jwif.

juillet jiye, jiyè.

juin jen.

jumeau marasa.

jumelles lonnvi.

jument jiman.

jupe jip; jupe étroite antrav.

jupon jipon.

jurer (faire serment) jire, sèmante,
  fè kwa; (dire jurons) joure, di mo.

jus ji, dlo; jus de canne à sucre
  diven kann; jus de corrosol bouboul,
  boulboul, boubouy.

jusque jis, jous, jouk, jistan,
  jouktan, joustan; jusqu'à ce que
  jis, jous, jouk, jiskaske, jistan,
  jouktan, joustan; jusqu'à
  maintenant joukensi.

juste jis; (à peine) annik, nik;
  au juste atò, ojis.

justice jistis, lajistis.

kaki kaki.

kapokier (Ceiba pentandra) mapou.

karaté karate.

képi (coiffure militaire) kepi.

kermesse kèmès.

kérosène gaz.

kiosque kyòs.

klaxon klaksonn.

klaxonner klaksonnen.

kyste kis.

la (art) la, lan, a , an, (à valeur habituelle) le, lè; (pro) li.

là la, la-a; de là etan la; par là la-yo.

là-bas laba, laba-a, lòtbò.

laboratoire laboratwa.

laborieux laboryèz, travayan, vanyan.

labourer raboure, dechouke.

lac lak.

lacer lase.

lacet lasèt.

lâche lach; (personnes) kazwèl, fenyan, lach.

lâcher lage.

là-dedans ladan, ladann.

là-haut anwo.

laid lèd, makawon; (personne laide) mazora, zoulou.

laideur lalèdè, lèdè.

laisser kite; (permettre) kite, te; (laisser faire dans le but de mettre à l'épreuve) liyen, bay fil, bay gabèl; laisser tomber mete atè; laisser tranquille bay van.

laisser-passer lese-pase.

lait lèt; lait de magnésie manyezi; lait en poudre (venant de l'aide étrangère) lèt sinistre.

laitue leti.

lambeau. en lambeaux defripe.

lambin mizadò.

lame lanm; lame de rasoir jilèt.

lampe lanp; lampe de poche flach; lampe à huile (faite de boîte de conserve) lamp bòbèch, lanp tèt bòbèch, lanp tèt gridap.

lance-pierres fistibal, pistenbal.

lancer voye, vòltije, (lancer quelqu'un) bay fil; (lancer des coups de massue) voye chaplèt.

langage lang; (langage mystique du vaudou) langay, langaj.

lange kouchèt.

langoureux mouran.

langue lang; donner sa langue au chat bwè pwa, bwè; tirer la langue à fè bèkèkè.

lanterne fannan, fanal; lanterne vénitienne fannal, fanal.

laper niche.

lapider kalonnen, kalònen.

lapin lapen; poser un lapin (à quelqu'un) bay yon payèt, bay poto.

lapsus. faire un lapsus depale.

laquais chawa, souflantchou.

lard la.

large laj.

largeur lajè.

larmes dlo.

las blaze.

Lascahobas Laskaᵒbas.

lascif endesan.

latanier (Sabal, Washingtonia, Thrinax)
 latànye, latanyen.

latrines latrin, watè.

laurier-rose (Nerium oleander)
 lorye.

lavabo lavabo.

lavement lavman.

laver lave.

laveur. laveur des morts benyè.

layette leyèt.

le (art) la, lan, a, an; (à
 valeur habituelle) le, lè; (pro)
 li.

lécher lanbe, niche.

leçon leson.

lecture (action de lire) lekti.

léger lejè, fay; (café, thé) klè;
 (très léger) pay.

légèrement lejèman.

légitime jitim, lejitim.

légume legim; légumes féculents viv;
 légumes verts feyaj; grosse légume
 gwo zotobre, gwo nèg, gwo popo, gwo
 bwa, gwo zouzoun, gran nèg.

lendemain demen, denmen, landmen,
 landemen, nandemen.

lent lant, lan.

lentement dousman, lant.

Léogâne Leogàn, Leyogàn, Leogann,
 Leyogann.

lèpre lèp.

lequel kilès; (indiquant le mépris)
 kilakyèl.

les (marque du pluriel) yo; (à valeur
 habituelle) le, lè; (pro) yo, y.

lesbienne madivinèz, madivin.

lessive lesiv.

lessiver. lessiver et repasser
 lave-pase.

léthargique manfouben; (personne
 léthargique) kòkraz.

lettre lèt.

leur, leurs yo, y.

levain leven.

Lévantin Awoutchapatcha, Arab, Siryen.

levée. dernière levée (jeu de cartes)
 ladennyè.

lever leve; se lever leve.

levier (de changement de vitesse)
 levye.

lèvres po bouch.

lézard mabouya, soud.

lézarder. se lézarder fann.

liane lyann, lyàn.

libellule demwazèl, demrazèl.

Libera (réponse funéraire) Libera.

libérer, libéré lage.

liberté libète.

libertinage. vivre dans le libertinage
 lage.

librairie libreri.

libre lib.

licence lisans.

liège lyèj.

lier, lié mare.

lieu kote; (lieu perdu) aziboutou, azibotou; au lieu de angiz, depreferans, olye, pase, tan pou.

lieutenant lyetnan.

ligne liy; ligne de départ opa.

lime (à ongles, émeri) lim.

limer (ongles) limen.

limite limit, lemit.

linguistique lengwistik.

lion lyon.

liqueur likè; (espèce de liqueur du pays) sele-bride.

liquide dlo.

lire li; (lire avec difficulté) eple.

liséré aranjman.

lisière rebò, lizyè; (tissu) li.

lisse lis.

lisser lise.

liste lis.

lit kabann; (lit et bord de cours d'eau) galèt.

litre lit.

livre liv; (unité de mesure) liv; livre d'arithmétique aritmetik; livre qui donne un numéro de loterie correspondant au rêve tchala.

livrer livre, bay, ba, ban.

loi (règlement) lwa; (la loi) lalwa.

loin lwen; de loin (auxiliaire de comparaison) lontan.

long long.

longtemps lontan, dat; il y a longtemps, ça fait longtemps se jodi, se dat.

longueur longè.

longue-vue lonnvi.

looping loupin.

loques odeyid.

loquet. lever le loquet de detake.

lot (petit tas) lo; gros lot gwo lo.

loterie lotri, bòlèt.

lotion (lotion malodorante servant à repousser les gens) kanpelwen.

lotir lote.

louange lwanj.

louanger lwanje.

louche (individu louche) biznismann.

loucher, louché pich-pich.

louer lwe.

loupe loup.

loup-garou lougawou, makanda.

lourd lou.

louveteau (scout) louvto.

loyer lwaye.

Lucifer Lisifè.

luciole koukouy, koukwi.

luette lalwèt.

lueur klète.

lui li; lui-même li-menm, menm.

lumière limyè.

lumineux klè.

lundi lendi.

lune lalin; pleine lune plenn lin.

lunettes vè, linèt.

lurette. il y a belle lurette
  kijodi, bèl driv.

lutter lite, goumen, twoke kòn,
  bat.

lycée lise.

ma mwen.

mac tchoul.

macaque makak.

mâcher mache.

machette manchèt, fèman, koulin.

machin bagay, baay.

machination trafik.

machine machin, aparèy.

mâchoire machwè, machwa.

maçon mason.

maçonner, maçonné masonnen.

madame madanm, dam, danm; Madame (untel) Madan; mesdames medam.

mademoiselle madmwazèl, manmzèl, mis; Mademoiselle (untel) Manzè.

madrier madriye.

maestro mayestwo.

magasin magazen.

magie maji; (adepte de la magie) pwofonde.

magique monte; (pratique magique) fetich.

magistrat majistra.

Magnificat Manyifika.

mai me.

maigre mèg, chèch, zo; (personne maigre et grande) krabye.

maigrir megri, kase, degrese, degwosi.

maillet mayèt.

maillot mayo; maillot de bain mayodeben, kostimdeben; maillot de corps chemizèt, chimizèt, kamizòl, kanmizòl.

main men; (de bananes) pat.

maintenant koulye-a, kounye-a, kounye-la-a, atò.

mais men.

maïs mayi; maïs granulé mayi an grenn, mayi grennen; maïs grillé mayi griye; maïs moulu mayi moulen; bouillie de maïs akasan; pain de maïs doukounou.

maison kay; (grande maison) batisman; (maison délabré) barak; (maison à étage) kay chanmòt, chanmòt; (maison à toit de tôle) kay tòl; (maison de prostitution) bòdèl, kafe.

maître kòmandè; maître d'école mèt.

maîtresse metrès, fanm deyò, fanm, fanm sou kote; (maîtresse préférée) fanm kay.

major (officier) majò.

majorité majorite.

mal mal; avoir du mal à mal pou; faire mal fè mal; mal d'amour mal damou; mal de dents mal dan; mal de tête tèt fè mal, mal tèt; mal au ventre vant fè mal; mal apprivoisé pòt; mal bâti makwali, makwal; mal confectionné, mal résolu maltaye; mal fait malouk; mal foutu mafweze, mafreze; plutôt mal que bien malman.

malade (n) maladi, malad; (adj) malad; rendre malade (nausée) endispoze, dekonpoze.

maladie maladi; (maladie de la peau
qui ressemble à la lèpre) pyan;
(maladie affectant le sternum)
biskèt tonbe; (espèce de maladie
qui attaque certains arbres)
pichon.

maladroit maladwat, malagòch, gòch,
goch, agòch, kòkòb, mazèt, mal.

malaise deranjman, endispozisyon.

malandren malandren.

malanga. boulette de malanga akra.

malaria malarya, lafyèv frison.

malaxer petri.

malchance giyon, pichon.

mâle mal.

malédiction madichon.

maléfice batri.

malfaiteur. société secrète de mal-
faiteurs chanprèl, sanpwèl.

malgré malgre; malgré que atout.

malheur malè; porter malheur
giyonnen; un malheur est vite arrivé
malè pa mal.

malhonnête malonnèt.

malin malen, entelijan, mètdam; (un
malin) koken.

malingre. personne malingre malswen.

malle mal.

mallette malèt.

malmener malmennen, dekreta,
toufounen.

malotru annimal.

malpropre malpwòp, salòp; (personne
malpropre) sangwen; (femme
malpropre) salòpèt.

malpropreté malpwòp.

maltraiter maltrete, maspinen,
chipote.

malveillant malvèyan.

mamelon (sein) bouton tete.

manche manch.

manchette manchèt.

mandarine mandarin.

mandat manda.

mandataire anchaje.

mandater, mandaté mandate, anchaje.

manger, mangé manje; (manger
copieusement) dekoupe.

mangeur manjè.

mangouste woulong.

mangue mango, mang; mangue pourrie
mango merilan.

manière mòd, jan; manières
mannyè.

manigance mannigèt.

manioc manyòk.

manoeuvre (m) mannèv, travayè;
manoeuvre (f) mannèv.

manoir chato.

manque mank, rate.

manquer manke, rate; (action de
manquer le ballon) flay; manquer
de anpàn; manquer d'égard manke
dega; manquer de respect derespekte.

manteau (de style militaire)
dòlmann, dòlmàn.

maquis rak, mawon; prendre le maquis
bwaze, kraze rak, pran rak.

marais salants salin.

marbre mab.

marc ma.

marchand, marchande machann;
marchande habituelle pratik.

marchander machande, fè pri, fè jis
pri.

marchandise machandiz.

marche (d'un escalier) mach; faire
marche arrière fè bak.

marché (lieu) mache; bon marché
bonmache.

marcher mache; (marcher à quatre
pattes) rale; (marcher difficilement)
dangoye, rale.

mardi madi.

mare ma.

marécage marekay.

marelle marèl.

marguerite (Pomacanthus paru) magrit.

mari mari, mouche.

mariée. nouvelle mariée lamarye.

marier, marié marye; se marier
marye, akonpli; marier civilement
pase papye, marye sivil.

marin (matelot) maren.

mariner marinen; faire mariner
tranpe.

marmaille maymay.

marmelade konfiti.

marmite chòdyè, chodyè, digdal;
(marmite utilizé dans le "boule
zen") zen.

marmonner mamonnen.

marmotter mamòte.

marque mak; marque de naissance anvi.

marquer, marqué make; marquer au
fer rouge tanpe.

marraine marenn, nennenn; marraine
de noce marenn, marenn nòs, makòmè
kòmè.

marriage maryaj, maryay.

mars mas.

marteau mato.

martinet matinèt; (oiseau) zwazo
lapli.

martyre (grande souffrance) mati.

martyriser matirize.

mascarade (hypocrisie) maskarad.

masque mas.

masquer, masqué maske.

massacrer, massacré masakre.

massage masaj, masay.

masse boul.

masser rale.

massif (n) platon, plato; (adj)
masif.

massue chaplèt.

mastiquer kraze.

masturbation dyesèlmevwa.

masturber bat laponyèt.

m'as-tu-vu granchire, grandizè, granfòma.

mât ma; mât de cocagne maswife.

match match.

matelas matla; (hardes utilisées comme matelas) kòt.

matelasser. matelassé de vêtements boure.

matelassier matlasye.

matelot matlo.

mater mate.

matériau materyo; (matériau de clayonnage) klisay.

mathématiques matematik.

matière matyè; matière fécale matyè fekal, matyè.

matin maten; du matin dimaten; du matin au soir dimatenoswa.

matinal matinal.

matinée matine.

matois mètdam, fentè.

matou matou, makou.

matraque makak, kokomakak, kokonmakak.

matraquer chaplete, bay chaplèt.

matrice lanmè.

maturité matirite; à maturité rèk.

maudire, maudit modi, madichonnen.

mausolée mozole.

mauvais move; mauvaise langue lang long; mauvais sort djòk, dyòk; mauvais temps kout tan.

mauve mòv.

me mwen, m.

mec eleman.

mécanicien mekanisyen.

mécanique mekanik.

méchanceté mechanste.

méchant mechan, michan, malfezan, move, pès; être méchant avec chawonyen.

mèche mèch.

mécontent mekontan.

mécontentement mekontantman.

médaille meday; donner une médaille medaye.

mesdames medam.

médecine medsin.

médicament medikaman; (médicament qui empêche la formation des bosses et des enflures) bouldimas.

médire devore, fè langèz.

médisance kout lang.

médisant (adj) langèz, langè, malpalan; (n) medizan, zonzon.

méduse lagratèl, gratèl.

méfait zak.

méfiant mefyan, demefyan, veyatif, veyatik.

mégot pòy.

meilleur miyò.

mélange melanj, dòz.

mélanger melanje, mele.

mélasse melas.

mêler. se mêler de mele.

méli-mélo melimelo.

mélisse (plante) melis.

melon melon; (variété de couleur jaune) melon frans; melon d'eau melon dlo.

membrane (de viande) vlen.

membre manm; (membre du gouvernement) chèf; (membre de la milice) vòlontè; (membre de "chanprèl") chanprèl; (membre du groupe "bizango") bizango.

même menm, ata.

mémoire memwa, menmwa.

menace mennas.

menacer mennase, griyen dan sou.

ménage mennaj, menaj.

ménager menaje.

mendiant mandyan.

mendier chyente.

mener kondi, kondui; bien mener beke, bege.

menottes minòt, menòt; passer les menottes minote, menote.

mensonge manti, mantò; gros mensonge bouden, boulòk.

menteur mantè.

menthe mant.

mentir manti; pousser (quelqu'un) à mentir fè bouch.

menton manton.

menuisier ebenis, ebennis, ménwizye.

mépris mepriz.

méprisable vye; (personne méprisable) ratatouy.

méprisant. expression méprisante kout je.

mépriser meprize.

mer lanmè.

merci mèsi, granmèsi.

mercredi mekredi.

merde kaka, tata; merde! lanmèd, mèd!, nanmèd!, myann!, nan dan-ou!; merde alors! hey!, he!, heny!, hany!

mère manman; mère supérieure mè, mamè; ni père ni mère pa...pèpap.

méringue (rythme, danse) mereng.

mériter merite.

merle mèl.

mérou (Epinephelus guttatus) grandyèl.

merveille mèvèy.

merveilleux michan.

mes   mwen, m.

mésange mezanj.

méssage mesaj.

messe mès, lamès, lanmès.

messieurs-dames mesyedam.

mesure mezi; (rythme) konpa.

mesurer, mesuré mezire; mesurer à
    l'aune lonnen.

métal metal; (métal bon marché
    couleur d'or) krizokal, krizo.

métallique metalik.

métayage demwatye.

métier metye, pwofesyon.

mètre mèt; mètre à ruban mèt a koulis,
    dekamèt.

mettre mete, met, foure; mettre fin
    à mete ola; mettre à l'intérieur
    rantre; mettre bas mete ba; mettre
    en marche (véhicule) estat; mettre
    à sec (petit à petit) dechèpiye;
    se mettre à pran. tanmen, tonbe;
    (se mettre à  se bagarrer, etc)
    leve, pete; se mettre à table
    chita sou tab; se mettre au pas
    mache èsès; se mettre en colère
    fè move san.

meuble mèb.

meubler meble.

meugler begle.

meule (à affûter) mèl.

meurtrir, meurtri mètri.

miaou myaw.

microbe mikwòb, jèm.

midi midi.

mie mit, mich.

miel siwo myèl.

miette myèt, miyèt, kal, ti kal.

mieux miyò, mye.

migraine mal tèt, tèt fè mal.

milicien milisyen.

milieu (centre) mitan; (entourage)
    sèk.

militaire (n) militè.

mille mil.

mille-pattes annipye, anmipye,
    anmilpye, milpat, milpye.

millet pitimi.

minable minab.

mince mens.

mine min.

miner minen.

minet (chat) mimi.

mineur (gosse)  minè, ti minè.

minijupe minijip.

ministre minis.

minou mimi.

minuit minwi, minwit, minui, minuit.

minuscule zwit, zuit.

minute minit.

miracle mirak.

Mirebalais Mibalè, Mirbalè.

miroir glas.

mise (enjeu) miz; mise en plis
   bigoudi.

miser (mettre un enjeu) mize.

misérable mizerab, tèt gridap.

misère mizè, lanmizè, pasay, flo.

miséricorde mizèrikòd.

mission misyon.

missionnaire misyonè.

mi-temps (football) mitan.

mitrailleuse mitrayèz, mitrayèt.

mode mòd, lamòd; à la mode
   alamòd.

modèle modèl.

moderne modèn.

modeste senp.

moelle mwèl.

moeurs mès; (femme de moeurs légères)
   akrekre, awona, bouzen, epav, manman
   kòdenn, rat, vakabòn, vagabòn.

moi mwen, m; moi-même mwen-menm.

moignon (corps) bout.

moindre mwenn; le moindre mot krik.

moins mwen, mwens; au moins omwen,
   omwens, manyè, menyè, mèyè; à moins
   que amwenske.

mois mwa, mwad.

moisi mwazi, kanni.

moisir kanni.

moitié mwatye.

molaire dan pilon.

mollasse molas.

mollet (adj) mole; (n) mòlèt;
   (mollet musclé) kokoye nan pye.

mollusque gastéropode brigo.

môme babouzi.

moment moman; au moment où kòm.

mon mwen, m.

monde monn, mond; (mondanité) lemond;
   (gens) moun; tout le monde tout
   moun.

monnaie (petite monnaie) monnen, mounen;
   (unités de monnaie haïtienne)
   goud, pyas, gouden, kòb.

monsieur msye; messieurs mesye;
   messieurs-dames mesyedam.

monstre mons.

mont de Vénus do koko.

montagne mòn, montany, moutany.

montant montan.

mont-de-piété brikabrak, melimelo,
   mezondafè, plàn.

monter monte, moute; monter dans la
   société pran fil.

monteur (de machines, etc) montè.

montre mont, lè.

montrer montre, moutre, mete deyò;
   se montrer parèt tèt.

monture. monture de lunettes bwa
   linèt.

moquer. se moquer de bay chalè, bay chenn, moke, pase nan betiz, mete nan betiz, pase nan jwèt, pase nan tenten, ri.

moral (n) moral.

morceau moso, mòso; (petit morceau) kal, ti kal; (gros morceau) bich; morceau de musique moso, mòso.

mordre, mordu mòde.

morelle (Solanum nigrum americanum) lanman.

morgue (pour les morts) mòg.

morpion (pou) mòpyon; (jeu) titato.

mors mò.

morsure kout dan.

mort (adj) mò, mouri; (personne morte) mò; la mort lamò, lanmò; les morts lemò.

mortaise montwaz.

mortaiser montwaze.

morte-saison mòtsezon.

mortier (récipient) pilon; (utilisé en construction) mòtye.

mort-raide (qui a définitivement perdu la partie aux billes) mò rèd.

morue lanmori, mori.

morve larim, kaka nen.

morveux kakatwè.

mot mo; gros mot gwo mo, jouman.

moteur motè.

motif. motif musical préliminaire ochan.

moto motosiklèt.

mou mou, anpetre, fenyan.

mouche mouch.

moucher mouche.

moucheron bigay.

moucheté pent.

mouchoir mouchwa.

moudre moulen.

moue. faire la moue lonje dyòl, vire dyòl.

mouiller, mouillé mouye; mouiller jusqu'aux os mouye tranp.

moule moul.

moulin moulen.

moulu moulen.

mourir mouri, trepase.

mousse (bière, savon) kim; (d'étang) limon.

mousseline syanm.

mousser kimen, tchimen.

moustache moustach, bigote, bigòt.

moustiquaire moustikè.

moustique moustik, marengwen, bigay, bonbonfle.

moutarde moutad.

mouton mouton.

mouvement mouvman; (mouvement brusque)
  ra, zikap.

mouvementé mouvmante.

moyen (adj) mwayen; (n) mwayen,
  fakilte, fason, dekwa; moyen I
  (huitième) mwayen en; moyen II
  (septième) mwayen de.

moyenne (n) mwayenn, mwayèn.

muet bèbè.

mulâtre milat.

mulâtresse milatrès; (espèce de
  mulâtresse) chabin dore, chabin.

mulet (mule) milèt.

multiplication miltiplikasyon.

mur mi, miray; (d'une maison)
  panno.

mûr mi.

musarder mize.

muscade miskad.

muscle mis; (muscles bien développés)
  gwo zo.

muselière mizo.

muserolle (de corde) baboukèt, babòkèt.

musicien mizisyen; (de la musique
  populaire) djazmann.

musique mizik; (musique qui indique
  la fin d'un bal) bonswa dam.

mutiler ansasinen, sasinen, masakre.

mystère mistè.

nacre nak.

nage. à la nage alanaj.

nager naje; savoir nager konn dlo.

nageur najè; (excellent nageur) dayiva, dayva.

naïf inosan, egare, wòwòt, bay bwè.

nain nen.

naissance nesans.

naître ne, fèt.

nana bebe.

nappe nap.

napperon napwon.

narine tou nen, zèl nen.

nasse nas.

natif (n) natifnatal, natif.

national nasyonal.

natte nat; natte de paille atèmiyò.

nature (caractère) nesans.

naturel natirèl.

naturellement natirèlman.

navet nave, navè.

navette (machine à coudre) navèt.

naviguer navige.

navire batiman.

né fèt.

nécessaire nesesè, nèsèsè.

nécessité nesesite, nèsèsite.

négligence neglijans.

négligent neglijan, sankoutcha.

négliger, négligé neglije.

négociant negosyan.

nègre nèg; négresse nègès.

négrier (chef dur) bouwo.

nerf nè; nerf de boeuf rigwaz, rigwèz.

nervosité nè.

nettoyage pwòpte; nettoyage à sec dray.

nettoyer, nettoyé pwòpte, netwaye, netye.

neuf (nombre) nèf, nev; (adj) nèf; tout neuf nyouwann.

neuvaine nevèn, nevenn.

neuvième nevyèm, nèvyèm.

neveu neve.

New York Nouyòk, Nyouyòk.

nez nen; (partie extérieure) zèl nen.

niais nyè, bègwè, bòbòy, dan griyen, ensiyifyan, ensinifyan, gaga.

niche. niche à chien nich.

nid nich.

nièce nyès.

nier nye, diskite.

nigaud bègwè.

niveau (de maçon) nivo; de niveau
onivo.

niveleuse gredè.

noces nòs.

noctambule jamèdodo, bèt seren.

Noël Nwèl.

noeud ne; (dans les cheveux)
kokad.

noir nwa, nwè; Noir nèg; Noire
nègès.

noircir, noirci nwasi.

noix. noix de cajou nwa; noix de
coco kokoye, kòk.

nom non; nom de famille siyati.

nombril lonbrik, lonbrit, nonbrit.

non non, now, en-en, en-hen, an-an;
non plus nonplis, nitou; non
seulement non sèlman.

nonchalant kòkòtò.

nord (adj) nò; (n.) nannò, nò.

normal nòmal, lejitim.

nos nou, n.

notable (adj) notab; (n) notab, mèt
peyi.

notaire notè, nòtè.

note nòt.

noter (remarquer) note.

notre nou.

nougat tablèt; (nougat à base de
lait) dous; (nougat au maïs)
breton; (nougat au millet)
bougonnen.

nourrice nouris.

nourrir, nourri nouri.

nourrissant nourisan.

nourriture manje, nouriti, lanouriti;
(nourriture d'apparence douteuse)
tchanpan, tyanpan; (nourriture
désagréable) tchaw; (nourriture
mal préparé) bouyi-vide.

nous nou, n; nous-mêmes nou-menm.

nouveau nouvo; (manque d'expérience)
jenn, jèn.

nouvelle (n) nouvèl, degenn; (ragot)
doub.

Nouvelle Année nouvèl ane.

novembre novanm.

novice (vaudou) ousi bosal.

noyé (carburateur) anvayi.

noyer neye; se noyer neye.

nu toutouni, touni, ni; à moitié
nu toutouni, touni.

nuage nway.

nuit nuit, nwit, lannwit, lannuit,
nannwit, nannuit; pleine nuit
gwo lannwit; bonne nuit bonswa;
nuit blanche nuit blanch.

nul nil.

numéro nimewo, limewo; drôle de
numéro evénman, evelman, evènman,
eleman, nimewo.

nylon nayilonn.

nymphomane konyapis.

obéir obeyi, tande.

obéissant obeyisan.

obèse. personne obèse mapotcho.

objet bagay, baay; objets quel-
conques kenkay.

obligation devwa, obligasyon.

obliger oblije, blije, bije; obligé
sètoblije, oblije, blije, bije.

obscénité betiz, jouman, gwo mo.

obscurité fènwè, fènwa.

obsédé malad.

observer obsève.

obstacle resif.

occasion okazyon; (bonne affaire)
afè.

occupé okipe; s'occuper de okipe.

octobre òktòb.

odeur odè, sant.

oeil je, zye; coup d'oeil jòf; en
un clin d'oeil towtow.

oeillet zeye.

oeuf ze.

oeuvre. bonnes oeuvres zèv.

officiant (prêtre bidon) pè savann.

officiel ofisyèl.

officier ofisye; officier de police
rurale chanpèt.

offrir, offert ofri.

oh o!, adye!, rete!; oh la la!
kèt!, gèt!, kòmanman!, koumanman!,
koubabi!, koubaba!, wi pip!

ohé o!

oie zwa.

oignon zonyon; (à l'orteil) zòbòy.

oiseau zwazo, zwezo; (Crotophaga ani)
boustabak; (Dulus dominicus) zwazo
palmis; (Ploceus cucullatus
madansara; (Tyrannus dominicensis)
pipirit; (oiseau échassier) kwakdlo;
(oiseau maigre) tako. Voir aussi
les noms d'oiseaux.

oiseau-mouche zwazo mouch, wanga-nègès.

oisif envalib, wazif; (personne oisive)
aladen, envalib, aryennafè, drivayè,
drivayèz, zwav.

olive. olive sauvage des Antilles
doliv.

ombre lonbray, lonbraj.

omelette lanmilèt, anmilèt.

on moun, yo.

oncle monnonk, nonk, tonton.

onduler (onduler les hanches) gouye.

ongle zong.

onguent longan.

onze onz.

onzième onzyèm.

opérateur (de cinéma) operatè.

opération (médecine) operasyon.

opérer (médecine) opere.

opinion opinyon.

opportuniste bakoulou.

opposer (dans un combat) kare.

optimisme. (optimisme à outrance)
tchans.

or ò, lò.

oraison orezon.

orange zoranj, zorany.

oratoire (lieu de prière) ogatwa,
wogatwa.

orchestre òkès; orchestre de danse
djaz, dyaz; orchestre populaire mini
djaz, djaz; grand orchestre òkès.

ordinaire (vêtements) fantezi.

ordonnance preskripsyon.

ordre (discipline) lòd; (commandement)
zòd; ordre d'arrêt kat-blanch.

ordure malpwòpte; ordures fatra.

oreille zòrèy; d'oreille pa woutin.

oreiller zòrye, zòreye.

oreillons mal mouton.

orfèvre òfèv.

orgasme. atteindre l'orgasme vini,
jwi.

orgelet klou.

orgue òg.

orgueil ògèy.

orgueilleux dikdògòdò.

orphelin òfelen, òflen, pitimi san
gadò.

orteil zòtèy; gros orteil tèt
zòtèy.

ortie bouziyèt, breziyèt.

ortolan (Columbina passerina)
zòtolan.

os zo.

oser pèmèt, azade.

osselets (jeu) oslè; tourner un
osselet bat oslè.

ossements zosman.

ôter wete, wet.

ou ou, oubyen, osnon, osinon;
ou bien oubyen, oswa.

où ki bò, ki kote, kote, witi.

oubli (étouderie) oubli.

oublier bliye, blie; s'oublier bliye
kò.

ouest lwès.

oui wi, anhan; oui? plètil?

ourler rabat.

ourlet woulèt, oulèt; ourlet à jour
jou.

oursin de mer chadwon.

ouste alelouya!, abonocho!

outil zouti.

ouvert louvri, ouvri, ouvè, griyen;
(yeux) klè; grand ouvert baye.

ouvertement aklè.

ouverture (trou) ouvèti, jou.

ouvre-boîtes kle.

ouvrier ouvriye, travayè; (ouvrier
à la tâche) djòbè.

ouvrir, ouvert ouvè, ouvri, louvri,
ouvri, griyen; ouvrir grandement
baye; ouvrir une fermeture éclair
dezipe.

ovale oval.

ovulation. manque d'ovulation pèdisyon.

oxygène oksijèn.

pacte. (pacte avec le diable) angajman.

paf taw!, top!

pagaille telele.

page paj; à la page kopen.

païen payen.

paillasse payas.

paille pay; paille de fer paydefè.

pain pen; petit pain biswit, biskwit, bisuit; djak; kabich; aticho; pain d'épice jenjanbrèt; pain de maïs doukounou.

paire pè.

paisible pèzib, dousman.

paix lapè, kanpo.

palabre palab.

palais palè; (bouche) palèt.

pâle pal.

palmipède pye bate.

palmiste (Roystonea regia) palmis.

palper manyen.

paludisme palidis, malarya.

pamplemousse chadèk, chadèt.

pan. pan de chemise zèl chemiz; pan! taw!

panaris pannari.

pancarte pankat.

panier pànye, panyen.

panne pàn; panne d'électricité blakawout; en panne anpàn.

panse pans; (grosse panse) vant dwogidwogan.

pansement pansman.

panser panse.

pantalon kanson, pantalon; pantalon à pattes d'éléphant pantalon palaso.

pantin panten.

pantoufles pantouf.

papa papa.

papaye papay.

pape pap.

papier papye; papier de soie papye fen; papier de verre papye sable, katapoli.

papillon papiyon.

papoter djòlè, dyòle.

Pâques Pak.

paquet pakèt, pake; (de cigarettes) pòch.

par pa; par exemple pa ekzanp.

parabole parabòl, daki.

parade parad.

parader bay jòf, fè banda, fè enteresan.

paradis paradi.

paraître parèt; faire paraître mete deyò.

paralyser, paralysé paralize.

paraphe siyati.

parapher siyen.

parapluie parapli, voumtak.

parasol parasòl, paresòl.

parc (bétail) pak.

parce que paske, pase, poutèt, davwa, daprezavwa.

parcimonieux regadan; personne parcimonieuse ti koulout.

par-ci par-là pasipala, adwat agòch.

parcours wout.

pardon padon, gras.

pardonner padone, padonnen, fè gras, grasye.

pare-chocs defans.

pareil (prep) parèy; (n) parèy, pòy.

parement. mettre un parement bòde.

parent fanmi, paran; (parent la plus proche d'un défunt) mèt mò; parents lafanmi, lafami, fanmi, jenerasyon, paran.

parenté ras.

paresse parès.

paresser kalewès, pandye.

paresseux parese.

parer (un coup) pare.

parfait fopaplis.

parfois detanzantan, pafwa.

parfum pafen, odè, losyon.

pari pari, paryay, paryaj.

parier parye, paye.

parler pale; (parler avec affectation) pale pwenti; (parler avec exubérance) detaye; (parler en l'air) tchanse; (parler d'une manière mélodieuse) pale-chante.

parmi pami, nan pami, sou.

paroisse pawas.

parole pawòl; (paroles en l'air) fab; (paroles insignifiantes) tentennad; (paroles inutiles) tchans; les paroles m'ont échappé bouch-mwen chape.

parpaing blòk.

parrain parenn.

part pa; de part en part pak an pak.

partager (diviser) separe.

parti. prendre le parti de mete avèk, fè kan.

partialité paspouki.

participer patisipe.

particulièrement espesyalman.

partie pati; (au jeu) pati, dekout, dekou.

partir pati, kite; à partir de apati, pran.

partisan fanatik, patizan; (partisan puissant et armé du régime Duvalieriste) tonton-makout; (partisane puissante et armée du régime Duvalieriste) fiyèt lalo.

partout patou, toupatou.

parvenir. parvenir à ses fins fin bout.

parvenu arivis, eklereta, patekwè, dirakwa.

pas pa; (premiers pas d'un bébé) de; au pas opa; pas de porte papòt; ne...pas pa; ne...pas! (avertissement) piga!, penga!; pas du tout pa...ditou.

passable pasab.

passager (n) pasajè, vwayajè.

passant (de ceinture) pasan.

passe pas.

passé (semaine, année, etc) pase.

passeport paspò.

passer pase; (dans un filtre, une passoire) koule; (un examen) konpoze, desann, disann; (jeu de cartes) pas; (du temps) fè; (passer la nuit) desele, desann; se passer pase; passer l'arme à gauche ale nan peyi san chapo, ale bwachat, voye chapo anlè galta, voye chapo.

passe-temps distraksyon.

passion pasyon.

passionnant ante.

passoire paswa.

pastèque melon dlo.

pasteur pastè.

patate douce patat.

patati. et patati et patata kesekwann kesedjo.

pâte pat; (pâte frite épicée) marinad; pâte dentrifice kòlgat.

pâté. pâté en croûte pate.

patente patant.

patience pasyans, san sipòtan; faire perdre patience depasyante.

patron bòs, patwon; (de couture) patwon.

patronyme siyati.

patrouille patwouy.

patte pat; à pattes d'éléphant (pantalon) pat elefan, palaso.

pâturage patiray, patiraj, bare.

paume (plat de la main) pla men.

paupière po je, pòpyè.

pauvre pòv, malere, mizerab; (femme pauvre) malerèz; pauvre diable! po dyab!, pòv dyab!

pauvreté mizè, lanmizè.

pavaner. se pavaner bay payèt.

pavé. battre le pavé flannen.

pavillon (tonnelle) choukounèt; (de chirurgie) chiriji; (de l'oreille) fèy zòrèy.

paye pewòl.

payement pèman.

payer peye.

pays peyi.

paysan abitan, nèg mòn.

peau po.

pêche (de poisson) pèch, lapèch.

péché peche.

pêcher peche.

pêcheur pechè.

pêcheur pechè.

pectoraux pektowo, pekto.

pédale pedal; pédale d'embrayage klòtch.

pédaler pedale.

pédant pedan.

peigne peny.

peigner, peigné penyen.

peignoir kimono.

peindre penn, pentire; (une surface métallique) douko; peint pentire.

peine lapenn, tray; à peine apenn.

peintre (en batiment) bòs pent; artiste peintre pent.

peinture penti; (pour surface métallique) douko.

pelé (coq) pela.

peler dekale, kale.

pèlerinage pelerinay, pelerinaj.

pélican grangozye, gangozye.

pelle pèl.

pellicules (dans les cheveux) kap, kal.

pelote plòt.

peloter (sexuel) peze.

pelotonner plotonnen.

pelouse gazon.

penalité penalite, penalti.

pencher panche, devye.

pendant pandan, pannan; pendant ce temps etan la; pendant que etan, detan, entan, antan, pandan, pannan.

pendre pandye, pann.

pendule pandil.

pénicilline pelisilin, penisilin.

pénis aparèy, bayonèt, diyite, kòk, pati, pipit, piston, yoyo, zozo, zouti; (d'un petit garçon) pijon, ti pijon, ti bezwen.

pénitence penitans.

penser panse, konprann.

pension pansyon; en pension an korespondan.

pente pant; prendre une mauvaise pente file move fil, file move koton.

Pentecôte Pannkot.

penture panti.

pénurie rate.

pépin grenn.

pépinière (horticulture) pepinyè.

percale pèkal.

percepteur pèseptè.

percer pèse;

percé koule, kreve, pèse.

perceuse électrique dril.

perdant lepèdan.

perdre pèdi, bwè luil; perdre connaissance pèdi konnesans; perdre les eaux kase lèzo; perdre son temps soufle nan banbou.

perdrix pèdri.

perdu pèdi.

père papa; (prêtre) pè, monpè; ni père ni mère pa...pèpap.

perfection. à la perfection fen.

perfide pèfid, pès.

périr peri.

peristyle (temple vaudou) perestil, peristil.

perle pèl.

perlèche bòkè, bokyè.

permettre pèmèt, admèt; se permettre azade, pèmèt.

permis lisans.

permission pèmisyon.

perron pewon.

perroquet jako; (personne) jakorepèt.

perruque perik.

persécuter pousuiv, pousiv.

persil pèsi.

persister donnen.

personnage pèsonnay; personnages du folklore haïtien: (sot) Bouki; (malicieux) Ti Malis; (sorcière) Fiyèt Lalo; (equivalent du père fouettard) tonton-makout.

personne moun; (personne en question) lapèsonn; (neg) pèsòn, pèsonn, pèkseswa.

personnel apa, pèsonèl.

perte pèt, pèd.

perversité zòrèy di.

peser peze.

pet pete.

pétard peta.

péter fè van, pete, vèkse.

péteur petadò.

petit piti, ti; petit à petit an ti pislin, lit-lit; petit pain biswit, biskwit, bisuit.

petite-fille pitit-pitit.

petit-fils pitit-pitit.

Petit-Goave Ti Gwav.

petits-enfants pitit-pitit.

pétomane petadò.

pétrin (problème) move kout kat, tchouboum; dans le pètrin antrave, nan boumba.

pétrir petri.

pétrole gaz.

peu. un peu de enpe, gout, ti gout, gram, jan, ti jan, krache, ti krache, kras, ti kras, kraze, lòstye, lòsye, tak, ti tak, zing, ti zing, zong, zwing, zwit; un peu (adv) manyè, menyè, mèyè; peu à peu pezape.

peuple pèp, nasyon.

peupler, peuplé peple.

peur lapè, pèrèz; (qui a peur du sex opposé) kazwèl; avoir peur pè.

peureux sannanm.

peut-être petèt, pètèt.

phalène papiyon.

pharmacie famasi, fonmasi, fanmasi.

pharmacien famasyen.

philosophie. (classe de philosophie) filo; élève de philosophie filozòf.

photo foto, pòtre.

phrase fraz.

physique. (état, developpement physique) fizik; faire de la culture physique bat fè.

piaffer pyafe.

pian krab.

pianiste pyanis.

piano pyano.

piastre (équivalent à "goud") pyas.

pic pik; (oiseau) sèpantye, charpentye, sapantye; pic à glace pik.

pickpocket frapè.

pièce pyès; (d'une maison) pyès, chanm; pièce d'or doublon; pièce de rechange rechany, rechanj; pièce de théâtre pyès.

pied pye, zago; (unité de mesure) pye; à pied apye; pieds nus pye atè; ne plus remettre les pieds (quelque part) koupe pye.

piège chitatann, pèlen, pyèj; pris au piège pran nan lak.

pierre wòch; pierre à aiguiser lim, pyè; pierres du foyer wòch dife.

piétiner pile.

piéton pyeton.

pigeon pijon.

pile pil.

piler pile.

pilier (de maison) poto.

pillage piyay.

pillard piyajè.

piller piye, debalize.

pilleur piyajè.

pillule grenn.

pilon manch pilon.

pilote pilòt, avyatè.

piment. piment rouge piman.

pimentade pimantad.

pin bwapen, bwa chandèl.

pince pens; (de crab, d'écrevisse) dan; pince à cheveux pens.

pinceau penso.

pincée pense.

pincement pench.

pincer penchen, pencheng, pichkannen.

pincettes pensèt.

pingre peng, kòkòtò, kras.

pintade pentad.

pioche pikwa, derapin, derasin.

pion pyon.

pipe pip; pipe en terre cuite
kachimbo; tuyau de pipe kalimèt.

pipi pipi, pise.

piquant (au goût) pike.

pique (aux cartes) pik; parole
blessante) pwent.

pique-assiette reskiyè.

piquer pike, bobo.

piquet pikèt.

piqueur (qui coud les empeignes)
pikè.

piqûre (injection) piki.

pirogue boumba.

pirouette piwèt.

pis manmèl.

piscine pisin.

pisse pise, pipi; pisse au lit
(personne qui pisse au lit)
pisannit.

pisser pise, pipi.

pistolet pistolè.

piston piston; (relations) atou,
piston, relasyon, fil.

pite (agave) pit, karata.

pitié pitye; avoir pitié de
fè pa; Seigneur, aie pitié de
nous! gras lamizèrikòd!

pitre madigra; faire le pitre fè
makak.

pivot (d'une équipe, etc) poto mitan.

place plas; à la place de depreferans;
faire de la place degonfle, bay lè.

plafond plafon.

plafonner plafonnen.

plage bitch, bich.

plaider plede.

plaie malad; (grosse plaie) baka,
java, maleng; (plaie ulcéreuse)
mayas.

plaindre. se plaindre plenyen,
yenyen, nyennyen.

plaine plenn, laplenn, laplèn.

plante plent; (plainte officielle)
deklarasyon.

plaire plè; s'il vous plaît
souple; s'il plaît à Dieu si Dye
vle.

plaisanter betize, plezante, ranse.

plaisanterie fab, jwèt, odyans,
plezantri, rans; par plaisanterie
an jwèt.

plaisantin majigridi.

plaisir plezi.

plan plan.

planche planch; planche à repasser
planchèt; faire la planche plane,
plannen; enlever les planches d'un
parquet deplancheye.

plancher (en bois) planche.

plant plan, pye.

plante plant, (espèces des plantes)
koray; kretòn; (Callophyllum calabe)
dalmari, danmari, damari;
(Phyllantus ninuri) dèyèdo; (Leu-
caena glauca) grenndelenn; (Typha
domingensis) jon; (Entada scandens)
kakòn; (Gnaphalium viscosum)
kamomin peyi; (Tribulus cistoides)
kap; (Samdya rosea) kase sèk;
(Boerhaavea scandens) kase zo;
(Cleone spinosa) kaya, kaya mawon;
(Euphorbia lactea) kandelab;
(Achyrantes indica) kerat, kedrat;
(Cuscuta americana) lamitye, lametye,
lanmitye; (Jatropha gossypifolia)
metsiyen; (Bromelia pinguin)
pengwen; (Mentha nemorosa) tibonm;
(Eugenia crenulata) zo douvan;
plante du pied planpye. Voir aussi
les noms de plantes.

planter plante; (ce qu'on plante)
kilti.

plaque de métal (pour faire du pain)
plato.

plastique plastik.

plat plat; (mets) pla.

plateau kabare, kabarè; (plateau
métallique) platin; (massif)
platon.

plein foul, plen; plein à en être
malade ayik; faire plein foul;
plein (animal) plenn.

pleurer kriye, rele.

pleurnicheur yenyen, nyennyen.

pleuviner farinen.

pli pli; pli vertical du pantalon
eskanp; mise en plis bigoudi.

plier pliye, ploye, plwaye, vlope.

plisser, plissé plise; (un pantalon)
eskanpe.

plomb plon.

plomber (dent) plonbe.

plonger plonje, pike; plonger
quelqu'un dans un sommeil léthargique
desounen, desonnen.

plongeur koulè.

plouf bif!, bip!, plop!, plòk!,
tchouboum!

pluie lapli; pluie battante gwo
lapli; pluie fine wouze.

plume plim; racine d'une plume
zètòk.

plumer plimen, deplimen; (plumer
quelqu'un au jeu) kòche.

plupart. la plupart de pifò.

plus (comparatif de supériorité)
pi, plis; ne...plus pa...ankò;
de plus plis; en plus an plis; le
plus plis; non plus nonplis, nitou;
plus...plus plis...plis, dotan;
plus que pase.

plusieurs plizyè, konben, konbyen.

plutôt pito; plutôt que tan pou, tan,
pase.

pneu kaoutchou, kawotchou, wou.

pneumonie nemoni.

poche pòch.

poète powèt, pwèt.

poids pwa; ne pas faire le poids pa
nan batay; poids mort (personne)
manm initil.

poignard ponya, fwenn, frenn, katchapika.

poignarder ponyade, djage, dyage,
fwennen, frennen.

poignée ponyen, men; poignée de main
lanmen; poignée de main chaleureuse
ponyen men.

poignet ponyèt.

poil pwal, pwèl, prèl, plim; à poil
apwal.

poing pwen, pren.

point pwen, pren; il n'y a point de
nanpwen.

pointe pwent, prent; pointe de
chaussures bèk.

pointer (cocher) tcheke.

pointu pwenti.

pointure (de chaussures) nimewo.
limewo.

poireau powo.

pois pwa; petit pois pwa frans;
(Cajanus indicus) pwa kongo.

poison pwazon, lasini; (poison pour
les animaux) sosis; (poison qui
agit dès que l'on va sous le serein)
piga seren.

poisse pichon.

poisson pwason, prason; (des poissons)
boutou; begoun; dòktè; pèwokèt;
piskèt; yaya; (Balistas vetula)
bous; (Anisotremus virginicus)
djòlpave; (Coryphaena hippurus)
dorad; (Trichiurius lepturus)
manchèt; (Aulostomus maculatus)
twonpèt; poisson armè (Diodon
hystrix) pwason ame. Voir aussi les
noms de poissons.

poitrinaire pwatrinè.

poitrine lestomak, lestonmak,
pwatrin, fal, kòlèt.

poivre pwav.

poivron piman dou.

poker (jeu) pokè.

polémique polemik.

poli (adj) fen; (n) poli.

police lapolis; agent de police polis.

policier gad, jandam.

poliomyélite polyo.

polir poli.

polisson bandi.

politesse edikasyon, ledikasyon,
endikasyon, lizay, lizaj.

politique politik.

poltron kapon, salòp.

polyester polyestè.

polype (de nez) chè nan nen.

pommade pomad, ponmad, krèm.

pomme pòm, ponm.

pompe ponp.

pomper (de l'eau) ponpe.

pompier ponpye.

poncer, poncé sable.

pondéré templa.

pondre ponn.

pont pon.

pop (musique populaire nord-américaine) pòp.

populace pèp.

portail pòtay.

portant. bien portant vanyan.

Port-au-Prince Pòtoprens.

Port-de-Paix Pòdepè, Pòdpe.

porte pòt; porte d'une clôture bayè, baryè; seuil de la porte papòt, sèypòt; porte à coulisse pòtakoulis.

porte-bagages pòtchay.

porte-cruches krichon.

portée (mise bas d'animaux) pòte.

porter pote, pot, bwote; porter bonheur bay chans; porter malheur giyonnen; porter des bas bate; porter un veston kostime.

porteur chawa.

portion pòsyon, mak.

portrait pòtre.

posément kè pòpòz.

poser poze; se poser (sur) poze.

poseur fèzè.

positif pozitif!, pòzitif!

position pozisyon.

possibilité fasilite, jwen.

possible posib.

poste d'essence ponp gazolin, estasyon gazolin.

poster (mettre à la poste) poste.

pot dalmari, danmari, damari, po.

potage bouyon.

poteau poto; poteau central poto mitan.

potentat potanta.

potin zen.

potion posyon; potion magique fò-ouvle.

potiron joumou, jouwoumou.

pou pou, karang.

pouah wouch!

pouce pous.

poudre poud; poudre à levure poud elevasyon; poudre à canon klorat.

poudrer poudre.

poudrier poudriye.

poulailler depo poul.

poulain poulen.

poule poul; espèces de poule basèt; poul bòl; (poule des équipes) poul; (gros lot) djapòt, dyapòt; poule d'eau poul dlo; poule mouillée (personne) poul mouye.

poulette poulèt.

pouliche poulich.

poulie pouli.

pouls pouls.

poumons (d'animals) fwa mou.

poupée pope.

pour (prep) ba; pou; (conj) pou;
pour cent pousan.

pourboire poubwa.

pourpier (Portulaca oleracea) koupye.

pourquoi poukisa, pouki, sa.

pourrir, pourri pouri, gate.

poursuivre pousuiv, pousiv, rapousuiv,
liyen, lage de gidon dèyè.

pourtant poutan.

poussée pousad.

pousser pouse; (sortir de terre)
leve, pouse.

poussière pousyè.

pouvoir (authorité) pouvwa, pouvra,
mayèt; (permission) mèt, andwa;
(possibilité) kapab, kap, kab, ka,
sa, fouti; pouvoir magique degre,
pwen.

praline tablèt.

préavis preavi.

précaution atansyon, antansyon,
prekosyon.

prêcher preche.

précipice falèz.

précis won.

prédicateur protestant predikatè.

préférence preferans; de préférence
pito, depreferans.

préférer pito, prefere.

prefet prefè.

prejugé prejije.

premier premye, premyè, prenmye,
prenmyè; classe de première reto,
retorik.

première (cordonnerie) premye, premyè,
prenmye, prenmyè.

prendre pran, kenbe; (considérer)
pran; (voler) pran; (une photo)
tire; (aux cartes) koupe; prendre
fait et cause pour blanchi; prendre
un véhicule en marche fè esprès;
prendre sur le fait siprann, bare.

prénom non.

préparation preparasyon.

préparatoire I (douzième) preparatwa
en; préparatoire II (onzième)
preparatwa de.

préparer, préparé prepare, pare;
(boisson, médicament) konpoze;
se préparer prepare, pare, ranmase.

prépuce kach.

près pre; près de bò, bò kote,
kote, kot, pre; tout près
raz; à peu près apeprè.

presbytère prezbitè.

prescrire preskri.

présence prezans; en présence de sou,
nan bab.

présent (dans le lieu) prezan; être
présent dès le debut diwote; à
présent atò.

présenter, présenté prezante; se
présenter konparèt, parèt, prezante.

préservatif kapòt.

président prezidan.

presque prèske, bata, vanse.

presse près.

pressentir. pressentir un malheur
pa bay bouch.

presser prese, peze; (fruit) prije,
pije, pire; se presser prese; se
presser autour de konble; ne pas
se presser pran san.

pression fòs.

prêt prepare, pare, ajou, bon; prêt
usuraire ponya.

prétendre pretann.

prétentieux chèlbè; (personne
prétentieuse) chèlbè, sekwa,
gran panpan.

prétention (ambition) pretansyon.

prêter prete, sede.

prêtre pè, monpè; prêtre défroqué
pè defwoke; prêtre bidon pè savann;
prêtre du vaudou ougan, hougan,
divinò, gangan, ganga; devenir
prêtre du vaudou pran ason;
prêtresse du vaudou manbo, divinèz.

preuve prèv.

prévenance prevnans.

prévenir pale.

prévoir prevwa.

prier lapriyè, priye; je vous en
prie tanpri.

prière priyè.

prime bonnis, bonis.

principe (règle morale) prensip.

prise. prise de tabac priz tabak;
prise électrique plòg; prise de
bouche deblozay, deplozay.

prison prizon; faire de la prison
pran prizon.

prisonnier prizònye.

prix pri; donner un prix bay brevè.

probe onèt, onnèt.

problème pwoblèm, poblèm, antrav, ka,
kalkil, salmanaza, tèt chaje.

procès pwose, kòz.

procession posesyon.

prochain (adj) pwochèn, pochèn,
lòt; (n) pwochen.

procureur. procureur de la République
konmisè.

produire bay, ba, ban, fè, donnen,
kale; se produire fèt; produire
une pousse (bananier) jete.

professeur pwofesè, mèt; (poisson)
pwofesè.

profession pwofesyon.

profit pwofi, gen, benefis.

profiter pwofite, benefisye, geri bosko.

profond fon.

profondeur fondè.

progrès pwogrè.

projet pwojè; projets bidje.

promenade pwonmad, flann, vire.

promener. se promener pwomennen, pwonmennen.

promesse pwomès, pwonmès.

promettre pwomèt, pwonmèt.

promouvoir (de grade) grade.

prononcer pwononse.

propagande popagann.

propos pawòl; à propos daplon.

propre pwòp; (pas sale) nèt, pwòp.

propreté pwòpte.

propriétaire pwopriyetè, mèt; grand propriétaire bacha, pacha, don, dony, dwany.

propriété pwopriyete; (grande propriété) bitasyon, abitasyon.

proscrit (socialement) defwoke.

prospère nan bòl, nan plat.

prostituée bouzen, jennès, jenès, kaprina, kabrina, awona, piten.

prostitution dezòd, vakabonday.

protection pwoteksyon.

protéger pwoteje; (par une potion magique) dwoge; se protéger de pare.

protestant potestan, levanjil.

proverbe pwovèb.

province pwovens.

provision (de fruits et légumes) pwovizyon.

provocation ti dife boule.

provoquer chofe; (une bagarre, etc) leve, pete.

prudent pridan, sou piga.

psaume sòm.

psitt pst!, epst!, eps!

psychiatrie sikyatri.

puant santi.

puanteur fre.

pubère fòme.

puberté kwasans.

public piblik.

publication piblikasyon.

publicité piblisite, popagann.

publier, publié pibliye.

puce pis; puce de volaille poulpoul.

puceau tifi.

pucelle (vierge) tifi, vyèj, vyèy.

puer santi, santi bouk.

puis epi, enpi, anpi.

puiser tire.

puisque puiske, pliske, piske, dèske.

puissance puisans.

puits pi.

pull (pull-over) swètè.

pulluler fè bèt.

pulpe (d'un fruit) nannan.

pulvérisateur (à insecticide)
   flit.

punaise pinèz.

punch (boisson) ponch.

punir pini; (punir un enfant) mete
   timoun dèyè chèz.

punition pinisyon.

purée pire; (purée de fruit de
   l'arbre véritable et banane plantain)
   tonmtonm.

purgatif metsin, medsin.

purge lòk.

purger debonde, pase.

pus pi, postim.

putain piten.

pyjama pijama, pidjama.

quadriller (la terre) kawote.

quai (débarcadère) waf, abò.

qualité kalite.

quand lè, lò, kou, kon, kan, ki lè;
   quand même kanmenm, kanmèm.

quant. quant à kanta.

quantité kantite, kalite, kalte,
   valè; (grande quantité) pakèt, bann,
   dal, bitasyon, abitasyon, bokit,
   brigad, chay, dibita, digdal,
   divizyon, flo, foul, kantite,
   katafal, kolonn, lame, latriye,
   makòn, rado, rejiman, ta, tay,
   volim, voum; (petite quantité)
   gout, ti gout, gram, jan, ti jan,
   krache, ti krache, kras, ti kras,
   kraze, lòstye, lòsye, tak, ti tak,
   zing, ti zing, zong, zwing, zwit;
   en grande quantité agranlijyèn;
   en petites quantités an chikèt.

quarante karant, karann.

quarantième karantyèm.

quart ka.

quartier blòk, katye, zòn; (de lune)
   katye.

quatorze katòz.

quatorzième katòzyèm.

quatre kat, katr.

quatre-vingt-dix katrevendis,
   katrevendiz.

quatre-vingt-dixième katrevendizyèm.

quatre-vingtième katreventyèm.

quatre-vingts katreven.

quatrième katriyèm; classe de
   quatrième katriyèm.

que (de comparaison) pase, avèk, avè,
   ak, a, ke; (relatif) ke, si;
   (interrogatif) ki sa; que...ou
   kit...kit; que...que ke...ke; que
   de...! ala...!

quel ki, kilès; quel que soit
   kèlkeswa.

quelque kèk; quelques kèk, de twa,
   dezoutwa; quelque chose kichòy,
   yon bagay.

querelle kont, pledman, eskonbrit,
   bim-banm, hing-hang, yingyang.

question kesyon, kestyon, keksyon.

questionner keksyonnen.

quête (de l'église) kèt, lakèt,
   lakolèt.

queue ke, tche; (d'un fruit) bòk.

queue de chat (Acalypha
   hispidata) kechat.

qui (relatif) ki; (interrogatif) ki
   moun.

quiconque kikonk, nenpòt.

quille kiy; (de bateau) ki, dèsten.

quinine kamoken.

quinte. avoir une quinte (aux cartes)
   kente.

quinzaine (de jours) kenzèn, kenzenn.

quinze kenz.

quinzième kenzyèm.

Quisqueya (nom indien d'Haïti) Kiskeya.

quitte pat.

quitter kite.

quoi (interrogatif) ki sa; de quoi
   (assez) dekwa; quoi de neuf? ban
   m boula-ou, ki nyouz?, ki nouvèl?

quoique atout, malgre.

rabâcher chante.

rabais. vendre au rabais (sur la quantité de marchandises) fè pri.

rabiot (supplément) degi, barad.

rabot valòp, galòp, galè, rabo.

rabougri rabi.

racaille chanwan.

raccord jwen, rakò, akò.

raccourci chemen koupe, chemen dekoupe.

race (noir) nèg, nègès; (noir au teint clair) grimo, grimèl; (noir au teint clair et basané) grimo chode, grimèl chode; (issu de l'union de mulâtre et de noir) grif, grifonn; (noir au cheveux soyeux) marabou; (mulâtre) milat; (mulâtresse) milatrès, chabin, chabin dore; (Caucasien) blan.

rachitique rèkè, rasi.

racine rasin; (racine d'une plume) zètòk.

raclement (de gorge) rak.

raconter rakonte, di, bay, ba, ban; raconter partout mache di.

radeau bak.

radiateur radyatè.

radio radyo, aparèy.

radis radi.

radotage radotay, radòt, koulibèt.

radoter radote.

radoteur radotè.

rafistoler, rafistolé rapistole.

rafle. rafle de maïs bougon mayi.

rafaîchir rafrechi.

rafraîchissant rafrechisan.

rafraîchissement (boisson fraîche) rafrechisman.

rage (maladie) raj, laraj; passer sa rage sur pase raj sou.

ragot zen.

ragoût ragou; ragoût de légumes legim.

raide rèd.

raie. raie des fesses kanal dèyè, fant dèyè.

rail ray.

raisin rezen.

raison rezon; raison suffisante dekwa; pour raison de poutèt.

raisonnement rezónman.

raisonner rezone, rezonnen.

râler (faire entendre un râle) rakle.

râleur babyadò.

rallonge ralonj.

ramasser ranmase.

rame zaviwon.

ramer rame.

ramier ranmye, ramye.

rance rans, fandanman.

rancune rankin.

rang (rangée) ran, ranje; (grade) degre.

rangée ranje, ran.

ranger. se ranger (se retirer) rale kò.

râpe graj.

râper, râpé graje, rache.

rapide rapid; (personne très rapide) djèt.

rapidement rapidman, rapid, towtow, trap de.

rapidité rapidite.

rapiécer, rapiécé pyese.

rappeler fè sonje; se rappeler sonje, chonje.

rapport rapò; avoir rapport koresponn.

rapporter rapòte, bay, ba, ban.

rare ra.

rarement raman.

rareté ratezon.

ras ra; à ras ra; à ras bord ra bòday.

raser, se raser raze, fè labab; raser la tête kale.

raseur pongongon.

rasoir razwa; lame de rasoir jilèt.

rassembler sanble.

rassir, rassis (pain) rasi.

rat rat.

râteau rato.

rater rate.

rattraper (de la main) pare.

ravager ravaje, demanbre.

ravageur ravajè.

ravin ravin.

rayer, rayé grave.

rayon. rayon de miel gato myèl.

réaliser reyalize.

réalité reyalite.

rebattre (cartes) rebat.

rebelle rebèl.

rebeller. se rebeller rebele.

rébellion rebelyon; en rébellion an bandisyon.

rebondir rebondi; faire rebondir mate.

rebord kan, rebò, bòday.

rebuffade bèk, bòt.

récalcitrant wòklò, wondonman.

recaler, recalé koule.

réception (réunion) resepsyon.

recette (bénéfice) resèt; (recette pour conjurer un mauvais esprit) arèt.

recevoir resevwa, resevra, pran.

réchaud. réchaud à charbon recho; fabricant de réchauds recholye.

réchauffer, réchauffé chofe.

rechercher fè eleksyon dèyè.

récif resif.

récipient (récipient fait avec une calebasse) kwi; (récipient rituel du vaudou) govi; récipients de cuisine veso.

réciter resite.

réclamation reklamasyon.

réclame reklam.

réclamer reklame.

recoin rekwen.

récolte rekòlt, rekòt, donezon, donnen, donn.

récolter rekòlte.

recommencer rekòmanse, rekoumanse.

recommendation rekòmandasyon.

récompense rekonpans.

récompenser rekonpanse.

réconcilier. se réconcilier rekonsilye.

reconnaissance (de paternité) batistè.

reconnaître konnen, konn; rekonèt, rekonnèt; reconnaître la supériorité de bay legen.

recouvrir kouvri.

récréation (à l'école) rekreyasyon.

recroqueviller. se recroqueviller akokiye, rakokiye.

reçu (n) resi.

reculer tchoule, kyoule.

reculons. à reculons pa bak.

récurer, récuré dekwote.

redoutable (personne redoutable) towo, awoyo.

redresser drese, dekwochi.

réduire dedi, redui.

réel reyèl.

réellement serye, reyèlteman.

refaire refè.

réfectoire kantin.

réfléchir reflechi, etidye, egzaminen, egzamine, kalkile.

réflexion (pensée) kalkil, etid.

réfrigérateur frijidè.

refroidir, refroidi refwadi, rafredi, glase.

refroidissement (malaise) cho-frèt, refwadisman, panm.

réfugier. se réfugier à une ambassade pran anbasad.

refus refiz.

refuser refize, derefize, ve pa.

regarder (voir) gade, gad; (concerner) gade, regade; regardez-moi...! gade lè...!

régime rejim.

région rejyon; région côtière lakòt.

registre rejis.

règle règ; en règle an règ; dans les règles nan règ; règles (menstrues) règ, peryòd, mwa, kwasans, ti wòz.

règlement lwa; (d'un compte) regleman.

régler, réglé regle; (un radio, une télévision) fikse.

réglisse legliz.

règne (d'un chef d'Etat) reny.

regrettable dilere.

regretter regrèt.

rein ren.

reine rèn, renn, larèn, larenn.

rejoindre jwenn.

réjouir rejwi.

relâcher lage.

relation relasyon; relations (piston) fil, relasyon, piston, atou; relations sociales frekantasyon; relations sexuelles afè; relations douteuses akwentans; avoir une relation homosexuelle masculine kwaze moustach; nouer des relations douteuses akwe.

religieux (adj) relijye; religieuse (n) mè, mamè.

religion relijyon, relizyon.

remarque remak.

remarquer (s'apercevoir de) remake.

rembarrer beke.

remède remèd, renmèd.

remercier remèsi, remèsye.

remerciments granmèsi.

remettre remèt, renmèt.

remise (local) remiz; remise en état ovèòl, ovèwòl.

remiser remize.

remonter remonte; (movement d'horlogerie) bay chenn.

remords remò.

rémouleur filè kouto.

rempli plen, ranpli; rempli à l'excès an debòdman.

remplir plen, ranpli; remplir à nouveau replen.

remuer brase; se remuer bat kò.

renâcler annafle.

rencontre rankont.

rencontrer kontre, rankontre, jwenn; rencontrer par hazard makònen, makonnen, bare.

rendement rannman, randman.

rendez-vous randevou; fixer rendez-vous pase randevou.

rendre remèt, renmèt, rann, kare; se rendre bat ba; rendre compte rann kont; rendre des vers intestinaux rann vè; rendre la pareille regle.

rêne renn; rêne de corde renn bosal.

renflement bòs.

renforcer soutni.

rengaine litani, chante.

renier dekonnèt.

renseignement ansèyman, ranseyman, ransèyman.

rente rant.

rentrer rantre.

renverser, renversé kapote; se
renverser (dans sa chaise) kage.

renvoyer ranvwaye, ranvoye, voye ale;
(un employé) kase, revoke.

répandre grennen.

réparation reparasyon.

réparer repare, ranje.

repas repa.

repasser (vêtement) pase; (passer
à nouveau) repase; (évoquer,
réviser) repase.

repasseuse repasèz.

repentir. se repentir repanti.

répertoire (de blagues) bwat koze.

répéter repete.

répétition repetisyon.

repiquer (planter) pike.

répit kalm, souf.

répliquer replike.

répondre reponn; répondre
à (être à la mesure de) reponn.

réponse repons.

repos repo, dimanch.

reposer. se reposer poze, repoze.

repousser repouse, pouse, bouskile,
kwape.

reprendre repase; reprendre de
double; se reprendre reprann;
reprendre connaissance revni,
revini.

représentant reprezantan.

représenter reprezante.

réprimande obsèvasyon, suif, swif.

réprimander reprimande, obsève,
savonnen.

reproche repwòch, obsèvasyon.

reprocher repwoche, obsève.

République Dominicaine Sendonmeng.

répugnance repiyans.

répugnant repiyan.

réputé (mal famé) repite.

requin reken; (variété féroce)
pantoufouye.

réserver, réservé rezève.

réservoir rezèvwa, tank.

résigné reziyen.

résigner. se résigner konsole, reziyen,
mare vant; résignez-vous fè je-ou
chèch.

résine gonm, gòm.

résistance (force) rezistans,
fyèl.

résister (tenir bon) reziste.

résoudre rezoud.

respect respè, respe; respect!
(salutation) respè!

respectable respektab.

respecter respekte.

respiration respirasyon.

respirer respire.

responsabilité reskonsablite, responsablite; sous la responsabilité de sou kout.

responsable reskonsab, responsab; (dirigeant) chèf kanbiz.

resquiller pran daso.

resquilleur dasomann.

ressaisir, se ressaisir mete bonnanj sou.

ressembler sanble, pran bò kote.

ressentir santi.

ressort resò.

ressources fakilte.

ressusciter, ressuscité resisite.

restant restan.

restaurant restoran.

reste rès; restes rès, zagribay, lasibab.

rester rete, ret, fè; rester à ne rien faire chita; rester longtemps mize.

résultat rezilta.

résumé. en résumé egal.

rétabli refè.

retard reta; en retard anreta.

retenir retni.

retinue. sans retenue dekòlte.

retiré apa.

retirer retire, wete; (retirer les pouvoirs surnaturels d'un mort) degrade; retirez-vous! eskize ou la-a!

retourner vire, tounen, retounen.

retraite. à la retraite retrete.

rétrécir ratresi; rétréci rale, ratresi.

retrousser touse.

retrouver jwenn.

réuni reyini.

réunion mitin, miting, reyinyon, randevou.

réunir. se reunir reyini.

réussi (qui a du succès) bon.

réussir resi, reyisi, chape, mòde; (socialement) pran elan; (à un examen) pase; (économiquement) fè chita.

revanche revanj, revanch.

rêve rèv.

réveil revèy.

réveiller, se réveiller reveye; (se remuer) mabouya.

revenant zonbi.

revendiquer reklame.

revendre revann.

revenir vini, tounen, retounen; revenir sur ses pas kase tèt; revenons à nos moutons kite koze pran pawòl, kite kantik pran priyè.

rêver reve.

revers (échec) peripesi.

revoir. au revoir orevwa!, babay!, tchaw!

révolter revòlte.

revolver revolvè.

révoquer (emploi) revoke, mete atè,
kase; faire révoquer dechouke.

rhum wonm, wòm.

rhumatisme rimatis.

rhume rim, grip.

riche rich, byen, ben.

richesse richès.

ricin maskriti, maskreti.

ride pli.

rideau rido.

rider, ridé griji.

rien anyen, aryen; (rien du tout)
pèt, mwèk, blenndeng; de rien
deryen; pour rien (gratuitement)
pou granmèsi; pour un rien pou dan
ri, pou dan anri; bon à rien epav,
enpav, sanzave.

rigole rigòl.

rigolo ransè, joujou.

rincer, rincé rense.

riposter koresponn.

rire (n) eklari; (v) ri, griyen dan,
griyen; (rire excessivement)
rikannen; se tordre de rire
mete vant atè pou ri.

risque chans.

risquer riske.

rissoler dore.

rituel (action rituelle qui a un
effet surnaturel) senp.

rivage rivay.

rivale (qui dispute les faveurs
d'un homme) matlòt.

rivière rivyè, larivyè.

riz diri; (espèce de riz)
ble bonnit.

robe wòb; robe de calico kazak.

rôder wode, alawonyay.

rogatons retay.

roi wa; roi de la basse-cour
sèl kòk chante.

rôle wòl.

romarin womaren.

rompre (relations personnelles)
kase, depati; rompu (relations
personnelles) kase.

ronchonner babye.

rond (adj) won; (n) wonn.

ronde (visite de surveillance)
wonn.

ronflement wonfle, wonf.

ronfler wonfle.

ronger wonyen.

ronronner wonwonnen.

rose (fleur) woz; (couleur) woz, wòz.

roseau wozo.

rosée lawouze.

rosser wouze, benn, bèn.

rossignol woziyòl, resiyòl.

rot rapò.

roter wote, ote, degobe, rann gaz.

rôtir, rôti boukannen.

roublard dare, bakónye.

roue wou; en roue libre an wou lib.

rouer (de coups) we, demanbre, kraze eskanp, ouvè, ouvri, wonpi.

rouge wouj.

rougeole lawoujòl, saranpyon.

rougir, rougi woze; (d'émotion) wouji.

rouille (couleur) kannèl, kanèl.

rouleau woulo, oulo; rouleau compresseur woulo, woulo konpresè.

rouler woule; (duper) woule, blende, bay bouden.

round boulva.

rouspétance wouspetay.

rouspéter wouspete, babye.

route wout.

routine woutin.

ruban riban; ruban adhésif tep; ruban métrique santimèt.

rue (endroit) ri; (chemin) lari, teras, lateras.

ruelle. ruelle étroite koridò.

ruer voye pye, tire pye.

rugosité grenn.

ruiner rinen, gate, depafini, dekline, deklinen, anfale, anfoudraye.

ruse riz, fent, trik, degenn.

rusé (adj) rize, rizèz, dare, entelijan, mètdam, fò, fentè, madre; (personne rusée) bakónyè, entelijan, mètdam, manman chat, manman penba, timalis.

rustaud abitan.

rustre nèg fèy, abitan, mònye, awouya, iyoran; rustre prétentieux abitan dekore.

rut. en rut an chalè.

rythme kadans; rythmes de danse bolewo, mereng, kata, djouba, djoumba; (vaudou) kongo, ibo, petwo, rada, yanvalou.

sa li.

sable sab.

sabot (d'un animal) zago.

sac sak; sac à main valiz; sac
de jute sak kòlèt; sac de
latanier dyakout, djakout,
makout, alfò, ralfò.

saccade sakad, chikin.

saccager sakaje.

sachet sache, sachè.

sacoche. sacoche de selle en paille
sakpay.

sacrement sakreman.

sacrifice sakrifis.

sacrifier sakrifye.

sacrilège sakrilèj.

sacristain sakristen.

sacristie sakristi.

sage pridan, dosil.

sage-femme fanmsay, sajfam.

saigner senyen.

sain (d'esprit) drèt, dwat; sain et
sauf sen e sof, byen, ben.

saindoux mantèg.

saint (adj) sen; (n) sen, sent.

Saint-Dominque Sendonmeng.

Saint-Esprit Sentespri.

Saint-Marc Senmak.

Sainte Nitouche. être Sainte Nitouche
kont kò.

Saint Thomas (personne incrédule)
Sen Toma.

saisir sezi, manche, fè dapiyanp sou.

saisissement sezisman, emosyon.

saison sezon; saison sèche lesèk;
saison des pluies lepli.

salade salad.

salaire apwentman, aprentman.

salaison salezon.

salaud vakabon, vagabon; salope
salopèt.

sale sal, vye.

saleté salte, kras.

saler, salé (trop) sale.

salir sal, salope, tòchonnen.

salissant salisan.

salive dlo bouch.

salle sal; salle de bains
saldeben; salle à manger
salamanje.

salon (salle de séjour) salon,
lasal.

salope salòpèt.

saloperie salopri.

saltimbanque (charlatan) saltenbank.

saluer salye, rele, voye men.

salut (salutation) bonjou!, bonswa!

samedi samdi; Samedi saint samdi dlo
benit.

sanatorium sanatoryòm.

sanctuaire kay mistè.

sandale sandal, sapat; (de femme) karyoka; (style japonais) jezikri; (en plastique) fabnak; (grossière) batalenbe.

sandwich sandwich, sandrich.

sang san.

sangle sang.

sangler sangle.

sangsue sansi.

sanguinaire sanginè.

sans san; sans cesse plede, pede; sans faire quartier pwenn fè pa; sans blague! pa di sa!

santé sante, lasante; en bonne santé an sante.

saoul sou.

saouler soule.

sapotille (Achras zapota) sapoti, sapotiy.

sarcler, sarclé sekle, sakle.

sarde (Lutianus) sad.

sardine sadin.

satan satan.

satin saten.

satisfaction satisfaksyon, satilfaksyon.

satisfait satisfè, satilfè.

sauce sòs; sauce tomate sòs tomat.

saucisse sosis.

sauf (excepté) sòf, eksepte, esepte; (sauve) sof; sain et sauf sen e sof, byen, ben.

saumon somon.

saupoudrer, saupoudré soupoudre.

saut va, vap; faire un saut (quelque part) fè yon ti rive.

sauter sote, vòltije; sauter à la corde sote kòd; faire sauter (un aliment) frikase; faire sauter la tête sote tèt.

sauterelle chwal bwa, chwal bondye.

sautiller vòltije, ponpe.

sauvage sovaj, bosal, pòt, mawon; (personne rude, brutale) bèt, mònye, bosal, sovaj.

sauvagerie sovajri.

sauver, sauvé sove, chape; se sauver sove.

savane savann.

savant save.

savoir (n) konnesans, konesans, bèt; (v) konnen, konn.

savon savon; passer un savon savonnen.

savonner savonnen.

savoureux gou.

saxophone sakstofòn.

scandale eskandal.

scapulaire eskapilè.

scarabée vonvon, vouvou.

sceau so.

scélérat selera, malfèktè.

sceller, scellé sele, kachte.

scène (théâtre) sèn; faire une
scène fè yon bout.

scie si.

science syans, lasyans.

scier siye.

scieur siyè.

scolaire eskolè.

scorpion eskòpyon.

scout eskout.

scrupules. sans scrupules enkonsyan,
anjandre, malonnèt.

scruter detaye.

séance seyans.

seau bokit, so, syo, siyo.

sec chèch, sèch; mettre à sec
(petit à petit) dechèpiye.

sécher cheche, seche; (sur un
examen) fri; faire sécher au
soleil vante.

sécheresse sechrès, sèchrès.

seconde. classe de seconde segond,
segonn.

secouer souke, raboure; se secouer
sekwe kò; secouer les hanches
mabouya; secouer par saccades chikin.

secourir sekoure, sekouri, abreje.

secours sekou; au secours! anmwe!,
anmwèsekou!, anmre!

secousse chikin.

secret sekrè, mistè.

secrétaire sekretè, segretè.

section (subdivision d'une commune)
seksyon.

sécurite. en sécurité ansekirite.

séducteur zouti.

séduire sedui, sedi.

sein tete, sen.

seine (filet de pêche) sèn, senn;
jeter la seine sennen.

seize sèz.

seizième sèzyèm.

séjour ladesant, desant.

sel sèl.

selle (cheval) sèl; sans selle apwal;
selles kabine, poupou, kaka, tata;
aller à la selle poupou, kaka, tata.

seller, sellé sele.

selon selon, suivan, swivan.

semailles plantasyon.

semaine senmenn, semèn.

semblable (n) sanblab; (adj) parèy.

semblant. faire semblant fè sanblan.

sembler sanble, gen lè.

semelle semèl.

semence (clou) klou bòkèt, bòkèt.

semen-contra (Chenopodium ambrosioides)
simen-kontra.

semer simen, fè semans, grennen.

séné (Cassia obovata) sene.

sénile (personne sénile) darati.

sens. bon sens bonsans, konnesans, konesans; à sens unique sans-inik; sens dessus dessous tèt anba.

sensibilité (pitié, tendresse) sansiblite.

sensible sansib.

sentence (jugement) santans.

sentiment santiman.

sentir santi.

séparément apa, detache.

séparer, séparé separe; séparer les cheveux trase cheve.

séparation separasyon.

sept sèt.

septembre septanm, sektanm.

septième setyèm; classe de septième sètifika.

sergeant sèjan.

série seri.

sérieusement serye, seryèzman.

sérieux serye; au sérieux oserye.

serin. petit serin (Coereba flaveola) kit.

serinque sereng.

serment sèman.

sermon prèch.

sermonner rele abò, rele dèyè.

serpenter chankre.

serpentin (d'alambic) koulèv.

serpette sèpèt.

serrer sere; serrer la vis (à quelqu'un) sere boulon; se serrer la main bay lanmen; serré sere, plake.

serrure seri.

serviable sèvyab.

service sèvis; de service desèvis.

serviette sèvyèt; (cartable) valiz; serviette hygiénique lenj; serviette de table sèvyèt, nakin.

servile (personne servile) chen, chyen.

servir sèvi; (le repas) drese, separe; (servir des mets ou des boissons à des visiteurs) resevwa, resevra; servir à sèvi; se servir de sèvi.

serviteur sèvitè, tchoul; serviteur des divinités vaudouesques ousi, housi.

sésame wowoli, hoholi, jijiri.

seuil papòt.

seul sèl; tout seul pou kont, pou kò.

seulement sèlman, senpleman, annik, nik, ase; non seulement non sèlman.

sève lèt.

sévère sevè, mabyal; (visage) redi.

sévérité severite.

sevrer, sevré sevre.

sexe afè, bagay, baay, ti devan;
(homme) aparèy, bayonèt, diyite,
kòk, pati, pipit, piston, yoyo,
zozo, zouti; (petit garçon) pijon,
ti pijon, te bezwen; (femme) anba,
bòbòt, bobo, bouboun, chat, koko,
komisyon; (petit fille) boyo.

shoot chout.

shooter choute.

si si; (tellement) si, sitan.

siècle syèk.

siège (de voiture) kousen machin.

sieste. faire la sieste kabicha.

siffler soufle, sifle.

sifflet souflèt, siflèt.

signal siyal.

signaler siyale.

signature siyati.

signe siy, sin; signe de la croix
onondipè, siydelakwa, sinakwa.

signer (signature) siyen.

signifier vle di.

silence. garder le silence mouri kò.

silex pyè.

simagrée simagri, simagre.

simple senp.

sincère sensè, serye.

sincèrement sensèman.

singe makak.

singer chare.

singerie makakri; faire des singeries
fè lamayòt.

singulière (personne singulière)
nimewo, eleman.

sinistré sinistre.

sinon osnon, osinon, diferantman,
diferaman.

siphon (pour transvaser un liquide)
konbèlann.

sirop siwo.

siroter siwolin.

sirupeux siwolin.

sisal karata, pit.

situation sitiyasyon, sityasyon;
avoir une très bonne situation
nan byennèt.

six sis, si, siz.

sixième sizyèm; classe de sixième
sizyèm.

slip (de femme) kilòt; laisser paraître
son slip vann; slip de bain chòtdeben.

snober fè lafrans.

snobisme potokòl.

sobriquet non jwèt, non gate.

social sosyal.

société sosyete, lasosyete; société
secrète chanprèl, sanpwèl, bizango.

soeur sè, sò; (religieuse) sè;
(employé entre la mère et la marraine
d'un enfant) makòmè, kòmè; soeur de
lait (fig) sè bra.

soi-disant swadizan.

soie swa.

soif swèf, swaf.

soigner, soigné okipe, swen.

soin swen; soins empressés swenyay.

soir aswè, swa; ce soir aswè-a; du soir diswa; du matin au soir dimatenoswa.

soirée (réunion) sware.

soit swa; soit...soit kit...kit, swa...ou byen, swa...swa.

soixante swasant, swasann.

soixante-dix swasanndis.

soixante-dixième swasanndizyèm.

soixante-six desiskole.

soixantième swasantyèm.

sol atè, tè.

soldat solda, jandam, gad, bèt seren.

soleil solèy, sòlèy.

solide solid, barak.

solitaire apa.

sombre sonm, mòksis.

sombrer anfonse.

sommeil dòmi, somèy, sonmèy; avoir sommeil dòmi nan je; plonger quelqu'un dans un sommeil léthargique desounen.

sommeiller kabicha.

sommet tèt.

sommier (de lit) somyè, somye.

sommité tòp.

son (timbre) son; (du maïs, etc) pay; son, sa (pro) li.

sonder sonde.

songer sonje, chonje.

sonner sonnen.

sorbet au sirop fresko.

sorbetière soptyè.

sorcier badjikan, galipòt, galpòt, zòbòp; sorcière chòche, sòsye, galipòt, galpòt.

sort sò, devni; mauvais sort espedisyon, ekspedisyon, maldjòk.

sorte jan, kalite, ras; de sorte que ki fè.

sortie soti, sòti, chap, vire.

sortilège wanga.

sortir soti, sòti, sot, sòt, pran lari; sortir avec précipitation deboulinen soti.

sot sòt, bouki, bay-bwè, gaga.

sottise sotiz, egareman, rans.

souche (boua) chouk.

souci kalkil, chajman tèt; soucis egzaminasyon.

soucoupe soukoup, sekoup.

souder soude.

souffle souf.

souffler soufle, vante; (reprendre souffle) rekonèt, rekonnèt.

soufflet (gifle) pataswèl; (couture) lèz.

souffleter degyole.

souffrance soufrans, kalvè, tray.

souffrant bibi.

souffrir soufri, pase mizè, pase traka,
pase mati; (supporter) soufri.

souhait swèt.

souhaiter swete.

soulagement soulajman.

soulager soulaje.

soulever leve; (soulever au cric)
djake; (soulever quelqu'un de terre
par la ceinture du pantalon) djake.

soulier soulye; (soulier en plastique)
fabnak; (soulier en caoutchouc)
boyo; (soulier plat) balerina.

soupe soup; soupe de haricots dlo
pwa; soupe de poisson bouyon pechè.

souper (n) manje aswè, soupe;
(v) soupe.

soupir soupi.

soupirant filè.

souple soup, lyann.

source (d'eau) sous, tèt dlo.

sourcil sousi.

sourd (adj) soud; (n) soudè.

sourdre (sortir de terre) souse.

sourire (n + v) souri.

souris sourit.

sous anba.

soustraction soustraksyon.

soutenir soutni, kenbe.

soutien (appui) dèyè.

soutien-gorge soutyen.

souvenir (n) souvni; se souvenir
sonje, chonje.

souvent souvan.

souverain souvren.

soyeux swa.

sparadrap adezif.

spécial espesyal.

spéculateur espekilatè.

sperme dechay.

sport espò.

stabilité. stabilité mentale lolòj,
lòlòy.

stade (lieu) estad; (phase) degre.

stagner (l'eau) chita.

stationner pakin.

statue estati.

stérile (animaux) branrany.

sterne fou.

sternum. pointe du sternum biskèt.

stéthoscope sonn, sond.

stratagème plan.

stuc masonn.

stupide ensiyifyan, ensinifyan.

style stil.

stylo plim, plim a rezèvwa.

subterfuge detou.

subir sibi; subir une opération
chirurgicale opere.

subitement sibit.

succès siksè.

sucer souse, tòtòt; (action de sucer)
sousèt.

sucette (bonbon) piwouli; (de bébé)
sousèt.

sucre sik.

sucrer, sucré adousi, dousi, dous,
sikre; sucrer modérément brake;
legèrement sucré brak.

sud sid, nansid.

suer sue, swe.

sueur sue, swe.

suffisant kont.

suffoquer sivoke.

suif suif, swif.

suinter swente.

suivant suivan, swivan.

suivre suiv, swiv.

supérieur siperyè, total;
partie supérieure tèt.

supermarché makèt.

superviseur sipèvizè, sipè, kontwolè,
kontwòl.

support sipò.

supporter sitire, sipòte, atrap,
ankese.

supposer sipoze; supposez... mete;
supposons que... sipozon, admeton
ke.

supposition sipozisyon.

sur (acide) si; (prep) sou, anwo,
nan; sur le point de prèt pou,
pwèt pou, san lè.

sûr si, alabri, asire.

sûrement siman.

sûreté. en sûreté ansite.

surface. surface de réparation kare;
(unité de surface -- 1.29 ha) kawo;
grande surface makèt.

surmener (quelqu'un) kofre.

surnaturel (action rituelle qui a
un effet surnaturel) senp.

surpasser baleye, vannen.

surprendre siprann; surprendre en
flagrant délit bare; surpris sezi.

sursauter sote, vapore, pantan;
faire sursauter espante.

surtout sitou.

surveillant siveyan.

surveiller veye, siveye, gete, voye je.

susceptible chimerik.

suspect sispèk.

suspecter sispèk.

suspendre pann, pandye, kwoke.

syllabaire silabè.

sympathique emab, fasil.

syndicat sendika.

Syrien Siryen.

système sistèm.

tabac tabak.

tabatière tabatyè.

table tab; table de nuit, table de chevet tabdénwi.

tableau tablo.

tablier tabilye, tabliye, blouz.

tabouret bankèt; (fait d'un morceau de bois) biyòt, choukèt.

tac tèk!; du tac au tac tèk an tèk.

tache tach; tache de rousseur takte; tache blanche sur les ongles kado.

tacher, taché tache.

tâcher tache.

tacheté takte; (poule, coq) zinga, zenga.

tacot gwagwa, bogòta.

tafia tafya.

taie. taie d'oreiller tedoreye, tèdoreye, tètzòrye, sak zòrye.

taille (stature) tay; (du corps) senti, tay; (de vêtements) nimewo, limewo; de petite taille kout; personne de petite taille choukèt; femme de grande taille chwal angle.

tailler taye.

tailleur tayè.

taillis rakbwa.

taire. se taire pe.

taloche (de maçon) flòt; (calotte) tabòk.

talon talon; talon aiguille talon kitkit.

talonner talonnen.

tamarin tonmaren, tamaren.

tambour tanbou; (tambours vaudouesques) boula; asòtò; kata; joueur de tambour tanbouyè; second tambour (personne) segondye.

tambour-major majò jon.

tamis paswa.

tamiser pase.

tampon (tissu) tanpon.

tamponner (mouiller légèrement) tanponnen.

tandis que tandiske.

tanguer tange.

tanner tannen; (embêter) nan dengon, nan deng.

tannerie tannri.

tanneur tannè.

tant tank; tant pis tanpi; tant que tout tan, toutan.

tante matant, tant, tantin.

tantôt tanto.

tapage eskandal, kabal, woy-woy.

tapageur eskandalè; tapageuse eskandalèz; personne tapageuse tapajè.

tape tap, panzou.

taper tape; taper quelqu'un intempestive-ment sele.

tapinois. en tapinois anchatpent; s'avancer en tapinois alawonyay.

tapis tapi; tapis de selle chabrak,
    ekipay, kipay, panno.

taquin taken, takinè, nuizib,
    nwizib.

taquiner takinen, bay chalè, bay
    chenn, nui, nwi.

tarantule ariyen akrab, krab banbara,
    krab arenyen.

tarauder tawode.

tard ta; plus tard pita.

targette takèt.

tarlatane (étoffe) talatàn.

taro malanga.

tas pil.

tasse tas.

tasser foule.

tâter tate.

tâtonner tatonnen.

taureau towo, towo bèf.

taxe taks.

taxi taksi, laliy, laling, liy,
    ling.

te, tes ou.

technique teknik.

tee-shirt mayo, chemizèt avèk
    manch.

teigne lateng.

tel tèl; un tel entèl, intèl, yontèl,
    kisasa, kisakwèt.

télégramme telegram.

téléphone telefòn.

téléphoner telefòne, telefònen.

télévision televizyon.

tellement tèlman, sitèlman, tank,
    tan.

témoignage temwànyay, temwànyaj.

témoin temwen.

tempe tanp.

tempérament tanperaman.

tempête tanpèt.

tempêter (fulminer) tanpete.

temple tanp, otanp; temple vaudou
    oufò, houfò.

temps (atmosphérique) tan; temps
    (moment) tan, lè; tout le temps
    tou tan, toutan, toulasentjounen;
    à temps atan; de temps en temps
    tanzantan, detanzantan; en même
    temps que ansanm avèk; pendant ce
    temps-là antretan; perdre son temps
    soufle nan banbou.

tenace. personne tenace nandeng.

tendance tandans; tendance à voler
    dwèt long.

tendre (adj) tann, mou; (v) lonje,
    tire; (un piège, un filet) tann.

tendresse tandrès.

tenir kenbe; tenir bon kenbe, kare kò;
    tenir de eritye; se tenir à ce qu'on
    est fè wòl.

tennis (chaussures) tenis; tennis
    de table ping-pong.

tenon tennon.

tentation inaccessible filalang.

tentative atak.

tente tant.

tenter (essayer de) tante.

térébenthine terebantin.

terminer, terminé kaba, fini.

termite poul bwa.

terrasse teras.

terrain teren.

terre tè, latè; terre familiale bitasyon, abitasyon; à terre atè; précipiter à terre fese atè.

terrible terib.

tesson zenglen.

testament testaman.

testicules grenn.

tétanos tetanòs.

têtard têta.

tête tèt, kabòch, kabès; grosse tête tèt bika; tête bizarre tèt kokolo; sommet de la tête kràntèt, kranntèt; la tête en bas tèt anba.

tête-à-tête (danse) tèt kole.

téter tete, tòtòt, fè tòtòt.

tétière (bonnet) tetyè.

tétine (biberon) tetin.

têtu enkoutab, enkoutan, tèt di.

thazard (Scomberomorus regalis) taza.

thé dite.

théâtrale teyatral.

théâtre teyat.

thermos tèmòs.

thym ten.

tic (mouvement involontaire) tik.

tiède tyèd.

tiédir tyedi, detyedi.

tignasse tiyas, tinyas.

tigre tig.

timbale (gobelet) tenbal.

timbré (papier, etc) tenbre; (cinglé) loke.

timbre-poste tenm, tenb.

timide timid, fèmen, pentad; (personne timide) boubou, bebe chòchòt.

tique tik, karapat.

tirage (de loterie) tiraj, tiray.

tirailler tiraye.

tiré (visage) rale; tiré à quatre épingles gante.

tirelire bwat sekrè.

tirer rale; (au fusil) tire; (une carte) pike; (de l'eau) tire; (avec force) redi; se tirer d'affaires demele.

tiret tirè.

tireur. tireur d'élite chatchoutè, vizè.

tiroir tiwa.

tisane tizann, tizàn, te; tisane froide rafrechi.

tison bwadife.

tissu twal, twèl; (tissu de bonne qualité) gwo po; (tissu de qualité supérieure) finès.

titre tit.

toboggan (piste) glisad.

toi ou; toi-même ou-menm.

toile twal, twèl; toile cirée prela.

toilette (soins) twalèt; (siège d'aisance) twòn; toilettes twalèt, komòd, ka Madan Vikto.

toiser twaze.

toit twa; toit de béton dal; toit de la voiture kapòt.

toiture twati.

tôle, tôle ondulée tòl.

tolérance tolerans.

tolérant charitab.

tolérer tolere, sitire, admèt.

tomate tonmat, tomat; concentré de tomate pat tomat; sauce tomate sòs tomat.

tombe tonm, fòs.

tombeau kav, kavo.

tomber tonbe; tomber de soti tonbe; tomber sur (quelqu'un) pantan sou, banke sou, bare avè, bite sou, tonbe sou.

tombola raf; mettre en tombola rafle.

ton (pro) ou.

tondeuse tondèz.

tondre tonn; (le gazon) debaba.

tonique fòtifyan.

tonnelle tonnèl, tonèl.

tonnerre loray, loraj, tonnè; tonnerre! tonnè!, tonmat vèt!

tonsuré sakre.

toper kase.

toqué toke, tòktòk, manke fèy.

torchon (toile) tòchon.

tordre, tordu tòde, tòdye; se tordre (de douleur) kòde.

torrefier, torrefié griye.

torrent lavalas.

torsader kòde.

torse kòlèt.

tort tò; avoir tort antò; faire du tort à (par calomnie, des forces surnaturelles) manyen.

torticolis zekourèl.

se tortiller mouvmante; (de douleur) tòde, tòdye!

tortue tòti; tortue de mer karèt.

tôt bònè, bonnè.

touche (football) touch; en touche an touch.

touche-à-tout fouyapòt, friyapòt, fouyadò.

toucher touche, manyen; toucher
de l'argent touche; toucher un
chèque chanje chèk; toucher une
bille (au jeu de billes) teke.

touffe touf; (touffe de cheveux plus
long que les autres cheveux)
chichin.

touffu toufi.

toujours toujou.

toupie toupi, topi, doum.

tour (petite sortie) chankre, vire;
(faire le tour) viwonn, tou, wonn;
(action) tou; (dans l'ordre) kou;
faire un tour fè yon vire; mauvais
tour malfezan.

tourbillon antónwa, anténwa; (de
vent) toubouyon, toubiyon.

touriste touris.

tourment touman, nuizans, nwizans.

tourmenter, tourmenté toumante; se
tourmenter bat kò.

tournedos griyad.

tourner vire, kase; (lait) tounen;
tourner le dos (à quelqu'un) vire
do (ba).

tourne-vis tounvis, tonnvis.

tournoyer brase.

tourterelle toutrèl, titirèl, tot.

Toussaint. la Toussaint Latousen.

tousser touse.

tout (adj) tout, dènye, dennye, dènyè;
(tout-à-fait) tou; du tout ditou,
menm, pyès; tout à fait nèt,
nètalkole, toutafè; tout de suite
tousuit, touswit, an vitès; tout
compris (matériau et main-d'oeuvre)
fèt-e-founi.

toux tous, latous.

tracas traka, peripesi, salmanaza.

trace tras.

tracer, tracé trase.

tract trak.

tracteur traktè.

trahir trayi, vann.

train tren.

traînard mizadò.

traînasser (à faire quelque chose)
chita.

traînée (femme qui a eu beaucoup
d'amants) pòy.

traîner trennen.

traire tire.

trait. trait d'union tirè.

traitement trètman.

traiter trete.

traître trèt, mòdesoufle.

trajet trajè, wout.

tranche tranch.

trancher tranche.

tranquille trankil, anfòm, frèt;
laisser tranquille bay van.

tranquilliser trankilize.

tranquillité trankilite, kanpo.

transaction tranzaksyon.

transe trans.

transparent klè.

transpiration sue, swe.

transpirer sue, swe.

transport. transport gratuit wou
lib; (moyens de transport en commun)
okasyon, taksi, laliy, taptap,
kamyonèt, kamyon.

transporter charye, chaye, chawaye,
bwote.

travail travay, okipasyon, djòb;
travail coopératif (rural) kòve,
konbit, koumbit; faire un mauvais
travail pour bay bouden.

travailler travay; travailler dur
feraye, bourike; travailler
en vain betize.

travailleur travayè; (de bas rang)
chany.

travers. en travers. antravè.

traverse (en menuiserie) travès.

traversée (n) travès.

traverser travèse, janbe.

trébucher bite, kase pye.

trèfle trèf.

treize trèz.

treizième trèzyèm.

tremblement tranbleman, tranble;
tremblement nerveux latranblad;
tremblement de terre tranbleman
tè.

trembler tranble.

tremper, faire tremper tranpe.

trentaine trantèn.

trente trant, trann.

trentième trantyèm.

très trè, anpil, vye, vyep, gentan,
byen, ben.

trésor trezò; trésor enfoui ja, dja.

tresse très.

tresser, tressé trese.

tréteau treto.

tribu (dans le vaudou) nasyon.

tribulation tribilasyon.

tribunal tribinal.

tricher (copier) pran bèt, pran poul.

tricheur visye.

tricot triko.

trier, trié triye.

trieuse triyèz.

trimer trimen, bourike, redi.

trimestre trimès.

tringle treng.

tripaille tripay.

tripes trip.

tripoter tripote.

triste tris, kagou, frèt.

tristesse tristès.

trivial trivyal.

troc twòk, boukantay.

trois twa, twaz.

trois-sept (jeu de cartes) twa-sèt.

troisième twazyèm; classe de troisième twazyèm, brevè.

tromper twonpe, bay kout ba, bwè, betize, bafwe, dòmi sou, pete, vire, woule; trompé pran kout ba; (par une femme) pran zoklo; se tromper twonpe.

tromperie twonpri, doub, plan.

trompette piston, twonpèt.

trompeur bakoulou.

tronc (du corps) bis; (du bananier) vandrès, vantrès, bwa bannann.

trop twòp, twò, two; trop de twòp.

troquer boukante, twoke.

trotter twote.

trottinette twòtinèt.

trottoir pewon, twotwa.

trou tou, twou; (dans un toit) goutyè; trou d'eau basen; trou dégarni (par une mauvaise coupe de cheveux) chemen rat.

trouble twoub; trouble digestif deranjman.

troublé twouble, touble.

troué koule.

trouver jwenn, twouve, touve.

truand chat.

truc bagay, trik.

truelle tiwèl.

truie twi.

tu ou.

tube tib.

tubercule. tubercule comestible (qui ressemble à un igname) mazonbèl, mazoumbèl.

tuberculeux pwatrinè, tebe.

tuberculose tebe, maladi pwatrin.

tuer touye, tiye, tye, tchwe, fè disparèt, voye nan peyi san chapo; (par des moyens magiques) pike.

tuf tif.

tuyau tiyo; (numéro de borlette) bi; tuyau de pipe manch pip; tuyau d'arrosage awozwa.

type boug, eleman.

typhoïde lafyèv tifoyid, tifoyid.

un, une (pro) youn; (det) yon, you,
   on, in, en, enn; l'un sur l'autre,
   l'un après autre pil sou pil.

uniforme inifòm.

unité grenn.

uriner pipi, pise.

usé ize, degriji, rabi.

usine faktori, izin, lizin.

usure kout ponya.

usurier ponya.

utérus matris.

utile itil.

utiliser itilize, sèvi.

vacances vakans.

vacarme bengbang, bingbang, bowou, bowoum.

vaccin vaksen.

vacciner vaksinen.

vache vach.

vaciller tange, balanse.

va-et-vient aledvini, alevini, vatevyen, laviwonn.

vagabond vakabon, vagabon, aladen, avadra, chen san mèt, grennponmennen, grennpwomennen, kòk savann, vatevyen.

vagabondage vakabonday.

vagin kanal, kannal.

vague (lame) vag, lanm; (imprécis) vag.

vaillant vanyan.

vain. en vain pou granmèsi; en vain! bichi!

vaincre venk, bat.

vaisselier veselye, pàntyè.

vaisselle vesèl, vèsèl.

valable debon.

valet (jeu de carte) valèt, vale, djak.

valeur valè; (personne sans valeur) dipopo, djipopo, tenten; (objet sans valeur) dipopo, djipopo.

valise valiz.

valoir vo.

van laye, bichèt.

vaniteux chèlbè, aristokrat.

vanne vàn, vann.

vanner laye, vannen.

vannier vànye.

vantard lwanjè.

vanter vante; se vanter chante gam, fè gam.

va-nu-pieds nèg sal.

variété kalite.

variole vèrèt.

vase de nuit vaz.

vaseline vazlin.

vaudou vodou.

vaurien voryen, dekwoke.

veau vo, ti towo, bouva, ti bouva.

végéter vejete.

veille lavèy.

veillée (mortuaire) veye, vèy.

veiller veye.

veine venn.

velléitaire azoumounou.

vélo bekàn, bekann, bisiklèt.

velours vlou.

vendeur, vendeuse machann; vendeur de billets de lotterie biyetèl, biyetè.

vendre vann; (vendre largement) vann gwo; vendre au rabais (sur la quantité de marchandises) fè pri; se vendre à bas prix pa fè pri.

vendredi vandredi; vendredi saint vandredisen.

venelle koridò.

venger vanje.

venir vini, vin; venir de fèk, sot, sòt, soti, sòti.

vent van.

vente lavant.

ventouse vantouz.

ventre vant, bouden, fòlman; mal au ventre kolik.

vêpres vèp.

ver vè; ver de terre vètè; rendre des vers intestinaux rann vè, jete vè; tirer les vers du nez bat vant, fouye.

véranda galri, galeri.

verbe vèb.

verge aparèy, bayonèt, diyite, kòk, pati, pipit, piston, yoyo, zozo, zouti; (d'un petit garçon) pijon, ti pijon, ti bezwen.

vérification tchèk.

vérifier tcheke.

vérité verite, laverite.

vernir, verni vèni.

vernis vèni; vernis à ongles kitès, kitèks.

verrat koure.

verre vè.

verrou takèt.

verrouiller, verrouillé take.

vers vè.

versement vèsman.

verser vide; verser de l'eau sur la tête koule tèt.

verset vèse, vèsè.

version (récit, explication) katon.

vert vèt; (pas mûr) vèt, wòwòt.

Vertièrers Vètyè.

vertige vètij, tèt vire.

verveine vèvenn, vèvèn.

vésicule biliaire fyèl.

vessie (d'un animal) blad pise; (du ballon) vesi.

veste vès, levit, palto, blouzon; veste démesurément longue touyelanp.

veston palto.

vêtements rad; (vêtements habillées) abiman; (vêtements d'occasion) kenedi, kennedi; (vêtement démodé) dinaza; (vêtement trop ample) dinaza.

vétille peta.

vétiver (Anatherum zizanoides) vetivè.

veuve vèv.

vexer, vexé vekse, vèkse, vepse.

viande vyann; viande de boeuf (bas morceaux) bif; viande de daube dòb; viande de porc assaisonnée et frite griyo; viande séchée (assaisonnée et grillée) taso.

vice vis.

victime viktim.

victoire viktwa, laviktwa.

vidangeur bayakou.

vide vid.

vider vide, devide; (un lieu) bay, ban, ba; (un animal) netwaye, netye.

vie vi, lavi; (moyens de subsistence) lavi; à vie avi; plein de vie gaya; en vie la; sans vie mò; mener une petite vie titile; mener une vie dissolue woule.

vieillard granmoun, tonton, lepè.

vieillir vyeyi.

vierge vyèj, vyèy; la Vierge Marie Lavyèy.

vieux, vieille vye, granmoun, ansyen; un vieux darati, lepè; vieille femme lamè; vieille fille vyèy fi; mon vieux monchè, konpè, monkonpè; ma vieille machè; devenir vieux (perdre son éclat) grizonnen, grizonen.

vif egzat.

vigilant veyatif, veyatik.

vigoureux gaya.

vilbrequin (de voiture) chaf, vilbreken; (outil) vilbreken.

ville (endroit, habitants) vil; en ville lavil.

vin diven.

vinaigre vinèg; (lorsqu'on saute à la corde) bay vinèg, bay gwo siwo.

vingt ven, vent, venn.

vingtaine ventèn.

vingtième ventyèm.

vingt quatre heures (Scorpoena) vennkatrè.

violent malandouran.

violet vyolèt, mòv.

virage (mouvement) vire; (courbe) koub; virage brusque chiray; prendre un virage kase koub.

virer devire.

vis vis.

visa viza.

visage figi.

viser vize.

visible vizib.

vision vizyon.

visite vizit; (de courte durée) vizit doktè; rendre visite vizite, rann vizit.

visiter vizite; visiter le lieu de crime fe vizit delye.

visiteur vizit, vizitè.

visser, vissé vise.

vitamine vitamin.

vite vit, rapidman, plop plop, trap
de, an vitès.

vitesse vitès, boulin; (excès de
vitesse) vitès.

vitre glas, vit.

vitrier vitrye.

vitrine (meuble) vitrin.

vivacité egzaktitid.

vivant vivan.

vive (poisson) viv.

viveur dejwe, dejwa.

vivoter pyange, dole, dangoye.

vivre viv; vivre ensemble (union
libre) plase.

vlan vap!, vip!, pow!, vloup!,
voup!

voeu ve.

voici men; voici...! ala...!

voie chemen; voie à sens unique sans-
inik.

voilà men; voilà que...! apa...!,
voilà...! ala...!

voile (m) vwal, vrèl; (f) vwal, vrèl;
à plen voile anboulin.

voir wè, vwa.

voisin vwazen, vrazen, vwazinaj; voisine
vwazin, vrazin, vwazinaj.

voisinage (lieu, gens) vwazinay,
vwazinaj.

voiture machin, vwati, vwèti, vweti;
(transport public) kamyonèt,
gwagwa.

voix vwa, ògàn.

vol vòl.

volage anlè, cho; (personne volage)
flè sezon.

volaille bèt volay.

volant (de voiture, de vêtement)
volan.

volée kal.

voler (oiseaux, etc) vole; (dérober)
vòlè, vòlò, volè, ansasinen,
sasinen, koupe tete; tendance à
voler dwèt long.

voleur vòlè, vòlò, vòlèz, chat, chat
dis dwèt, visye; fieffé voleur wa
chat; fieffée voleuse manman chat.

volonté volonte.

volume volim.

vomir vonmi, vomi, vwonmi, vèse,
rechte, rejte, bay djapòt.

vomissement vomisman, vonmisman, vèsman,
rejetman.

vomissure vonmi, vomi.

vorace voras.

voter vote.

votre, vos (de politesse) ou; (pl)
nou.

voué à an ve.

vouloir vle, deyò pou, soti pou;
vouloir dire vle di.

vous (de politesse) ou; (pl) nou, n.

vous-même ou-menm; vous-mêmes
nou-menm.

voûté do ba.

voyage vwayaj, travès.

**voyager** vwayaje, voyaje; (en avion)
flay.

**voyageur** vwayajè.

**voyante** chapitè.

**vrai** vre, sa, veritab, kòrèk.

**vraiment** vreman, byen, ben, tout
bon, vre, kòrèk.

**vue.** à vue d'oeil avidèy.

**vulgaire** òdinè; (femme vulgaire)
vakabòn, vagabòn.

waters (toilette) watè.

w.c. konfò.

yeux je, zye; de gros yeux je
   bourik; petits yeux je pichpich;
   yeux bridés je chire.

yo-yo (jouet) yoyo.

zéro zewo.

zeste zès.

zézayer pale sou lang.

zizanie zizani.

zombi zonbi, vivi.

zone de but kan.

zut heny!, hany!

ERRATA

| PAGE | ENTRY | CORRECTION |
|---|---|---|
| 15 | (anizèt) | E anis liqueur should be anise liqueur |
| 23 | (ateri) | F atérir should be atterrir |
| 23 | (atou^b) | F piston (rélations) should be piston (relations) |
| 53 | (barèt) | F barrette, should be barrette.<br>E barette should be barrette |
| 53 | (basen^b) | E resevoir should be reservoir |
| 56 | (bat lokobe) | E to persevere (keep afloat) should be to perservere (keep afloat) |
| 58 | (bay chenn^2) | E to bait (harrass) should be to bait (harass) |
| 58 | (baye^2) | F bailler should be bâiller |
| 60 | (baza) | F bazar (magazin) should be bazar (magasin) |
| 61 | (banbou^b) | E bambou (musical instrument) should be bamboo (musical instrument) |
| 62 | (bank bolèt) | bolèt should be bòlèt<br>F bureau de lotterie should be bureau de loterie |
| 65 | (beton^1b) | F chausée should be chaussée |
| 69 | (biblo) | F personne choyé comme un trésor should be personne choyée comme un trésor |
| 94 | (Bwa Kayiman) | E Bois Caiman should be Bois Caïman |
| 106 | (chante^2b) | F râbacher should be rabâcher |
| 136 | (demwazèl^1) | F jeune fille en période de pubérté should be jeune fille en période de puberté |
| 145 | (dezanflè) | dezanflè should be dezanfle |
| 168 | (egois^1) | F egoïsme should be égoïsme |
| 177 | (etajè) | F etagère should be étagère |
| 179 | (evakwe) | F evacuer should be évacuer |

| 222 | (gasolin) | gasolin should be gazolin |
| 298 | (konmèt) | (kòmet) should be (kòmèt) |
| 316 | (kriminèl) | E criminel should be criminal |
| 327 | (lamveritab) | (lam, véritab) should be (lam, veritab) |
| 335 | (legim) | E vegtable dish should be vegetable dish |
| 342 | (lim[a]) | F lime (à ongles, eméri) should be lime (à ongles, émeri) |
| 351 | (madougoun) | F hydrocèle (med) should be hydrocèle (méd) |
| 353 | (maklouklou) | F hydrocèle (med) should be hydrocèle (méd) |
| 366 | (manman chat[a]) | F fieffé voleuse should be fieffée voleuse |
| 387 | (moustach) | E mustach should be moustache |
| 401 | (o[b]) | E oh! (suprise, disapproval) should be oh! (surprize, disapproval) |
| 470 | (rekonèt[a]) | E recognize, to know should be to recognize, to know |
| 477 | (revòlte) | E to revolte should be to revolt |
| 490 | (se laraj) | E it's apalling should be it's appalling |
| 505 | (somèy) | (sonmey) should be (sonmèy) |
| 508 | (sonn) | F stethoscope should be stéthoscope |
| 518 | (taptap[1]) | F camionette de transport en commun should be camionnette de transport en commun |
| 533 | (tot) | E turtle-dove should be turtledove |
| 535 | (tonton[b]) | F homme agé should be homme âgé |
| 537 | (toufi) | F touffée should be touffu |
| 567 | (wete chwal) | E to baptise should be to baptize |

2